都市社会史の視点と構想

法・社会・文化

塚田 孝

清文堂

都市社会史の視点と構想

法・社会・文化

目次

第二部　近世大坂の町と仲間

都市社会史の視点と構想

法・社会・文化

序章　都市法

はじめに

ヨーロッパ中世において「都市法」は、封建領主の支配を受けない都市特権を確保した自治都市の都市統治のための法という性格を持つものとされる。しかし、日本の近世都市においても都市自治は存在するが、幕藩領主の支配から無縁なそれは存在しない。ヨーロッパ中世の「都市法」を基準にすると、日本には都市法は存在しないということになってしまうであろう。それゆえ本章では、都市を対象とする法、都市において存在する法を「都市法」という理解に立って考えていくことにしたい。

その際、第一には、近年の公儀論や身分的周縁の研究の中で進展してきた、多様な社会諸集団が重層・複合して全体社会が構成されており、幕藩領主の下、それら諸集団が公権を重層的に分有しているという近世社会の理解に立って論じていく。

一九八〇年代の公儀論や近世身分制研究の進展の中で、近世社会は幕藩領主も領域権力として存在し、被支配民衆も町や村などの地域団体を形成し、それらが公権を重層的に分有する社会であったという理解が共有されてきた。さらに一九九〇年代には、身分的周縁についての研究が深まり、諸職人・商人の仲間・組合、宗教者、芸能者、勧進者などの多様な社会集団に光が当てられてきた。

公権力たる幕藩領主だけでなく、公権を分有する諸集団がそれぞれ自律的な法をもっていた。だとすると、①政治空間全体を覆う公儀法度、②自律的な集団内を規律する法、③そうした集団相互間の関係を規定する法を視野に収めていくことが必要である。

もう一つ、都市法を分析する際に、《法と社会》という視角を堅持したい。それは、法史料を検討するにあたって［法の形式］と［法の内容］の両面から社会の実態に迫るということを意味する（第Ⅰ部第1章）。［法の形式］とは、その法が誰から誰に対して向けられた指示・命令なのか、誰と誰の間の取決めであるのか、それがいかなる経路でいかにして伝達されるかというようなことである。こうした法の形式には、社会的な関係や社会組織のあり方が色濃く反映されている。それ故、法の形式に着目して分析していくことは、社会のあり方に迫る手がかりを与えてくれると考えられる。もちろん［法の内容］には複雑に展開している社会の実態、多様な仲間集団や社会生活のあり様などが反映しており、それ故、法史料は社会の実態に迫る可能性を豊かに秘めているのである。

この［法の形式］と［法の内容］という二つの視角からの分析は相対的に区別して進めなければならないが、社会の実態に迫っていくことにおいて両者は同じ方向性を有しており、統一的に研究を進めることが必要であろう。

本章では、以上のような《法と社会》という視角を意識しつつ、(1) 都市社会史の先行研究を都市法という視点から受けとめながら、都市大坂を例に都市法という問題領域を概観してみたい。それによって今後の研究の方向性を探ることを課題としたい。

一　都市法の重層的な構成と公儀法度

本節では、まず町奉行所から出される町触など、都市大坂の政治空間を覆う公儀法度を見ていこう。

1　町触・達書

都市法として誰もが第一に念頭に浮かべるのは、町奉行所から出される触であろう。かつて筆者は、安政三（一八五六）年の道修町三丁目の触留から大坂の町触について整理したことがある〔塚田一九九八〕。これには、辰1～29番までの連続番号を与えられた御触書とその間に通達二三点が収録されている。言うまでもなく、これらはすべて道修町三丁目の触留に記録されているのだから、各町にまで伝えられたものである。形式に着目すると、この御触書と達書に大きく二分される。それぞれ例をあげる。

(A)　辰1～29の「御触書」

辰拾弐番

七月七日御触書

此度世上通用之ため吹立被　仰付候新規弐歩判之儀、来ル廿八日ゟ可致通用、尤先達而相触候通、小判壱部判弐朱金壱歩銀壱朱銀等無差別通用相滞申間敷事、

一新規弐歩判両替ニ付、切賃之儀は諸金銀同様ニ相心得、取遣可致事、

右之趣可被相触候、

六月

右之通従江戸被仰下候条、此旨三郷町中可触知者也、

辰七月七日　佐渡

信濃

北組惣年寄

(B)

その間にある達書

（安治川南三丁目上荷船乗甚三郎・市三郎・宗五郎褒賞、安治川北三丁目上荷船乗庄三郎褒賞の2件省略）

南塗師屋町

橋本屋常右衛門同居

利八倅死亡利兵衛後家

当時本京橋町

塗師屋治助抱焼（食欠カ）女

きく事　敷島

右之者儀、夫利兵衛方え縁付、陸（睦）敷相暮候処、身上不如意之上、同人病気ニ取合、渡世取続兼、舅利八ハ老衰ニ付、此者色々致心配、相談得心之上書面治助方え食焼奉公ニ罷越、右給金ヲ以薬用并家事入用ニ相賄、主人え万事申明、折々暇申請、見舞ニ罷帰候内、利兵衛病気差重候付、毎夜暇申請、傍ニ付添、両便之穢物取片付、神妙ニ介抱為相行届候得共、養生不叶相果候ニ付、懇意之もの相頼、金子借り請、葬式仏事等相営、舅姑便り無之候迠、折々罷帰り、撫さすりいたし、貰溜之金子ハ勿論、聊之品ニ而も家事賄ニいたし、相好候食物着類等相応ニ買調、万事心ニ応し候様仕向、安心いたさせ、奉公大切ニ相働、其身ハ倹約いたし、専孝養を竭候段、女之身分ニ而は別而寄特ニ付誉置、褒美として鳥目七貫文差遣、此上行状

相慎、弥孝心を可竭候、

右之通可被相達候、

十一月廿七日

北組惣年寄

前者は、金銀吹替えに関するもの、後者は、善行（救難）褒賞・孝心褒賞を伝えるものであるが、ここでは内容には触れず、形式について見ることにしよう。

前者は、発給者は西町奉行久須美佐渡守・東町奉行佐々木信濃守であり、道修町三丁目が含まれている北組の惣年寄に宛てられている。惣年寄はこれを三郷の各町に触れ知らすよう言われているのであり、この後、北組惣年寄から町に宛てた文言があるはずであるが、それは留められていない。この例は、江戸からの全国触を大坂市中にも触れたものであるが、大坂町奉行が独自に出す町触ももちろん存在し、その方が多い。

(A)の中には、日付の下に町奉行両人が官職名で発給人であることを明示したものと、それを記さないものがある。発給者が記されないものは、冒頭に「口達」とあり、本来口頭で伝えるものだったのが文書化されたのではないかと思われる。大坂町奉行所・惣会所では「町触頭書」と「口達触頭書」を分けて作成しており、両者は区別されていたことがわかる。しかし、『大阪市史』も言うように、内容の「大小軽重の差」によるようであるが、「全く同一体裁の令文」がどちらにも入っており、内容上の明確な区分はない（『大阪市史』第一巻三六八〜九頁）。いずれにしろ、明示の有無に関わらず、これらはともに町奉行から惣年寄に宛てて三郷に伝えるよう指示され、惣年寄から各町に伝えられたのである。

一方(B)達書は、いずれも惣年寄から発せられたものであるが、その通達ルートには二タイプが区別される。一つは、先の例のように北組惣年寄が直接発しているものである。この場合、敷島の孝心を褒賞しているのは町奉行所であるが、それを惣年寄が各町の年寄に対して、町内の者に「相達」するように指示しているのである。但し、本触留では宛先は省略されている。多くはこのタイプであるが、もう一つは通達年番町の年寄が惣会所に集められ、惣年寄から通達されたものを、通達年番伏見町から伝えられたものである。これらはともに、町奉行所の意思が背後にあるものの、惣年寄が主体として通達しているのである。

(A)の町触は発布の日の直後に各町に伝えられたが、(B)の達書は必ずしも即座に伝えられるわけではなく、町触通達の際にあわせて伝えられるようなこともあったと思われる。

なお、後者では、通達組合を通した達書の通達ルートが見えるが、町触が組合町を通して伝えられることも見られた。この年には見られないが、とりわけ重要な町触を、二一組の火消組合年番町年寄を呼び出して、町奉行自らが面命する場合があったことを、西坂靖氏が明らかにしている〔西坂一九八五〕。これは、一八世紀中後期に二一の火消組合を結集枠として三郷全体としての訴願を行うなど惣町結集が実現したのを、町奉行所側が取り込んで、重要問題に対する惣町的合意を調達しようとしたものと評価されているが、近世中期以降、すべてでも十数回のきわめて例外的な通達方式であった。

道修町三丁目の触留に見られるように、毎年多数の町触・達書が町々に通達された。それは、都市支配の基本法というべきものから、行政的指示、道徳的倫理規範まで広範かつ雑多な内容を含むものであった。また、大坂内外の住民から提案・請負出願された諸問題についての市中の賛否を問うお尋ねなども含まれていた。しかし、領域権力としての幕藩領主の一分肢たる町奉行所の御触書は、都市住民の地縁的共同組織たる町々を覆っていたのである。同時に、町触・達書の形式（発給者と対象者、通達ルートなど）は、都市支配の機構を表現するものでもあった。

表1　17世紀なかばの仲間仕置

年	西暦	月日	表題	大阪市史
寛永14年	1637	4．4	覚（馬方仕置事）	補触1
（正保3）戌	1646	12.14	覚	補触2ノ1
慶安元年	1648	6．5	條々（上荷茶船仕置之事）	補触6
慶安2年	1649	3.18	條々（山伏仕置事）	補触12
（慶安2）丑	1649	4.21	覚（木挽仕置之事）	補触14
（慶安2）丑	1649	8．4	條々（旅籠屋仕置事）	補触15
慶安2年	1649	9.19	條々（火事之刻大坂近所在々え仕置事）	補触17
（慶安5）辰	1652	6．5	覚（芝居仕置事）	補触22
（慶安5）辰	1652	11．6	覚（公事訴訟名代事）	補触25
（承応2）巳	1653	7．2	覚（茶屋仕置事）	補触32
慶安5年	1652	8.14	條々（廻船中仕置事）	補触23
承応元年	1652	11.12	諸宗え浪人仕置事	補触26
慶安元年	1648	6．5	西国方年季之男女抱下仕置手形事	参考5
慶安元年	1648	6．5	手形事	参考5
慶安元年	1648	6．5	差上申一札事	参考5
慶安元年	1648	4．6	差上申書物之事（傾城屋仕置）	参考10
慶安元年	1648	4．6	差上申書物之事（揚屋仕置）	参考9
慶安元年	1648	5．2	指上申手形之事（道頓堀芝居仕置）	参考11
慶安元年	1648	5.14	差上申書物之事（質屋中仕置）	参考12
慶安元年	1648	5.14	古金	参考14
慶安元年	1648	5.14	古手買仕置	参考13
慶安元年	1648	5.14	書上申手形事（殺生人中仕置）	参考15

（出典）「大坂御仕置御書出之写」（京都大学総合博物館蔵「杉山家文書」）より。

2　仲間仕置

以上のような三郷全体に対する町触・達書とは異なり、都市社会に多様に展開する諸社会集団に対しても町奉行所の個別の支配は及んでおり、そうした社会集団（仲間・組合）に対する法が存在した。そこでは、施策の対象となる仲間・集団に直接伝えられるとともに、三郷住民にもそうした施策が採られたことを周知するべく町触としても触れられることが間々見られた。

その一例を一七世紀半ばの都市法制整備の中でまとめられた法令集から見てみよう〔塚田一九九六a〕。明暦元（一六五五）年一〇月一三日に、町奉行松平隼人正重次・曾我丹波守古祐は、重次着任直後の慶安元（一六四八）年四月から出した基本町触を集成・再確認するとともに、掟一九カ条を発令した。同時に、表1に示した一連の仲間仕置を引いた上で「右は会所へ無構度々申出諭書也、惣年寄為可存知、此度会所へ遣之也、違背之者有之は、見聞次第可申聞者也」と指示した。ここでの会所は惣会所のことであり、町奉行所は惣年寄たちを通さずに、直接諸仲間に仕置を申し付けていたが、惣年寄たちも承知しておくべきため、惣会所にまとめた文書を渡しておくというのである。そして、これに違犯した者がいれば、惣年寄たちからも申し出よと指示している。

　これらは特定の仲間や対象（蔵屋敷や大坂近在など）に対して出された指示・施策である。次に引く山伏仕置はその性格を考える上で、興味深い〔塚田二〇〇七、第七章〕。

条々

一請人無之者に宿を不借故に徒者山伏ニ成、盗ミをいたすよし、此間風聞雖有之、無証拠付而仕置令延引処、此度本山之山伏盗をいたし、町人捕来候間、籠舎申付候、并宿をかし盗物を預り候当山之山伏是も同罪に申付事、

一山伏中間より、於当地師匠無之、従他所来候山伏袈裟筋不審成者於有之は、召連可参事、

一山伏中間弟子を取候儀、慥成請人を取、其上師弟之契約を致へし、従先年如申渡、五人組を定置吟味仕、弟子に徒者於有（ママ）之は、中間より頭分之（ママ）相断候様ニ仕置可申付事、

右山伏之仕置従本寺可有之儀候間、雖不及申付、当町盗人為仕置如是申出也、向後山伏に科人於有之ハ、本寺へ相断、本人は不及申、師匠同罪に申付、五人組并其派之頭分之山伏、大坂を可追払之間可致其覚悟者也、仍如件、

慶安二年三月十八日

　これは本山派・当山派の山伏仲間に盗人などが紛れこまないよう命じたものである。ここで注目したいのは、書留部分に「山伏之仕置」は本来「本寺」より出されるべきものであるが、大坂市中の秩序統制の問題なので

町奉行所から申し渡すとある点である。本来、諸仲間はその内部で自立的な法を持つことを前提にしつつ、市中全体に及ぶ秩序統制という側面からこうした仕置が出されているのである。

当時、大坂町奉行所は都市法制整備を進めていたが、その中心課題の一つが盗人・浪人・キリシタンなどの治安統制の問題であった。それ故、請人のない者への宿貸し禁止が強化されていたのである。こうした公儀法度は、町々や諸仲間を覆い包摂する枠組みであった。

この点に関わって、願人仲間の掟が興味深い〔吉田二〇〇〇b〕。願人仲間の掟は、寛文一二(一六七二)年に組下念故の行為をめぐる紛争を契機として、大坂に下向していた本寺大蔵院(名代寿福院円随)からの申渡しの形で成立した。それは全一七カ条に及ぶが、そこでは、仲間組織のあり方(仲間は二組に分かれ(組頭二人)、弟子も含めて五〇人に限定、他所の者の加入禁止、年一回の汁(会食と会合)と毎月の毘沙門講開催など)を規定するとともに、願人の職分=「勧進仕り候大法」として、正月の鞍馬の札配りなどが規定されている。注意したいのは、この願人仲間の掟は、本寺から申し渡される形式で成立したものであるが、彼らの生業・生活・組織などのあり方を全体的に規定するものであり、大坂における彼らの立場と利害を反映するものであった点である。

寛文一二(一六七二)年一一月二七日に、この掟の写が町奉行所に提出されているが、それと同時に、町奉行所の意向を受けて「願人仕置」三カ条の遵守を誓約する願人仲間の連判一札が提出されている〔塚田二〇〇七、第七章〕。

その第一条では、「道心発」し、願人になるという者がいたら、組中の相談と二人の組頭の許可の上で弟子とすること、第二条では、他所よりの願人を大坂に入れないこと、具体的には、願人に紛れ込んだ旅人がいたら仲間として捕らえ、一夜の宿も貸さず、請人のない不確かな者を弟子にしないこと、第三条では、もし仲間内に悪事に関わる者がいたら申し上げることを誓っている。以上のような願人仕置は、全体として治安統制からのものであり、当時、町奉行所の関心はそこにあったことが窺がえる。

以上の願人仲間の掟と願人仕置の関係は、先の山伏仕置とその背後にある仲間の法のあり方を想定させるものと言えよう。

表1の一連の仕置の中に含まれる「公事訴訟名代事」（慶安五年一一月六日）は、一見すると仲間仕置とは異質に思われるかもしれない。これは、「長病人」・「家主他国へ参候者」・「家主当分相煩、急訴訟申来子細有之者」について名代による公事訴訟を認めたものであるが、その書留に「右之者共ハ惣代当番衆へ相断、其上公事場へ出申へし、不穿鑿にいたし名代之訴訟人出候ハゝ、当番之惣代可為曲事、常々訴訟も可為同前者也」とある。当時の公事訴訟の具体的な手続きは未詳だが、まず三郷の惣代に届け出ることが必要だったのである。すなわち、これは惣代仲間に対する指示だと言えるだろう。

以前に筆者は、一七世紀半ばに三郷の惣年寄たちが仲間を形成していたこと、あわせてその下で惣会所に雇用された存在である惣代たちも独自に仲間を形成していたことを指摘した〔塚田一九九八・二〇〇二〕。「公事訴訟名代事」は、そのような惣代仲間に対する仕置として、一連の仲間仕置の集成の中に位置づけうるのではなかろうか。

この点に関わって、若干の補足をしておこう。慶安五（一六五二）年に大坂町奉行から惣代に対して、垣外（非人集団の集住地）の長吏に伝えるよう指示された三カ条の覚書が残されている〔塚田二〇〇七b〕。その第一条では、市中（「町中」）にいる乞食を調べて、病障害がなく（「息災ニ而」）、最近乞食になったと思われる者については、惣代のところに届け出るべきことが長吏たちに指示されている。第二条では、寺の門前にいる「かたわ」（障害者・病者）の乞食は、住職の意向に任せ、病障害のない者は門前から追い払うように、長吏から住職に言うことが求められている。両条をあわせて考えると、健康な乞食は市中から排除し、病障害のある乞食は寺門前へと誘導しようとしたと考えられる。第三条では、垣外仲間に入っている乞食（「座へ入在之乞食」）が悪事を働いた場合は、長吏も処罰するとして、仲間の取締りを厳重にすることが求められている。

一七世紀半ばの段階で、非人たちが「座」＝仲間としての結合を強めていたこと、長吏たちには仲間の内外を問わず、「乞食」の支配がゆだねられていたことがわかるが、彼らへの指示（これも個別の仲間仕置の一例）が惣代を通していることが注目される。この覚書の内容と形式は、大坂における当時の非人集団のあり様を示すとともに、町奉行所支配の下での惣代―長吏という管轄のあり方を示しているのである。

以上、大坂町奉行所から市中の町々や諸仲間に対して出される法のあり方を確認してきた。近世社会における幕藩権力は、公儀（領域権力）としての側面を持つが、それは家権力であり、武士身分は家中の構成員であった。その意味では、家中に対する指示・命令も幕藩領主法の一部である。大坂町奉行の与力・同心らに対する組触〔野高二〇〇五〕も広い意味での家中集団への法と言うことができるであろうが、ここでは指摘にとどめておく。

二　社会集団を規律する法

本節では、都市において多様に展開する社会集団を内的に規律する法を見ていく。

1　町　法

まず、近世都市の住民生活の基礎的単位集団たる町の法から見ていこう。近世社会の基盤に存在するのが地縁的共同組織たる村と町であると指摘されたのは朝尾直弘氏であった〔朝尾一九八一〕。朝尾氏は、それらの共同組織は自律的な法をもつことを特徴としていたが、京都においては、近世初頭から家屋敷の売買・貸借に関しては町衆の同意を必要とし、町毎に異なる「職商規制」を伴うような町掟（町式目）が広く作られていたことを指摘されている。

　大坂においても町式目が作成されたが、残されているものの多くは、天明七（一七八七）年・八年の帳切出銀や町儀入用の削減を求める町触を受けて以後に作成されたものである（『大坂の町式目』大阪市史史料三二輯）。そのなかには、文政六（一八二三）年の「町々諸入用減方」を命ずる町触を受けて再作成されているものも多い（前掲『大坂の町式目』）。そこでは、冒頭にそれらの町触を引き、町儀出銀の改訂などの箇条を含む町運営の包括的な規定が続くのがよく見られるパターンである。

表２　御池通五丁目「町内格式申合帳」の構成

箇条	内　容
１条	三カ条証文と町内相談
２条	宗旨人別帳記載の厳密化
３条	人別帳にない者を町内に置くこと禁止、同家も記載せよ
４条	月行事に当たった月の他所・他国への遠出、原則禁止
５条	紛争はできるだけ町内で解決せよ
６条	各借屋中の火の用心と不審者の出入りへの警戒
７条	不埒な借屋人は引越させよ
８条	借屋人の転出入の手続き
９条	家持の引越しは町奉行所の許可を受けよ
10条	家屋敷の表側の土蔵建てを禁止
11条	家屋敷の売買については、町中の同意を得ること
12条	家屋敷売却・家質銀借入禁止の職種
13～27条	年寄交代（13条）・婚礼（14条）など、町儀出銀の規定
28条	志布子屋与市郎をめぐる一件について

しかし、大坂の町式目も、最も古いとされるごく簡略な農人橋一丁目（のちの農人橋橋詰町）のものをはじめ〔佐古一九六七〕、それ以前から一般的に作成されていた。

　宝暦四（一七五四）年正月の御池通五丁目の「町内格式申合帳」は、その一例である〔塚田二〇〇二〕。この「町内格式申合帳」は全二八カ条を記した後、これに違背しないと誓約して家持（と家守）たちが連印している。これは「前々ゟ申合格式」とあり、さらに以前からの規定を再確認したものであることがわかる。また連印者は、家持（と家守）だけであり、この申合せに参加しうる主体は町人に限定されていたのである。なお、この申合帳の連印部分には何重にも張紙が施され、最上部の張紙は年寄名から見て安政二（一八五五）年以降のものであり、本「申合帳」が幕末まで生きて利用されていたことが確認できる。

第一条から第一〇条までは、町内運営や生活に関わる規定である。第一一・一二条では、家屋敷の売買について規定している。第一三～二七条は、様々な町儀についての規定であり、第二八条は町儀規定に反する行為を行おうとした志布子屋一件の決着のつけ方を記したものである。なお、家屋敷売買等の際の分一銀や「顔見せ銀」「会所入」「振舞銀」等の名目での出銀については、「町内格式申合帳」と同時に別帳の「式目帳」が作成されている。

これが家持（と家守）たちの申合せとして作成されたことは、規定の内容上にも密接に関わっている。試みに第一条を見ると、キリシタン・博奕・遊女商売に関わる者が町内にいないことを確認する三カ条法度書（宗旨巻）へは毎月朔日五ツ時に「町中不残」町会所に出向き判形すること、これら三カ条は「銘々義ハ不及申借屋末々迄堅相守セ」ること、「町儀」について相談事があればこの時に互いに披露・決定することと規定している。

宗旨巻には、家持（と家守）のみが連印したのであり、「町中」残らずとあるが、それはここに連印している家持（と家守）たち全員ということである。そして「銘々」すなわち連印している自分たちが三カ条の内容を守ることはもちろんのこと、「借屋末々」の者たちにも守らせるとあり、借家人たちは法度を〝守らせる〟対象なのである。[2] また町人たちが集まったこの時に、町の運営のこと（「町儀」）について相談が行われたのである。すなわち宗旨巻連印の場が、同時に町中寄合（会議）の場でもあったのである。

以上のことからは、町という共同組織の構造と法の構成が相互に照応・規定関係にあることが見てとれよう。

家屋敷の売買に関する規定では、第一一条では、家屋敷の売買に際しては、町中に伝え、その了承を得た上で（「町中和合之上」）、手付証文（仮契約）を行うこととある。すなわちそれぞれ家持個人の所有である家屋敷の売買にも町の承認が必要であったことがわかる。第一二条は、職商規制である。現在、石灰焼商売、白皮ふすべ革商売（ならびに膠商売）、人宿人請商売、馬方商売、茶屋・風呂屋・役者商売、薬缶鍛冶・鋳物師商売、碇鍛冶商売、絞油商売、牛蠟商売、下屎商売、葬礼道具商売に携わっている者、寺社方道場には家屋敷を売ってはいけない。さらにこれらの者からは家質銀を借りてもいけないとある。返済できなかったとき、それらの者に家屋敷が流れ込むからである。なお、ここで禁じられているのは、家屋敷の売買と家質銀の借用であって、これらの職業の者に借屋を貸すことは禁じられていない。

このような職商規制は、町毎に違いがあった。それぞれの町で誰をメンバーとして認めるかに相違があったのである。こうした点は、朝尾直弘氏が京都の町について指摘されたことと本質的に共通している。こうした町という共同組織のメンバーシップに関わるからこそ、帳切や町儀に関わる出銀規定も重要になるのである。

町のメンバーシップに借屋が含まれないことは前述したが、御池通五丁目では不在家持の代理である家守は申合せに連印していた[3]。また家守も自らの婚礼の振舞料・養子の顔見せ銀を出すので、町人たちの振舞銀の配分に与かるとされている（第二五条）。ただ、家守の婚礼・子息婚礼・養子の際の町中よりの祝儀は、町人の場合の半額以下に規定されている。ここに見られるように町内での家守の位置は、家持と同等ではなかったのである。

町抱えの存在である町代や髪結などの勤め方を独自の町法で規定している町もあった。内田九州男氏や岡本浩氏が紹介・分析された白髪町の「町内定式帳」（文政五（一八二二）年）に含まれる「例年申渡帳」は、毎年正月に町内の町人・町代・夜番・髪結・垣外番などに申し渡す内容を記したものである（内田一九九三・岡本一九九五〕。それによれば、白髪町の町代に対する申渡し（全一五条）では、全般的に公用・町用をきちんと勤めるべきこと（一条）を記した上で、具体的な仕事として「町会所での入用銀の執行（二条）、大風の時の町内見回り（三条）、公的な事柄の取次ぎ（四・五条）、印形取り（八・九条）、節句・式日礼の取り仕切り（一〇条）、他町との出入の内済（一四条）、触の書き写し及び会所表への張り出し（一五条）」〔岡本一九九五、二八頁〕があげられ、また会所での丸薬商売が認められる（一二条）とともに、町人への礼儀（一一条）・身分相応の生活（一三条）が求められた。

髪結に対する申渡しは、「髪結会所幷髪結手間え申渡之事」という事書の四カ条である。「髪結会所」（二名）は、他町では通例「髪結」と呼ばれるものと思われ、町代の下で公用・町用を補助する存在と規定されている（一・二条）。実際に髪結仕事をする「髪結手間」には、「丁人中・家守中」（家持・家守）の髪を結うことを優先するよう規定している（三条）。「垣外番へ申渡之事」では、非人制道を中心とする仕事と番賃・吉凶勧進のあり方について規定している。

以上のように、家持らの申合せで作成される町式目に対して、町抱えの存在に対しては、彼らと町との法的関係が申渡しという形式で規定されているのである。しかし、町代や髪結も町抱えでありつつ、町代仲間や（町）髪結仲間としての結集の動向をも見せていたように思われる。

ここで町代について全面的に検討することはできないが、火消組合を介して彼らが結集していく様子を確認しておこう。大坂においては、火消組合二一組が作られていたが、これは各町から水の手人足を出す枠組みであった。この二一組は、上町、北船場、南船場、西船場、天満の五区域に分かれて、番手を決めて火事場に出動するのであった。そして各町から動員された水の手人足は、その町の町代が火事場で指揮して消火に当たるのである。

火消組合二一組には、それぞれに年番町が置かれたが、その年番町の交替に際して組合の寄合が開かれ、火消組合の定法を再確認する連印帳が作成された。中西威晴氏は、寛政一〇年の南船場三二町組「火消組承知印形帳」と文化八年の北船場三一町組「火消方御定法書判形帳」を紹介し、ともに組合を構成する全町の町代が連印していることを指摘している〔中西二〇〇八〕。また、亀井町、南米屋町、津村南之町、樋之上町、庄村新四郎町の町式目から火消組合の寄合に関する箇条を検討して、年寄と町代の寄合が別個に開かれていることを明らかにしている。たとえば、津村南之丁の町式目には「組合町々要談之砌年寄会合、火消場所申合幷要談之節丁代会合、座料壱ケ度分銀三匁宛」とある。ここでの組合町々の年寄「要談」は、町代の寄合が火消問題（「火消場所申合幷要談」）でのものだということを考えると、むしろ火消問題ではない可能性が高いであろう。中西氏が検討された各町の町式目はいずれも同様の規定となっている。火消組合を枠組みとして、町代たちは独自の寄合を持ち、彼らが連印した判形帳が作成されていたのである。

以上のことを合わせ考えると、火消組合は火消問題に限定されない町々の結合を実現する枠組みであるとともに[4]、火消問題の実質を担う町代たちの独自の結合を培う場となっていたのではなかろうか。

髪結についても簡単に見ておこう。大坂における髪結は、床髪結と町髪結が区別される〔岡本一九九六〕。床髪結は、橋台・辻・浜地などに髪結床を設置して、不特定の顧客を対象に営業することを認められたものたちである。彼らは牢番役を勤めることで自らの地位を床髪結仲間として公定されており、明和元（一七六四）年段階で二〇五人が一〇組に分かれていた。一方、町髪結（町抱え髪結）は、抱えられた町内の顧客を対象に、廻り髪結の営業をしており、床設置は認められていなかった（床を設置して商うのを内仕事と呼び、禁止されていた）。

先の白髪町の髪結も、こうした町抱えの髪結であったが、その申渡しに見られたように、町抱えの髪結は町代の管轄下にあった。また、幕末期の三津寺町の髪結職請状を見ると、その宛先は同町の町代播磨屋孝七であった（第Ⅱ部第三章）。こうした町代宛の髪結の請状という形式は西高津町でも見られ〔岡本一九九六〕、他町においても一般的に見られた方式であったと思われる。すでに一八世紀には、彼らを諸町に紹介する口入れ業者が広く展開していた。また、一九世紀には町抱えの髪結は、その地位を実質上の株として確立し、数十両に相当する値段で売買されていたことが確認される。但し、町髪結株を所有する者が実際の髪結をするわけではなく、髪結手間取を手代り人として置いていた。

町抱えの髪結を町代が管轄する理由として、本来、町代は髪結を兼ねていたが、町代の仕事の煩雑化にしたがって別に髪結を抱えるようになり、それ故、町代の下で髪結は公用・町用を補佐することになったとの説明が、すでに一八世紀前期にはなされるようになっていた〔内田一九九三〕。そうした由緒に根拠があるとは確認できないが、町代が管轄している現実がこのような説明を生んだのであろうか。

一八世紀後半以降、町髪結たちは床髪結仲間の影響下に置かれるようになっていくが、一方で、組合町を枠組みにした結集が見られた痕跡がある。次の史料は、菊屋町他の「通達組合拾三町髪結名前帳」〔天明三（一七八三）年〕である（大阪府立中之島図書館蔵）。

通達組合拾三町髪結名前帳

私共儀、三郷町々之内え被召抱、髪結渡世仕候ニ付、此度銘々町所名印調御役所え差出置、重而変宅変名印形替又ハ済替増減等之儀御断申上、此帳面張替可仕旨被仰渡奉畏候、仍如件、

表3 「通達組合十三丁髪結名前帳」(菊屋町文書)

抱え先町名	居　所	名　前
菊屋町抱髪結	摂州西成郡九条村	中川屋十兵衛＊1
菊屋町抱髪結	南堀江四丁目　丹波屋庄右衛門借屋	松屋安兵衛＊2
木挽町北之丁抱髪結	大宝寺町　山城屋次郎兵衛借屋	河内屋喜太郎
木挽町中之丁抱髪結	南笠屋町　吉田周次借屋	河内屋源兵衛
木挽町南之丁抱髪結	(町内)　難波屋佐兵衛借屋	貝塚屋与七
南畳屋町抱髪結	(町内)　伊勢屋栄助借屋柏屋平兵衛同家	安兵衛
南塗師屋町抱髪結	(町内)　淡路屋清五郎支配借屋	淡路屋半兵衛
南笠屋町抱髪結	天王寺村立町　野瀬屋しこ借屋	池田屋嘉七
南笠屋町抱髪結	御前町　京屋久兵衛借屋	伊勢屋武兵衛
綿袋町抱髪結	長町七丁目大和屋庄兵衛借屋	和泉屋久兵衛
岩田町抱髪結	北渡辺町　木屋市郎兵衛支配借屋	和泉屋文蔵
中津町抱髪結	南笠屋町　木屋九兵衛支配借屋	和泉屋弥助
中津町抱髪結	(町内)　田村屋吉兵衛借屋	播磨屋伊兵衛
常珍町抱髪結	(町内)　伊丹屋小兵衛借屋	米屋音七
南綿町抱髪結	西高津新地七丁目　和泉屋次右衛門借屋	新田屋藤吉
酒辺町抱髪結	(町内)　塩屋七兵衛借屋	和泉屋源七

＊1貼紙—寛政六寅年正月に中川屋十兵衛は暇となる
＊2貼紙—後年、町内播磨屋利兵衛支配借屋天王寺屋佐助と交替

天明三癸卯　七月

菊屋町抱髪結
　摂州西成郡九条村
　　中川屋十兵衛　㊞
　　（以下15名省略）

この名前帳には、菊屋町抱え髪結中川屋十兵衛他一五名が連印しているが（表3）、彼らは、同町内もしくは近隣町の借屋人である。彼らは、三郷町中に抱えられ、髪結渡世をしているので、この帳面に署名・捺印し、「御役所」へ差し出し、変更があれば帳面を張り替えするよう「仰せ渡され」たという。この帳面には宛先を欠いているが、この内容から考えると、町奉行所もしくは惣会所宛と考えるのが妥当であろう。そうだとすれば、町髪結の名前帳はこの通達組合だけの措置として作成されたのではなく、他の通達組合でも同様の名前帳が作成された可能性が高いであろう。さらに、この名前

帳の形式が他のさまざまな株仲間名前帳と共通している部分が多いことを考えると、三郷レベルで町髪結たちが通達組合の枠組みで仲間を作らされたことが想定できよう。

町法において町抱えとしての存在形態が規定されている町代や町髪結であるが、彼らは火消組合や通達組合という町の組合の枠組みを借りながら、町内的な制約を越えていく動向が見られたのである。それに対して、垣外番はより自律的な身分内法をもつ集団であった。次に項を改めて、その様子を見てみよう。

2　垣外仲間の構造と身分内法

大坂の非人は、近世に乞食＝貧人として生み出されたが、彼らも仲間をつくり、市域周辺の垣外と呼ばれる四つの居住地に住むようになる（以下、非人については［塚田二〇〇一］による）。それは、天王寺垣外、鳶田垣外、道頓堀垣外、天満垣外の四ケ所であるが、いずれも大坂三郷の周辺に位置し、天王寺垣外は天王寺村の領内に、鳶田垣外は今宮村の領内に、道頓堀垣外は難波村の領内に、天満垣外は川崎村の領内にあった。その一七世紀半ばの組織化の状況は、先に見た慶安五（一六五二）年の惣代を介して長吏たちに伝えられた三カ条覚書に見てとれる。

各垣外には、トップに長吏と呼ばれる者が一人づつおり、さらに数人ずつの小頭（あるいは組頭）がいた。彼らは、「(長吏・小頭）御仲」と呼ばれる垣外の指導機関を構成していた。これ以外の一般の小屋持ち非人たちは若き者と呼ばれた。若き者の人数は垣外によって、また時期によって異なるが、数十人から一〇〇人を超えるくらいだったと思われる。この他、彼らに抱えられた弟子がおり、弟子のうちには町あるいは町人のもとに垣外番として派遣された者もいた。垣外番を派遣する権利は、某町垣外番株という形で小屋持ち非人たちによって分割・所持されていたが、これはまたその町内で勧進を行う権利（実質上の勧進権）でもあった。

一つの垣外を越えるような問題は、四ケ所として高原会所（高原溜運営のために置かれた四ケ所の連絡・相談機関）で対処した。また、摂河の村々におかれた非人番も多くが四ケ所の支配下であった。

垣外仲間は、幕藩制国家レベルの法的枠組みの中に存在していたが、仲間独自の法（身分内法）を持つ自律的な存在でもあった。垣外仲間の身分内法には、二つの形式があった。一つは、「（長吏・小頭）御仲」から若き者たちに守るべき箇条を申渡し、それを若き者たちが遵守することを誓約する形式である（第一形式）。もう一つは、小頭たちが申合せ事項を守ることを長吏に誓約する形式をとるが、実質的に長吏・小頭全体での申合せである（第二形式）。こうした身分内法には、恒常的で基本的な規定もあるが、何らかの契機で臨機に決められることもある。また、各垣外毎に規定することもあれば、町奉行所盗賊方などの指示を受けて高原会所において四ケ所全体での申合せが行われることもある。しかし、後者の場合も、各垣外毎に御仲から若き者への申渡しの形式での徹底がはかられた。つまり、先の二つの形式に還元されるのである。

一例として、天王寺垣外に残された第一形式の法である寛政九（一七九七）年の「条々」を見よう。

条々

一御用向随分大切ニ相勤可申、就中
　御山内は勿論、御村方諸　御役中様え無礼仕間鋪事、
一火之元大切ニ可致事、
一市中え囉斎ニ出候節、随分神妙ニ可致事、
一病気ニ而出勤難相成節は、当番え相断、其上ニ而可致養生事、
一博奕賭之勝負、決而致間鋪事、
右之条々堅相守可申候、毎年両度ツヽ印形取置、其上毎月為読聞候得共、末々忘却致候者も可在之哉ニ付、

老分之者共ゟ猶又心配可致候、以上、

寛政九年巳正月

長吏

小頭

右御申渡之条々奉承知罷在候得共、猶又被仰渡一統奉畏候、若相背候者在之候ハヽ、如何様ニ被仰付候共、一言之申分無御座候、依而御請印形差上申所、如件、

月行司 弥兵衛㊞

同 弥三郎㊞

同 弥 八㊞

同 清 八㊞

同 音 八㊞

（以下44名略）

長吏

小頭 御仲

ここに上げられた五カ条は、毎年二度誓約の印を捺し、毎月読み聞かせるとあり、天王寺垣外の非人仲間の基本的な規定である。

まず形式の点から確認しておこう。前半は、長吏・小頭から若き者たちに守るべき箇条を命じた部分であり、後半は、若き者たちが長吏・小頭にこれらを遵守することを誓約した部分である。連印のあり方から、若き者のうち毎月四人づつが月行司を勤めたことがわかる。また、前半の書留部分から、若き者のうちに何人かの老分の者がいたことがわかる。

このように第一形式の法は、長吏・小頭から若き者に対する命令という性格を持つが、長吏・小頭で総体として垣外の指導機関＝「御仲」を形成していること、また若き者も小屋持ちの非人ではあるが、長吏・小頭との間にははっきりした階層差があったことが示されている。一方、これを裏返せば、第一形式においても、誓約の署判を行っているのは若き者に限られており、弟子らは入っていない。若き者までは、身分法共同体の構成主体であるが、弟子層は非人集団内の存在であるが、法共同体の客体だったのである。

以上のように、法の形式からは垣外仲間の組織構造を窺うことができるが、法の内容を理解するにも形式に留意することが不可欠である。すなわち、第一形式では、若き者がどうすべきかを規定しているのであって、各箇条の主語は若き者として解釈しなければいけない。一方、小頭の行うべき内容を申し合わせている第二形式では、小頭を主語として解釈しなくてはならないのである。このことを念頭に、先の条々の内容を見ていこう。

火の元用心（第二条）や博奕禁止（第五条）は、どこの町・村に宛てられた御触にも普通に見られる一般的条項であるが、残る三カ条は、垣外仲間の特質を示す重要なものである。

第一条の冒頭には、町奉行所の「御用向」を大切に勤めることが規定されている。後半の「御山内」は四天王寺をさし、寺僧や天王寺村役人に無礼のないようにとの規定である。ここには、天王寺垣外に対する支配関係が集約されている。一つは、御用の賦課と都市行政の立場からの大坂町奉行所の身分的支配である。もう一つは、天王寺垣外が所在している天王寺村の村役人からの支配や四天王寺からの支配である。天王寺垣外の非人集団は三方向からの支配関係のうちに存在していたのであるが、それは並列するものでもなければ、一元的なものでもなかった(5)。

第三条では〝市中へ囉斎に出る時は、神妙にせよ〟と規定している。非人の生活の根幹に囉斎＝乞食・勧進があったが、若き者たちの勧進の対象が市中＝大坂三郷だったことが窺える。第四条では、〝病気で出勤できないときは、「当番」に許可を得て養生するように〟とあるが、この出勤とは町奉行所の御用への出勤であり、「当番」とは小頭の当番のことである。

この条々では、勧進と御用は別箇条であり、直接の関係は示されていない。しかし、垣外仲間の論理では両者は密接に関連していた。ところで、若き者への申渡しであるこの条々で言及されている御用とはいかなるものであるか、自明ではない。以下、この点について身分内法の形式という点に留意して、別の史料から考えておこう。

大坂の非人＝垣外仲間の者たちが勤める町奉行所の手先の御用（警察業務の末端）として、主には盗賊方与力の下での御用と定町廻り方与力の下での御用の二つがあったことが知られている。盗賊方の主要な職務は、①火付け・盗賊や怪しき者の召捕り・詮議と②寺社法会・神事や町中引廻しなど「人立多き場所」などへの不時の巡回である。一方、定町廻り方の職務は四方へ分かれての毎日定例の町廻り、寺社法会など人立ち場への臨機の巡回、さらに忍廻りも行っていた。しかし、これらの御用を誰がどのように勤めるかを問われることはこれまでまったくなかった。

御用に関わる「申渡し」「定」などの身分内法を拾うと、第一形式のものとして、天明八（一七八八）年六月「申渡し条々」など四点が見出され、第二形式のものとして、寛政二（一七九〇）年正月「諸事出方定」など四点が見出される〔塚田二〇〇七a、第五章〕。

試みに第一形式の天明八年「申渡し条々」を見てみよう。これは、月行司四人から「御仲様」宛に出されているが、先にも触れたように月行司は若き者の月行司である。それ故、これは実質上、長吏・小頭「御仲」から若き者への申渡しということになる。

第一条で、大病で臥せっているか、病気で囉斎（乞食・勧進）に出ることができない程の者は、平癒するまで「当り役」を免除すると規定している。以下の箇条もすべて「当り役」に関わるものであるが、仮病で「当り役」を免れようとしたり（第二条）、（おそらく出役を拒否するような）「我儘」（第四条）を禁じたりというものと、出役中の服装（第三条）や行儀（第五条）についての規定があり、「当り役」の出勤そのものとその際の服装・態度の二つの局面から構成されていることがわかる。なお、第四条には「我儘」があれば「当番」まで申し出よとあるが、これは小頭の当番であり、当番小頭が「御仲」の窓口となっていたことがわかる。

これらを念頭に置くと、先に見た寛政九年の条々において、〝病気で出勤できない時は、「当番」に許可を得て養生するように〟とあった、そこでの病気とは勧進に出られない程の時のことであると理解できる。ここに御用と勧進の関連を窺がうことができる。また、若き者たちの出勤はこの「当り役」であると判断できるが、「当り役」以外の御用については、両法ともにまったく言及されていないことが注目される。「当り役」とは何かということが問題となるが、これについては、第五条に「御供ニ参候節」とあるところから、定町廻り方の巡回への御供であることが示唆されているように思われる。

一方、第二形式の寛政二年「諸事出方定」を見よう。これは、勘助以下の天王寺垣外の小頭たちが、長吏金助に対して「為申合之条々」をきちんと勤めるとして提出した請書である。ここでの申合せが、四ケ所全体で行われたものか、天王寺垣外だけで行われたものか、断定はできないが、何れにしろ申合せの主体には長吏と小頭がともに含まれており、一方的申渡しではないということは先に指摘した通りである。

第一条目には、「町御廻り様御供」は昼夜二日宛勤めること、しかし「名前差」で御用が命ぜられた時には、「御供」よりそちらを優先するとある。第二条目には、盗賊方の「御附人」「詰番」「御召」「立会」「捕者」の五つは「肩より」勤めるとある。この五つの具体的な内容、および「肩より」の意味が取りにくいが、盗賊方の御用を勤めていることは明白である。第三条目は出火の時の勤め方についてである。

ここで注目されるのは、小頭たちが勤める御用には、定町廻り方の御供と盗賊方の御用の二つがあったことである。第一条目に「名前差」とあるが、この「名前差」で動員される御用は、盗賊方の下での御用であると考えられる。だとすれば、小頭たちは、定町廻り方の御用より、盗賊方の御用を優先させていたことがわかる。

垣外仲間の身分内法の第一形式と第二形式に注意して分析することは、長吏・小頭らは盗賊方と定町廻り方の両方の御用を勤める一方、若き者たちは定町廻り方の御用だけを勤めるという、彼らの御用の勤め方を導き出すことを可能にするのである。

垣外仲間の身分内法として、垣外番株に関する取扱いも重要である。大坂市中の各町に垣外番を派遣する権利は、垣外仲間の内部秩序で株として定立していた。その垣外番株を所有しているのは、長吏・小頭・若き者など小屋持ち非人である。若き者など株所有者は、その弟子を町の垣外番として派遣するのである。

垣外番株は、垣外仲間内部において売買された。この売買は、売買証文が作成されるだけではなく、御仲が管理する株帳面が切り替えられることで効力をもった。この売買過程においては、町もしくは町人は介在していなかった。こうしたあり方は垣外仲間の身分内法によって規定されていたのである。

前項で見たように、町法において町抱えの側面をもつ垣外番と町の関係を規律する申渡しが作成されることがあった。しかし、垣外番は垣外仲間の内部秩序に依存して存立していた。町から見える垣外番の姿の向こうに自律的な身分内法（集団内法）をもつ垣外仲間が存在していたのである。そして、この身分内法も、「法の形式」と「法の内容」がともに組織構造と照応していたことを確認しておきたい。

三　集団間の関係を規定する法

都市社会には多様な社会集団が複層し、異なる論理をもつ集団相互間の社会関係（複合関係）も展開していた。先の垣外番を接点とした町と垣外仲間の関係は、その一例であった。それは法のレベルでも、町抱えとしての申渡しに見られる町法と垣外番株を株帳面で管理する垣外仲間の身分内法がクロスしていたと理解できる。先に見た町代や町髪結などは、まったき包摂の状態から、徐々にクロスした状況が生じつつあったとも言えるであろう。

こうした異質な集団の法がクロスするのとは異なり、異なる利害をもつ集団どうしが相互の関係を中合せなど一つの法を作って規定する場合もあった。以下、本節では、薬種流通に関わるに株仲間と酒造に関わる株仲間を例に具体的に見ておこう。

まず、薬種流通に関わる株仲間については、輸入薬種の取引に関する渡辺祥子氏の研究〔渡辺二〇〇六〕が新しい視野を拓いてくれる。

近世の輸入薬種は、長崎会所で糸割符本商人が落札した荷物を、大坂の唐薬問屋が荷受して、道修町に集住する薬種中買商に買い取られ、全国に売却された。通説では、薬種中買仲間がほぼすべてを買い取って全国的に流通させられていくと考えられ、唐薬問屋は単に名目的に介在しているにすぎないと評価されてきた。

しかし、渡辺氏は「長崎から大坂の唐薬問屋に送られた唐薬種は、全てが薬種中買を経て諸国へ売られていくわけではなく、江戸のような大きな都市へは、唐薬問屋から櫃単位の大量の唐薬種が、直接送られていた。いっぽう薬種中買が売る唐薬種は、送り先はきめ細かく諸国に及んでいたが、それは基本的に櫃を開封して中身を小分けした、単位の小さい薬種であった。ただし薬種中買は、唐薬問屋から優先的に買出しを行い、その銘柄の薬種について、他者が取引する際にも通用する平均重量を定める役割を担っていた。こうして、唐薬問屋・薬種中買双方がそろうことで、諸国への唐薬種流通の要となり得ていた」ことを明らかにされた〔渡辺二〇〇六、三九七頁〕(6)。

こうした渡辺氏の本商人・唐薬問屋・薬種中買の関係を再検討する基点に、寛延二(一七四九)年の「三方申合条目」の分析があった。形式を見るため、その一部を引用しよう(箇条の全体構成は、表4として引用)。

申合条目

一薬種類売出シ之儀、問屋より仲買方え申入候定日、無滞買出シ有之事、

(中略)

一本商人方・中買方・問屋方、三方之内何方ニ而も、自然右之ケ条一品ニ而も相背申仁於有之ハ、三方評議之上、商売取引致間鋪事、

右之通、此度本商人方・中買方・問屋方、三方申談相究候処、違変有之間鋪候、為其仍如件、

寛延二年巳六月

五ケ所　本商人中
道修町　中買中
唐薬　　問屋中

渡辺氏は、この条目全体を見てみると、これまで注目されていたような薬種中買による独占的な買出しだけを規定したものではなく、彼らが行う他者との取引に関することまでを含んでいること、また買出しについても一連の取引全体を規定したものではなく、三者(本商人・唐薬問屋・薬種中買)の間で揉め事のおこりやすい

表4　「三方申合條目」各箇条の要点

①中買は、滞りなく薬種を買出しせよ
②20櫃以下の荷物は、売出し不要
③人参類は、即時に買出しせよ
④正味廻しの計量は正確に行う
⑤足し目の取り決め
⑥櫃物等の手目入引の取り決め
⑦小箱物類の手目入引の取り決め
⑧正味の数値の読み取り方
⑨行司封荷物の受け取りについて
⑩半下物の計量は、問屋に任せる
⑪半下物用の斤量りを調えおく
⑫近辺の問屋・中買まがいの者へ、問屋は売るな、中買は買うな
⑬問屋による人参直売を制限
⑭中買による持廻り売買は禁止
⑮問屋による堺筋仲買への売買は、仕来り通り認める
⑯買置・質入れは、仕来り通り自由
⑰本商人による問屋以外への直売は禁止
⑱荒物の正味欠引は、売出しで決めた通りに行う
⑲延売代物の樟脳詰めは、売方が行う
⑳追作り荷物は、荷主が正確に荷造りせよ
㉑新銘に作り替えた荷物の買出し方
㉒売出し代物の代銀は、問屋の指示通り中買から支払え
㉓古くなって重さが目減りした荷物は、中買・問屋立ち合いで計量し直す
㉔三方いずれでも、箇条に背くことがあれば、この申し合わせを無効にする
㉕一箇条でも背く者がいれば、その者を取引停止とする

（出典）〔渡辺2006〕より。

手目入引や計量方法について重点的に申し合せ、さらに半下物や荒物の取引についても規定されていることに注目すべきであると指摘している。そして、「三者が互いに強い結びつきを持ちつつ、それぞれの商売を行っていた中で、様々なところで三者間での利害の衝突が生じ、それをこの時期に、まとめて解決をはかるために申し合わせが行われたものと考えられる」〔渡辺二〇〇六、二九八頁〕と評価している。

この申合せは、「五ケ所本商人中」、道修町の薬種中買仲間、唐薬問屋の株仲間が協議のうえ決定したというのであり、まさに三者の関係を規定する法であると言えよう。

次にもう一例、屋久健二氏の研究に拠って、酒造関係の仲間について見よう〔屋久二〇〇一・二〇〇三・二〇〇四〕。

大坂市中には、一七世紀段階では七〇〇軒ほど、幕末段階でも二〇〇軒以上の酒造家が存在していた。また、酒の流通に関わる酒仲次仲間五四四軒が存在していた。酒仲次は、その象徴として酒量を計る溜樽を所持していたが、その中には酒造家も含まれていた。すなわち、酒仲次仲間の中には、酒造家である者とそうでない者がいたのである。

この酒仲次仲間は、享保一三（一七二八）年に成立するが、その背景には、溜樽を所持する「中買・小売」が存在していた。溜樽を持っていない酒造家も多い中で、計量の主導権を握る「中買・小売」（売買の主体）を酒中次という機能に限定することで、酒造仲間が流通のイニシアチブを把握しようとしたのである。その結果が、享保一三年六月に「酒屋年行司・仲次中立合」い、互いに守るべきとした四カ条の「一札」であった〔屋久二〇〇三〕。

この一札は、酒造仲間と酒仲次仲間の間の関係を規定する法であると同時に、酒仲次仲間を成立させた法であった。この後、酒仲次仲間は何種類かの仲間定法（仲間式目）を作成したが、内部に利害を異にする二つの存在（酒造家でもある者とそうではない純粋に酒仲次である者）が含まれていたため、酒造家の利害が前面に出たもの（宝暦一〇年四月「組合定書之事」など）と純粋酒仲次の利害が前面に出たもの（文化八年閏二月「定」）などが存在することとなった。これには、両者の主導権争いが背後に存在するのであるが、見方を変えると、酒仲次仲間の仲間式目という形式をとりながら、酒造仲間と酒仲次仲間の間の関係を規定する法ともいうことができる。

酒造仲間に関わって、彼らに酒造働き人を口入する口入屋仲間の式目について触れておこう〔屋久二〇〇四〕。文化九（一八一二）年二月に口入屋九名が連印して「組合中申合式目之事」が作成された。その帳面の表紙には、口入屋の一人である平野屋清七の名前がある。内容を見ると、前文に、享保一五（一七三〇）年に町奉行所から口入屋仲間三〇軒が公認されたこと、明和六（一七六九）年からの公儀橋請負人で旅籠屋株を赦免された塚口屋七兵衛との争論、寛政一二（一八〇〇）年からの長町木賃宿仲間との争論などの経過と、その過程での仲間軒数の減少などを記した後、口入にあたっての「心得方」一〇カ条が規定されている。ここには、酒造家に対して、口入の局面や生活の局面における働き人の管理を口入屋仲間として責任をもつということが明示されている。

屋久氏は、こうした内容の式目が酒造家名田屋清兵衛家に残されていたことに注目し、名田屋と平野屋の間には酒造働き人口入に関わる得意関係があったと指摘しているが、これを言い換えれば、酒造仲間が主導権をもつ〝酒造仲間と口入屋仲間の関係〟のあり方が、口入屋仲間の法という形をとって規定されているものと言えるのではなかろうか。

おわりに

ここまで、都市大坂に存在する都市法がカバーする問題領域を、①政治空間全体を覆う公儀法度、②自律的な集団内を規律する法、③そうした集団相互間の関係を規定する法の三つの側面から概観してきた。ところで筆者は、これまで歴史分析の三つの位相（①集団の論理を共有する集団内の人々の位相、②異なる論理が交錯して実際に形成されている社会関係の位相、③それらの外部にそれらを取り巻く世論・世相の位相）を区別しながら、それらを総合的に捉えることが必要であると主張してきた。都市法の問題領域として概観してきた三側面のうち政治空間は、歴史分析の世論・世相の位相とはややずれるところがあるが、相互に照応し合っていることは容易に理解できる。このことは、［法の形式］と［法の内容］の両面から社会の実態に迫ろうとする《法と社会》

という視角の有効性を示すものと考える。

なお、いくつか今後の課題とするべき点に触れておきたい。一つは、都市法として考える場合、大店の家法をも視野に収めるべきことである。この点については、以前に吉田伸之氏が、一七世紀の巨大都市の展開過程を、町の論理と商人の論理の相克という視点から把握された点と関わる〔吉田一八八五〕。もう一つは、公儀法度である町触が都市社会のどのレベルまで把捉しているのかを考えることである〔吉田二〇〇七〕。それは言い換えれば、先に三つの側面から概観した都市法の領域を関連させて総合的に捉えるということである。

〔注〕

（1）《法と社会》という分析視角については、もうひとつ法的枠組みと社会的実態の関連（ズレと照応の両面を含む）を解明するという側面があると考えている。

（2）この「町内格式申合帳」の第六〜八条は、家持それぞれの所有する家屋敷内の借屋に対する管理責任を規定している。家持は単に経済的行為として借屋経営を行っているというだけではなく、それぞれの家持の家屋敷単位に借屋に対する管理責任が課せられていたことが明瞭に示されている。

（3）他町持が町中の運営に関われるかどうかは、町によって差異があった。家守が連印していた御池通五丁目とは異なり、有力両替商などが集まる尼崎町二丁目の宝暦一一（一七六一）年の「丁内規矩帳」（『大坂の町式目』大阪市史史料三二輯）には、「右丁法一件之儀ハ、往古ゟ他国・他町持之町人幷家守人等ハ相除キ、丁内住居之町人中而已打寄、丁法諸事之相談」とあり、町運営への参加は居付町人のみに限定されていたのである。

（4）西坂靖氏が指摘された火消組合二一組を結集枠とした三郷の惣町結合〔西坂一九八五〕の日常的基底には、火消組合の町年寄たちが火消に関わらない問題をも話し合っている状況が存在していた。

（5）町奉行所（特に盗賊方）の御用を勤めることで形成されたパイプは、垣外仲間にとって大きな意味をもっていた。

（6）　渡辺氏は、唐薬問屋のうち荷受けの掛り問屋となるのは三社講に属するものだけであり、唐薬問屋の株仲間は唐薬種の先物取引を行う商内講や和薬問屋の組などを含む複合的な構成をもっていたことを明らかにされている〔渡辺二〇〇六〕。

第一部　近世大坂の法と社会

第一章　近世大坂の法と社会

はじめに

本章は、去る二〇〇六年四月二九日〜三〇日に行われたシンポジウム「近世大坂の法と社会」における問題提起の内容をまとめたものである。[1]このシンポジウムは、二〇〇三年から継続してきた大坂町触を読む会の共同研究を基礎にしている。

この大坂町触を読む会は、筆者と岩城卓二氏が発起して、一七世紀の大坂町触を豊富に収載した「大坂御仕置御書出之写」全七冊（杉山家文書、京都大学総合博物館所蔵）を読み進めることを目的に始めたものである。この会の活動をベースとして、二〇〇五年度に「近世巨大都市大坂の形成と変容に関する基盤的研究—法と現実、中心と周縁の視点から—」という課題で科学研究費の交付を受けることとができた。この研究を推進するため広く近世大坂研究会を組織し、大坂町触を読む会とセットで進めてきた。

近世大坂研究会では、法という事象を通じて社会のあり方に接近する、つまり法と社会を切りはなさない形で問題を考えていく姿勢を保持してきた。〝法という事象を通じて〟という場合、［法の形式］と［法の内容］の両側面を考慮する必要があろう。

第一の法の形式とは、その法が誰から誰に対して向けられた指示・命令なのか、誰と誰の間の取決めであるのか、それがいかなる経路でいかにして伝達されるかというようなことである。こうした法の形式には、社会的な関係や社会組織のあり方が色濃く反映されている。それ故、法の形式に着目して分析していくことは、社会のあり方に迫る手がかかりを与えてくれると考えられる。逆に、法を生み出す社会組織がどのような形をとっているのか、誰から誰に対してどういうふうに作用する規定なのかということを配慮しないで法の内容を解釈した場合、十分な内容理解にはいたらないと思われる。

法の形式に対する分析は、言ってみれば法それ自体の検討ということになろうが、今後の研究においても、法それ自体を検討することを重要な課題として位置づけていきたい。しかし、その場合にもその分析は、究極的には社会へと向かっていく方向性を持つべきだと考える。

第二の法の内容であるが、そこには複雑に展開している社会の実態、多様な仲間集団や社会生活のあり様などが反映しており、それ故、法史料は社会の実態に迫る可能性を豊かに秘めているのである。そこで、第二の課題は、法を手掛りに社会に迫るということを自覚的に推し進めていくことである。

この［法の形式］と［法の内容］の二つの視角からの分析は相対的に区別して進めなければならないが、社会の実態に迫っていくことにおいて両者は同じ方向性を有しており、統一的に研究を進めることが必要である。以下、本章では、この《法と社会》という視角から、一七世紀の町触について若干の検討を加えてみたい。

一　町触研究の条件と状況

三都の町触をめぐる研究条件の問題にはいる前に、あらかじめ確認しておきたいことがある。本章では町触を軸に考えているが、都市法は町奉行所から出される法＝町触だけなのではないという点である。近世社会は、多様な社会集団、仲間組織や労働組織などの重層と複合によって成り立っており、それらの諸社会集団はそれぞれ自律的な法を持つ法共同体というような性格を持っていた。これこそが身分制社会であるという近世史理解は、一九八〇年代以降、朝尾直弘氏の身分を存立させる基礎に地縁的・職業的身分共同体を位置づける問題提起をうけ〔朝尾一九八一〕、また、一九九〇年代以降の身分的周縁研究の進展のなかで、広く共有されてきている〔塚田他一九九四・久留島他二〇〇〇・後藤他二〇〇六～八〕。

町や村も、町式目、町中申合せ、村掟、村定などいろいろな呼び方がされるが、それぞれ独自の法を持っていたことは周知のことである。それ以外の様々な社会集団のもつ法についても、独自の法に注目する研究が行われている。筆者も、これまで大坂の非人集団について独自の身分内法の構造から彼らの組織構造を解明してきたし〔塚田二〇〇一・二〇〇七〕、弾左衛門支配下の関東の賤民組織について身分内法（年証文と長吏掟・在方申渡し）の視角から、その実態に迫っていくことが有効であるということを指摘してきた〔塚田一九九二a〕。

都市法ということで言えば、都市社会の多様な社会集団が重層的に展開し、それらがそれぞれに独自の法を持ち、集団関係を支配・規制する法が集団間に形成されていたのであり、それらの重層的に形成された法の総体を都市法として把握する必要がある。しかし、今回は町奉行所レベルの法＝町触に対象をしぼって、シンポジウムを企画しているということであり、必ずしも都市法は町触に限定されるものではないことを確認しておく。

次に、江戸、大坂、京都の三都の町触の研究を進めるための条件について触れておこう。

大坂については、戦前に作られた『大阪市史』の第三巻・第四巻（上・下）に町触の編年集成が行われており(2)、町触を総合的に検討する条件がもっとも早い段階から整っていた。それに対して、京都については、一九八〇年代に『京都町触集成』（全一五巻）が刊行され、[3]江戸については、一九九四年に『江戸町触集成』（全二〇巻）の刊行が開始され、二〇〇六年に最後の索引が刊行され、[4]ここ二〇年ほどの間に研究条件は急速に整えられたと言えよう。こうして現在、三都のそれぞれの町触の深く総合的な分析とそれを踏まえた比較検討が可能となってきている。

そもそもこうした集成が可能なのは、触が通達される村や町において膨大な触留が残されるような、触の伝達と徹底の方式とによるところが大きい。日本近世においては、村においても町においても、末端まで触が伝えられ、場合によっては村中、町中の請書が求められることもあった。それにより、村役人や町役人は膨大な触を克明に記録していったのである。

それは一面で、社会の基礎に地縁的な共同組織（村や町など）が強固に存在しているという日本近世社会のあり方と深く関わっている。はたして日本以外の社会でそうした条件が共通していたのかどうかを考えることは、日本社会の特質を考えるうえで意味があるのではなかろうか。そうした観点から、先記のシンポジウムでは明清期の中国とビサンツ帝国における法の伝達のあり方をコメントで紹介してもらった〔井上徹二〇〇七・井上浩一二〇〇七〕。ビサンツ帝国の場合は時代が違うが、両者とも街角で口頭で伝えられたり、張り出されたりという方式であり、触留のような形で法史料が残される条件は存在していなかったと思われる。このことは、社会の基礎に地縁的な共同組織をもつ日本と、社会組織が個人のネットワーク型を成している中国やビザンツとの差異を表現しているのかもしれない。

実は先ほど触れた朝尾直弘氏の近世身分制社会論は、京都の町触を集成する編纂作業のなかで形成されたという側面を持っていた。朝尾氏が、近世社会のなかに多様な地域団体が重層し、それが「公」を分有しているという理解に至るのと〔朝尾一九八五ａ〕、京都における町共同体の位置づけとは表裏の関係にあった。京都の町代触や願触の発見などはその一例とも言えようが〔朝尾一九八五・二〇〇四〕、それは町触＝都市法の上からの一方的な強制という理解とは異なる側面を見いだしたのであり、そこから京都の都市としての自治的性格についての理解も深まっていったものと考えられる。

なお、朝尾氏は、町代触に関する論考のなかで、町代が公事訴訟などの一部分担処理を委ねられるようになることを、京都の町自治と町代仲間の存在を前提に、下部の意見を反映させる回路の存在、下からの官僚制形成の可能性として評価している〔朝尾一九八五b〕。それとの対比で、大坂の惣年寄については、一七世紀末にいたって、「公儀一味」として裁判の陪席を命じられたのであり、都市自治や下からの官僚制の可能性は持たないものと捉えられている。京都の研究が先行して進んでいた段階ではそうした評価も致しかたないかもしれないが、惣年寄は一七世紀半ばには確実に公事訴訟などの一部分担処理を担っており、はたして惣年寄を朝尾氏のように評価するのが妥当なのかについては検討の余地があるように思われる（〔塚田二〇〇六b〕を参照）。

このような状況に至る理由の一端には、大坂における研究条件の限界という問題もあるように思われる。大坂の町触については、『大阪市史』によって早い段階で研究の条件が整えられていたが、それが誰から誰に出されたものかという〔法の形式〕の側面を示す文言が省略されているのである。また、以前の町触を踏まえて同じ文言が繰り返されている場合は、その本文は省略されており、一見するとその時触れられた町触全体が掴みにくいという限界がある。それ故、町触を素材として、大坂の諸問題を論じることはされてきたが、法それ自体の分析から社会を総合的に捉えていくという点でははなはだ不十分であった。

そのような研究状況のなかで、火消組合年番町の年寄たちが大坂の惣町を代表するようになっていくことを解明している西坂靖氏の研究は注目される〔西坂一九八五〕。そこでは、『大阪市史』第三巻・第四巻の綿密な読み込みから、特に重要な町触については、通常の町触通達ルートとは異なり、火消年番町年寄が召し出されて町奉行から面前で申し渡されることを見いだし、さらにそのような惣町を代表する立場を認められる前提に、火消組合年番町の年寄たちが惣町的な課題での出願を組織するようになっていたことを解明している。西坂氏の研究は、町触の〔法の形式〕に着目して、大坂の都市社会のあり方に光を当てたものとして高く評価できよう。

その後、筆者も、例触という形で毎年正月一一日に布達される町触は、本来的には町触ではなく、惣年寄に対する指示だったが、各町まで伝えられていくことになり、町触として見なされていったことを明らかにした〔塚田一九九八〕。また、町触の〔法の内容〕を素材とした都市社会史的な研究を行ってきた〔塚田二〇〇六a・二〇〇七〕。

先述したように、大坂については、『京都町触集成』や『江戸町触集成』のような〔法の形式〕を備えた町触の集成は実現していない。その意味では、〔法の形式〕を備えた町触集成に近づくような共同研究が必要であろう。それに向けて、一歩ずつでも進んでいくことが大切だが、そのためには、大坂町触を読む会で検討してきた杉山家文書「大坂御仕置御書出之写」のような大坂町触の諸写本などの検討を積み上げていくことが重要であろう。

二　一七世紀の大坂の町触

ここでは、大坂町触を読む会で検討してきた「大坂御仕置御書出之写」全七冊（杉山家文書[5]）についての紹介も兼ねて、一七世紀の大坂町触について若干の問題に触れておきたい。

まず、「大坂御仕置御書出之写」という書名に注目しておきたい。大阪府立中之島図書館に所蔵された一七世紀の町触を留めた写本に「大坂御仕置留」・「大坂御仕置御書出留」がある。町触などの町奉行所からの指示全般を、当時「御仕置」と呼んでいたのではないかと思われる。

「大坂御仕置御書出之写」全七冊に収載された町触などを一覧にした表1を見ていただきたい。第一冊から第六冊までは、基本的に慶安元（一六四八）年から元禄七（一六九四）年までの町触が年月日順に収録されている。このうち、第一冊の前半（1—1～17）は、明暦元（一六五五）年一〇月一三日に町奉行から惣年寄たちに対して基本法例を一冊にまとめて渡されたものであり、(6)それに続く（1—18）は、同日に触れられた掟一九カ条である。第七冊は、町触ではなく、一七世紀半ばの仲間仕置などが収載されている。そのうち（7—17～36）は、それまで惣会所を通さずに、各仲間に出された仲間仕置を惣年寄たちも承知しておくようにと、同じく明暦元年一〇月一三日に町奉行からまとめて惣年寄に渡されたものを収録している。

以上の明暦元年一〇月一三日に惣年寄たちに渡された三種類（町触・掟・仲間仕置）は、万治元（一六五八）年一〇月一一日には三郷の各町が写して所持することが求められており、広く流布することになったと思われる。先に触れた「大坂御仕置留」の内容を表2に示したが、(7)そのうち（1～20）が明暦元年一〇月にまとめられた基本町触と掟一九カ条に対応し、（36～55）が仲間仕置に対応しており、「大坂御仕置留」にも、この三種類はそっくりそのまま収載されていることがわかる。この三種類を含む写本は、これ以外にも多く残されることとなり、『大阪市史』第三巻編纂の際にも、これらは重要な素材となっている。

このような町触や仲間仕置をまとめて明暦元年には惣会所に備える措置がとられ、万治元年一〇月には町奉行の交代に際して各町まで徹底されたのであった。以前にこれらを踏まえて、慶安元年から明暦元年までを狭義の都市法制整備の時期、その後の町奉行交代時に繰り返し再確認されている一七世紀後半までを広義の都市法制整備の時期と位置づけたことがある〔塚田一九九六a・一九九八〕。この都市法制整備によって、この時期

表１　「大坂御仕置御書出之写」（杉山家文書）の内容一覧

冊	番号	年	西暦	月日	表　　題	大阪市史	大阪市史頭書
7	1	寛永17年	1640	5．27			
7	2	承応２年	1653	2．18	覚(火事場え出合候人数之事)	補触29	火事場え出会候人数之事
7	3	承応２年	1653	6．2	覚	補触30	三郷惣年寄人数之事
7	4	明暦２年	1656	4．15		補触39	道中伝馬之事
7	5	(明暦２)申	1656	9．3		補触41(略)	風呂屋之女髪あらひ候者之事
7	6	(明暦３)酉	1657	1．11	(明暦三年酉正月十一日如例年三郷之惣年寄惣代召寄、年中会所え出銀之事、并御番衆下々宿之儀申出候書付を読聞、三通宛相渡候、同心頭地奉行罷出)	補触44	二通之覚書之事、惣年寄跡職之事、年頭八朔之事
7	7	(明暦３)酉	1657	2．16	覚	補触45	上荷舟茶船夜中に船を乗あるくましき事
7	8	明暦３年	1657	2．27	覚	補触47	傾城町仕置之事
7	9	(明暦３)酉	1657	8．14	(三軒屋当分御仕置事)		
7	10	(明暦３)酉	1657	9．8	条々	触16	江戸御本丸御普請ニ付而、鳶口日用之者之事、且又請人之事、来年江戸御城御普請ニ付、石切・手子・鳶口之者之事
7	11	明暦３年	1657	9．27	(剣先船仕置之事)	補触46	剣先船仕置之事
7	12	明暦４年	1658	1．15	条々	触24	江戸廻船大坂川口ニ而破損有之節定之事
7	13	(万治元)戌	1658	2．25	覚	触25	町々年寄心得之儀弐ヶ条之事、毎年正月申渡三ヶ条おろかに無之様可申付事
7	14	(万治元)戌	1658	10．19		補触48	質見世之札を出さす、質を取申間敷之事
7	15	(明暦４)戌	1658	10．23	覚	触29	薪商売三ヶ条之事
7	16	(寛文元)丑	1661	6．27	口上之覚	補触50	在番下々に借金・借銭・売掛致すましき事

7	17	寛永14年	1637	4．4	覚(馬方仕置事)	補触1	馬方仕置之事
7	18	(正保3)戌	1646	12.14	覚	補触2ノ1	馬方共え申渡候三ヶ条之事
7	19	慶安元年	1648	6．5	条々(上荷茶船仕置之事)	補触6	上荷船茶船仕置之事
7	20	慶安2年	1649	3.18	条々(山伏仕置事)	補触12	山伏仕置事
7	21	(慶安2)丑	1649	4.21	覚(木挽仕置之事)	補触14	木挽仕置之事
7	22	(慶安2)丑	1649	8．4	条々(旅籠屋仕置事)	補触15	旅籠屋仕置之事
7	23	慶安2年	1649	9.19	条々(火事之刻大坂近所在々え仕置事)	補触17	火事之刻大坂近所在々仕置之事
7	24	(慶安5)辰	1652	6．5	覚(芝居仕置事)	補触22	芝居仕置之事
7	25	(承応元)辰	1652	11．6	覚(公事訴訟名代事)	補触25	公事訴訟人名代事
7	26	(承応2)巳	1653	7．2	覚(茶屋仕置事)	補触32	茶屋仕置之事
7	27	慶安5年	1652	8.14	条々(廻船中仕置事)	補触23	廻船仕置之事
7	28	承応元年	1652	11.12	(諸宗江浪人仕置事)	補触26	諸宗江浪人仕置之事
7	29	慶安元年	1648	6．5	(西国方年季之男女抱下仕置手形事)	参考5	西国方年季之男女抱下仕置之事
7	30	慶安元年	1648	4．6	差上申書物之事(傾城屋仕置)	参考10	傾城屋仕置之事
7	31	慶安元年	1648	4．6	差上申書物之事(揚屋仕置)	参考9	揚屋仕置之事
7	32	慶安元年	1648	5．2	指上申手形之事(道頓堀芝居仕置)	参考11	道頓堀芝居中仕置之事
7	33	慶安元年	1648	5.14	差上申書物之事(質屋中仕置)	参考12	質屋仕置之事
7	34	慶安元年	1655	5.14	(古金)	参考14	古金買仕置之事
7	35	慶安元年	1655	5.14	(古手買仕置)	参考13	古手買仕置之事
7	36	慶安元年	1655	5.14	書上申手形事(殺生人中仕置)	参考15	殺生人仕置之事
7		明暦元年	1655	10.13	(7-17～36を受けて)	参考19	会所え無構度々申出候書付之事
7	37	延宝8年	1680	8．3	条々		
1	1	慶安元年	1648	4．5	定(商売其外御仕置事)	補触3	商売其外御仕置之事
1	2	慶安元年	1648	4．5	条々(町中御法度事)	補触4	町中御法度之事
1	3	慶安元年	1648	4．5	条々(町人作法仕置事)	補触5	町人作法仕置之事

1	4	慶安元年	1648	6．5	覚(惣会所幷町々年寄懸銀事)	補触7	惣会所幷町々年寄懸銀之事
1	5	慶安元年	1648	12. 16	(自身番之事)	補触11	自身番之事
1	6	慶安2年	1649	9．19	条々(火事之時荷物退候仕置之事)	補触16	火事之時荷物退候仕置之事
1	7	慶安2年	1649	12. 21	(家屋敷売買之事)	補触18	家屋鋪売買之事
1	8	慶安5年	1652	1．11	条々(町中御仕置之事)	補触20	町中御仕置之事
1	9	慶安5年	1652	1．11	条々(商売幷家屋鋪売買跡職等之事)	補触21	商売幷家売買跡職等之事
1	10	(慶安5)辰	1652	8．18	覚(御番衆之米買候仕置事)	補触24	御番衆之米買候仕置之事
1	11	承応2年	1653	1．11	条々(会所え従町中出銀之事)	補触27	例年御用始三ヶ条之事
1	12	(承応2)	1653	1．11	覚(御番衆え下々幷出替之者宿事)	補触28	御番衆之下々幷出替之者宿之事
1	13	(承応2)巳	1653	7．2	(町中家屋敷売買之事)	補触31	町中家屋敷売買之事
1	14	(承応2)巳	1653	8．19	覚(御番衆御加番衆下々え売掛事)	補触33	御番衆之下々え売掛候事
1	15	承応3年	1654	2．22	(町人女房鋪銀之事)	補触34	町人女房敷銀之事
1	16	(承応3)午	1654	3．22	覚(米中買仕置之事)	補触35	米中買仕置事
1	17	慶安5年	1652	8．23	差上ケ申手形之事(大坂町中浪人仕置)	参考18	大坂町中牢人仕置
1		明暦元年	1655	10. 11	(1－1～17を受けて)	補触36	先年より度々書出候大坂町中御仕置之事
1	18	明暦元年	1655	10. 13	掟	補触37	掟
1	19	(明暦元)未	1655	10. 17	覚	触1	道具を預り売候ハヽ死罪ニ申付之事、諸職人刀脇指を請取、質々置候ハヽ死罪ニ申付之事
1	20	(明暦2)申	1656	1．11	条々	触2	(例触1)
1	21	(明暦2)	1656	1．11	覚	触3	(例触2)
1	22	明暦2年	1656	1．11	(売券之事)	触4	売券之事
1	23	明暦2年	1656	11. 27	差上ケ申手形之事	触6(欠)	町中若キ者共念仏に出間敷旨証文為致候事
1	24	(明暦3)酉	1657	1．11	条々	触9	町人若キ者共武芸之事、町

							人振舞仏事之事
1	25	明暦３年	1657	1.11		触10(欠)	町人振舞仏事其外葬送等之儀、右之外申渡候趣を以、年寄共軽キ法を相定、証文為差出候事
1	26	(明暦３)酉	1657	2.14	覚	触11	町々夜番人之事、夜四ツ時以後門をたて可申之事、投火抔致し候者有之哉、夜番之者心得之事
1	27	(明暦３)酉	1657	3.8	覚	触12	投火付火致す者之事
1	28	(明暦３)酉	1657	3.8	覚	触13(欠)	夜番之事
1	29	(明暦３)酉	1657	8.8	覚	触14	下り御番衆之若党少者致欠落候者に宿借す間鋪之事、欠落者之女房之事、出替之者毎年正月相触候通可心得之事
2	1	(明暦３)酉	1657	8.27	覚	触15(欠)	本願寺門徒之外、町屋ニ出家住宅致させ間鋪事､付り､往来之出家当座之宿日数之事道心者宿之事
2	2	(明暦３)酉	1657	12.1	覚	触20(欠)	町中公事訴訟之事
2	3	明暦４年	1658	1.11	条々	触23	町中江申渡御法度不可致違背事、対公儀悪心有之輩ならハ、不移時刻可申出事、吉利支丹宗旨之事、牢人ニ宿借す間鋪事、火之用心之事、博奕諸勝負停止之事
2	4	万治元年	1658	10.11		触28	慶安元年より明暦元年迄之御仕置書付注一冊、惣年寄召寄相渡候事、
2	5	(万治元)	1658	閏12.9	覚	触30(略)	在々所々損亡ニ付酒造之事、耕作損亡之所々御仕置三ヶ條之事、鹿猪おハせ可申之事
2	6	万治２年	1659	1.11	条々	触33・34	廻船作法御制札之事、難風之刻たすけ船之事、破損之時之定七ヶ条之事・右之追加四ヶ条之事、とき船商売之事

2	7	(万治２)亥	1659	6．1	覚	触35(欠)	町中ニ不審成者有之ハ可申出之事、牢人を隠置間敷之事、町人大脇指を指せ間敷事
2	8	万治３年	1660	1．11	覚	触42	米蔵元米中買之者米売買之儀掟三ヶ条之事
2	9	万治３年カ	1660	8．18		触44	御番衆之米買候之儀三ヶ条之事
2	10	(万治３)子	1660	9．3	覚	触46(略)	諸国酒造之事
2	11	万治３年	1660	9．3	差上申手形之事	触47(欠)	町中酒造手形案文之事
2	12	万治３年	1660	11．2	覚	触48	町中米売買ニ付、市を立候事五ヶ条
2	13	(万治４)丑	1661	1．11	覚	触51	米商売之事、悪銭之事、しなひ商并請取普請之事
2	14	(万治４)丑	1661	3．23	覚	触53	駕籠かき共え申付候掟三ヶ条之事
2	15	(寛文元)丑	1661	7．19	覚	触55(略)	町中宗旨改之儀三ヶ条之事
2	16	(寛文元)丑	1661	12．21	覚	触57	家建作法之儀五ヶ条之事
2	17	寛文２年	1662	4．28	掟	触61(欠)	公事訴訟之儀掟七ヶ条之事
2	18	(寛文３)卯	1663	5．21		触67(欠)	西三拾三ヶ国秤之事
2	19	(寛文３)卯	1663	9．28		触69	米売買之儀并蔵元ニ米預り置ク日切等之事
2	20	(寛文３)卯	1663	12．1	覚	触70(欠)	米売買之日切之儀并座ヶ間敷商売致間敷之事
2	21	(寛文３)卯	1663	12．1	先年之写	触71(欠)	博奕諸勝負停止之事
2	22	(寛文３)卯	1663	12．15		触72(欠)	町中大工之者中井主水下知を相守可申之事、
2	23	寛文４年	1664	3．28	覚	触77(欠)	慶安元年より明暦元年迄差出候御仕置触書之事
2	24	(寛文４)辰	1664	8．11	定	触78(略)	絹・紬・布・木綿幅たけ定之事
2	25	寛文４年	1664	8．11	覚	触79	藁・葭・萱・柴類九尺より高ク積間敷事、材木屋町通り道九尺より狭致間敷事、火事有之時之ため橋台より地らい間数之事、夜中船を

							乗りありき候之事、夜更罷出者心を可付之事、火事場見物之事
2	26	寛文5年	1665	3.—	覚	触86(略)	似せ分銅之儀幷分銅代銀付之儀
2	27	(寛文6)午	1666	9.29	覚	触90(略)	薬種其外座を定、しめ売致間鋪事
2	28	(寛文6)午	1666	9.29	覚	触91(欠)	町中鉄炮所持之者筒数・長サ・玉目改書付之事
2	29	(寛文6)午	1666	11.15		触93	借在家構仏壇不可求利用之事、諸出家町家ニ差置間敷事
2	30	(寛文6)午	1666	11.15		触94(欠)	町人之内身体不成欠落者之儀、幷欠所之事五ヶ条
2	31	(寛文6)午	1666	11.15	覚	触95(欠)	前髪有之者を隠置、遊女同然ニありかせ申間敷之事、町中徒者之事、荷物幷駕籠かき所を定間敷事
2	32	寛文6年	1666	11. 7	覚	触92(略)	耕作損亡ニ付酒造之事
2	33	(寛文6)	1666	12. 1	覚	触96(欠)	火事ニ付金銀其外ひろい取候者ハ、番所え持参断可申之事、主人家主念を入、店借り召仕者ニ心を付ケ可申事
3	1	(寛文7)未	1667	1. 6	覚	触97(欠)	自身番之事、火事之節之事、幷はしはし井戸之事
3	2	(寛文7)未	1667	1.11	条々	補触51(触9参照)	町人若キ者武芸之事、町人振舞仏事等之事
3	3	(寛文7)未	1667	1.11	従先年之写		
3	4	(寛文7)未	1667	3. 4	覚	触102(略)	酒造之事、たはこ本田畑に作間敷之事
3	5	(寛文7)未	1667	5.15	覚	触103(欠)	小袖表之代銀限之事
3	6	(寛文7)未	1667	10. 1	覚	触106(欠)	町中夜番之者之事、納屋借屋ニ不審成者差置間鋪之事、質屋之者共心得之事
3	7	(寛文7)未	1667	11.15	覚	触107(略)	はま弓・五月甲・ひいな道具之事

3	8	(寛文８)申	1668	1．11	条々	触110(欠)	町人若キ者武芸之事、座ヶ間敷商売〆売之事、作事幷男女衣類之事、牢人宿之事、博奕諸勝負停止之事
3	9	(寛文８)申	1668	3．4	覚	触111(欠)	諸国酒造之事、たはこ本田畑ニ作間敷事、畳表之事
3	10	(寛文８)	1668	3．—	覚	触112(略)	小袖表之代銀限之事、買置〆売之事、
3	11	(寛文８)申	1668	3．26	覚	触113(略)	町人刀を帯之事、町人屋作衣類之事、蒔絵道具之事
3	12	(寛文８)申	1668	3．26	覚	触114(略)	町人屋作掟之事、嫁娶之事、町人振舞之事、はま弓・はこ板・ひなの道具・五月甲之事、祭礼渡物之事、葬礼仏事之事
3	13	(寛文８)申	1668	5．18	覚	触115(略)	異国船商売之代銀斗可差出遣之事
3	14	寛文８年	1668	5．18	覚	触116(欠)	傾城町之者衣類定之事、遊女之衣類之事、傾城町え乗物・馬・駕籠ニ而通候者者寄せ申間敷之事
3	15	(寛文８)申	1668	11．25		触121(欠)	人勾引者町中改様之儀三ヶ条之事
3	16	(寛文９)	1669	2．4	口上之覚	触126(欠)	神甚四郎秤之事
3	17	(寛文９)酉	1669	8．29	覚	触128(欠)	不受不施之宗旨寺請ニ不可取之事
3	18	(寛文９)酉	1669	8．29	覚	触129	吉利支丹宗門・博奕諸勝負・遊女・若衆之事、町中宗旨改之儀四ヶ条之事
3	19	(寛文９)酉	1669	10．8	覚	触131(略)	酒造之儀弐ヶ条之事、たはこ本田畑ニ作候儀停止之事
3	20	(寛文10)戌	1670	4．1	覚	触136(欠)	火事之刻見物人之事、火付致す者可捕之事、
3	21	(寛文10)	1670	4．21	覚	触137(欠)	町人所え参ねたり、金銀を取候者之事
3	22	(寛文10)戌	1670	5．15	覚	触138(略)	米不足ニ付新酒造之事
3	23	(寛文10)	1670	12．26	覚	触141(欠)	鉄炮玉薬売買之事、通り道

							に土材木等せはき様ニ差置間敷之事
3	24	(寛文10)戌	1670	1.11	条々		
3	25	(寛文11)亥	1671	1.18	覚	触145	出替り奉公人出替之日定之事
3	26	(寛文11)亥	1671	11. 2	条々	触148(略)	似せ薬種商売致間敷之事、付り、毒薬売買致間敷之事、諸色買置しめ売之事、諸職人作料手間賃之事
3	27	(寛文11)亥	1671	11. 9	覚	触149(略)	諸国寒作之酒分量之事
3	28	(寛文12)子	1672	1.11	覚	触154(欠)	薪幷塩魚入津之事、嫁娶之刻礫打幷水あひせ之事
3	29	(延宝3)卯	1675	9.9	覚	触194(欠)	在々幷川口辺ニ而鉄炮打候之事
3	30	(延宝3)卯	1675	12. 1	覚	触196	町中夜番之者之事、納屋ニ夜中不審成者置間敷事、借家借り之者質屋え質物切々遣ス者之事
3	31	延宝4年	1676	8.2	覚	触203	火事場作法之事五ヶ条
3	32	(延宝5)巳	1677	3.8	口上之覚	触207(欠)	町中おたれニ壁付ケ間敷之事、おふたれ道をせはめ間敷事、浜納屋ニ壁を付候之事、
3	33	(延宝5)巳	1677	7.9	口上之覚	触209(欠)	町中人宿仕者之事、付り、牢人宿之事、八軒屋長町ニ泊ル者之事、日本橋大和橋近辺ニ而夜中追剥仕もの有之事、町中ニ長竿ニ挑燈結付ル之事
3	34	(延宝5)巳	1677	8.18	覚	触210(欠)	蔵屋敷方米売買幷売付米預り日切之事三ヶ条
3	35	(延宝5)巳	1677	閏12.19	覚	触211	奢たる儀致間敷之事、町中屋作等之事、家屋敷売買之節弐拾分一銀之事、町々出銀之事、不依何事証文判形之事
3	36	延宝7年	1679	6.15	覚	触220(欠)	鉄炮玉薬売買之事、町屋敷普請之節之事、病人幷酒酔

							之者正気付次第宿承届可申遣之事、鉄炮合薬売買候者共追放欠所申付候之事
4	1	延宝８年	1680	1.11	条々	触221	（例触１）
4	2	（延宝８）	1680	1.11	覚	触222	（例触２）
4	3	延宝８年	1680	4.19	覚	触223（欠）	非人共売候衣類買候ハヽ、盗人同前ニ申付候之事
4	4	（延宝８）申	1680	10. 6	覚	触227（略）	米高直ニ付、蔵屋敷方ニ而買候米預り置日切之事、米売買之事
4	5	（延宝８）	1680	12. 4	覚	触229（略）	寒造之外新酒停止之事
4	6	（延宝９）酉	1681	2. 4	覚	触232（略）	米其外買置〆売之事
4	7	（延宝９）酉	1681	3.14	覚	触233（略）	道中宿之駄賃人足賃共弐割増之儀被相止之事、かり名ニ而荷物差下ス事、かり名ニ而道中通ル者之事
4	8	延宝９年	1681	9.13	覚	触234（略）	家屋敷沽券状加判之事、同書置状加判之事、壱町を壱人ニ而持候家屋敷之事
4	9	（天和元）酉	1681	10. 9	覚	触235（略）	耕作損亡ニ付、米穀不費様之事、諸国酒造之事四ヶ条
4	10	（天和元）酉	1681	11. 1	覚	触236（欠）	酒造之事三ヶ条
4	11	天和２年	1682	1.11	条々	触237	（例触１）
4	12	（天和２）	1682	1.11	覚	触238	（例触２）
4	13	（天和２）戌	1682	7.23		触243（略）	天下一号看板、諸色ニ此文字一円置間敷之事
4	14	天和２年	1682	8. 3		触244（欠）	諸職人看板ををだび候儀停止之事
4	15	（天和２）戌	1682	8.—		触245（欠）	諸職人看板之事
4	16	（天和２）戌	1682	8.14		触246	（例触７）
4	17	（天和２）戌	1682	9.24	覚	触248（欠）	訴訟人之事、金銀を肝煎致口過者之事、諸町人手代引負之事
4	18	（天和３）	1683	2.12	覚	触252（略）	女之衣類制禁之品幷代銀限之事
4	19	（天和３）	1683	2.—	覚	触253（略）	唐船入津之節調間敷品々之

							事
4	20	（天和３）亥	1683	2.22	覚	触254（略）	祭礼法事可致軽儀、且又寺社山伏装束之事、舞々猿楽刀指間敷之事、百姓町人舞々猿楽下女はした都而衣類之事
4	21	（天和３）	1683	4.11	口上之覚	触257（略）	大名衆より合力米請候医師刀不可差之事、并傾城芝居役者衣類之事
4	22	（天和３）亥	1683	閏5.3	覚	触258（欠）	祭礼之事
4	23	（天和３）亥	1683	8.12	覚	触262	（例触７）
4	24	（天和３）亥	1683	8.23	覚	触263（略）	酒造米減少之所、当年ハ可用捨之事
4	25	（天和３）亥	1683	11.—		触264（欠）	陰陽師支配土御門兵部少輔え被仰付候事
4	26	（天和３）亥	1683	11.23	覚	触265（欠）	町中をねたり申徒者之事
4	27	（天和４）	1684	2.—	覚	触269	道橋ニ而古金并古着古道具売買之事
4	28	（貞享元）子	1684	8.26	覚	触271（欠）	新規ニ廻船造候者并他所より当地ニ船を持候者之事
4	29	（貞享２）丑	1685	8.14		触278	（例触７）
4	30	（貞享２）丑	1685	8.14	覚	触276（欠）	町人衣類之事、所々え町人集り、相場万事請合致候儀停止之事、借家借り候刻振廻之儀無用之事、并借屋明ケ之事
4	31	（貞享２）丑	1685	8.14	口上之覚	触277（欠）	諸国廻船之者、当地船掛之間、盗ものを乍存買取間敷之事
4	32	（貞享２）丑	1685	10.21		触279（略）	馬之筋延候儀停止之事
4	33	（貞享３）寅	1686	1.11	覚	触287	公事訴訟裁許之事、町中家作之事、同庇之事
4	34	（貞享３）	1686	1.30			
4	35	（貞享３）寅	1686	3.21	覚	触290（欠）	火之元之事、出火之節火消様之事、火事場見物人之事

4	36	（貞享３）	1686			触294（欠）	於町中俗人暮合より笠をかむり、念仏を申勧進ニ出間敷之事
4	37	（貞享３）寅	1686	11．7	口上之覚		
4	38	（貞享４）	1687	1．—	覚	触311（略）	生類煩重り候得は捨候者之事
4	39	（貞享４）卯	1687	2．7	口上之覚	触312（略）	生類はこくみ兼候者は可訴出之事
4	40	（貞享４）卯	1687	4．—	覚	触318（略）	病馬捨候者有之、御仕置申付候事、
4	41	（貞享４）卯	1687	4．—	覚	触319（略）	捨子之事、幷生類あはれみの事四ヶ条
4	42	（貞享４）卯	1687	4．26	覚	触320（略）	質地取候者年貢之儀、幷田畑売買之事
4	43	（貞享４）卯	1687	5．27		触322	糸割符之事（例触３）
4	44	（貞享４）卯	1687	7．19	覚	触328（略）	切支丹宗門之事
4	45	（貞享４）卯	1687	11．—	口上之覚		
4	46	（貞享４）卯	1687	12．30	口上之覚	触333（略）	捨馬致候者有之、御仕置之事書付弐通
4	47	（貞享５）辰	1688	6．1		触339（欠）	猿廻シ惣而物貰共脇差を差間敷之事、町人所ニ而非人共不届之事
4	48	（貞享５）辰	1688	6．10	覚	触342（欠）	切支丹宗門吟味之事
4	49	（貞享５）辰	1688	9．9	覚	触347（欠）	米不実商之事
4	50	（元禄元）辰	1688	11．—	口上之覚		（例触８）
5	1	（元禄元）辰	1688	12．11	覚	触353（欠）	米不実商之事
5	2	（元禄元）	1688	12．11	覚	触354	町中家作之事、付、地形築之事
5	3	（元禄２）	1689	（5．5）		触360（欠）カ	右雑説申出し候者町々ニ而可致吟味之事
5	4	（元禄２）	1689	6．1	覚	触362	糸割賦之事（例触３）
5	5	（元禄２）	1689	6．1			
5	6	（元禄２）	1689	7．5	覚	触371（欠）	四月中灸針可忌との雑説吟味之事
5	7	（元禄２）	1689	7．7		触372	乞食物貰共於在家不届之事

5	8	（元禄２）	1689	7．3		触368	女子男子共遊芸を仕付、不儀之身過仕間敷儀、并芝居子共遊女同前之儀致間鋪之事
5	9	（元禄２）	1689	7．3		触369	旅芝居停止之事
5	10	（元禄２）	1689	7．25	覚	触377（欠）	針灸可忌之惑説ニ付人別改之事
5	11	（元禄２）巳	1689	9．10	覚	触379（略）	献上物たり共、檜杉之木具之品々停止之事拾ヶ条
5	12	（元禄２）巳	1689	10．12	覚	触380（略の記載脱）	灸針可忌之異説申出し候者相知候之事
5	13	（元禄２）巳	1689	10．22		触383	前句付抔と称し、博奕同前之儀停止之事
5	14	（元禄２）巳	1689	11．9	覚	触385	伯父姪伯母甥夫婦之儀停止之事
5	15	（元禄２）巳	1689	12．15	覚	触387	あはれ者并盗賊之事、水あひせ之事
5	16	元禄３年	1690			触389-390	
5	17	（元禄３）	1690		御口上之覚		
5	18	（元禄３）午	1690	2．14	覚	触391	公事訴訟之事、浜々ニ売女之事、葬礼仏事之事
5	19	（元禄３）午	1690	4．18		触392	身体倒れ候町人之事、はた商之事
5	20	（元禄３）	1690			触393・達8・触398	
5	21	（元禄３）午	1690	7．5	覚	触396（欠）	金銀諸色出入訴訟之事
5	22	（元禄３）午	1690	7．9		触397（欠）	掛銀取集之節、徒者之事
5	23	（元禄３）午	1690	7．13	口上之覚	触399（欠）	火之元之事、
5	24	（元禄３）午	1690	8．6	覚	触401（欠）	奉公人私商之事、六尺小者之事
5	25	（元禄３）	1690	11．1			（例触８）
5	26	（元禄３）	1690	11．2	覚	触406（略）	捨子之事
5	27	（元禄３）	1690	11．—		触407（略）	捨子之事
5	28	（元禄３）午	1690	12．10			
5	29	（元禄３）午	1690	12．12	覚	触410（欠）	身体倒候者より預りもの之

							事
5	30	元禄４年	1691	1.11		触411・412	(例触１・２)
5	31	(元禄４)	1691	5.18	口上之覚	触413(略)	日蓮宗之内不受不施之事
5	32	(元禄４)	1691	5.—		触415(欠)	物貰共之事
5	33	(元禄４)	1691	5.—	口上之覚	触416(欠)	借屋之者欠落幷自害人之事
5	34	(元禄４)未	1691	5.29		触417	(例触３)
5	35	(元禄４)未	1691	6.—	覚	触419(欠)	捨子之事
5	36	(元禄４)	1691	7.—	覚	触420(欠)	町人家屋敷譲之事
5	37	(元禄４)未	1691	8.24			例触７
5	38	(元禄４)未	1691	10.26	覚	触424(欠)	公儀え手筋有之抔と申徒者之事、追放之者御法度之地え立帰者之事
5	39	(元禄４)未	1691	10.26	覚	触425(欠)	御関所女通り手形之事、分一銀之事、他町と出入之事
5	40	(元禄４)未	1691	10.29	覚	触426(略)	服忌令之事
5	41	(元禄４)未	1691	10.29	覚	触427(欠)	葬礼仏事之事
5	42	(元禄５)申	1692	7.21		触437(欠)	浪人住居停止之事
5	43	(元禄５)申	1692	11.1	口上之覚	触444	(例触８)
5	44	(元禄５)申	1692	11.1		触443	捨子之事
6	1	(元禄６)酉	1693	3.23	覚	触450	穀物を博奕同前之商之事
6	2	(元禄６)酉	1693	8.13	覚	触455(略)	八王寺成就院不届ニ付、仕置之事
6	3	(元禄６)酉	1693	11.1	口上之覚	触457	(例触８)
6	4	(元禄６)酉	1693	12.28	覚		(例触９)
6	5	(元禄７)	1694	1.11		触461	医師之六尺小者之事
6	6	(元禄７)戌	1694	5.26		触464(略)	青物柑類商売定月之事
6	7	(元禄７)戌	1694	閏5.5		触465	生類を商売ニ致候儀停止之事
6	8	(元禄７)戌	1694	閏5.5		触466	生類あはれみ之事
6	9	(元禄７)戌	1694	閏5.29	覚	触467	迷ひ子之事、捨子之事、葬礼之事
6	10	(元禄７)戌	1694	7.19		触471	隠遊女之事

6	11	（元禄７）戌	1694	7．19	覚	触472	茶屋掟之事拾壱ヶ条
6	12	（元禄７）	1694	7．19	覚	触473	隠遊女之事
6	13	（元禄７）戌	1694	8．7		触474（欠）	髪洗女之事
6	14	（元禄７）	1694	8．22		触475	（例触７）
6	15	（元禄７）戌	1694	8．22	覚	触476（欠）	御番衆之米買手口入之者之事
6	16	（元禄７）	1694	8．29		触477	鞠商売之事
6	17	（元禄７）	1694	10．21		触479（略）	誂印判彫様之事
6	18	（元禄７）戌	1694	12．1	覚	触482（欠）	川内諸船改之事
6	19	（元禄７）戌	1694	12．1	覚	触483	屋形船員数極之事

本表では、古い時期のものを多く含む第７冊を前に置いた。

の基本的な町触や仲間仕置が我々に残されることになったのである

しかし、こうした基本的な町触が残されたことの反面には、それ以外の町触が忘れさられることにつながった可能性を考えておく必要があろう。この点については、のちほど「三津八幡宮・三津家文書」の可能性ということで再度触れたい。

「大坂御仕置御書出之写」第一冊19から第六冊の終りまでは、基本的に年代順に配列されている。しかし、これはその時々に記録した触留のようなものとは性格を異にしている。一旦どこかで写本として取りまとめられたものが写されて、杉山家に残されたものであることは確実である。第三冊の末尾（3—36の後）には、延宝八（一六八〇）年正月二八日付で、「三郷惣年寄中」から「右は御仕置御書付写差上申候」旨の文言が記されている。これには宛先は書かれていないが、町奉行所しかないであろう。まったく同じ文言が、（4—7）の後にも延宝九（一六八一）年六月付で挟み込まれている。これらの個別の事情は不明であるが、三郷の惣年寄たちから、町奉行所に宛てて町触をまとめて書き上げたことが窺える。

このことからは、「大坂御仕置御書出之写」には三郷惣年寄として提出した文書が記されていることが窺え、この写本がもとは三郷内のどこかの惣会所において作成されたものであると考えることができよ

表２　「大坂御仕置留」の内容

番号	内　容	備考１(作成)	備考２(対応)
１～20	明暦元年10月13日集成の重要町触・掟		杉山家１—１～18に対応
21	覚(明暦元年10月17日)	丹波・隼人→三郷惣代	杉山家１—19／触１
22	条々(家屋敷沽券事)(明暦２年１月11日)	隼人・丹波→年寄中(惣年寄)	杉山家１—22／触４
23	覚(慶安２年４月２日)		補触13
24	覚(慶安４年８月18日)	(町奉行)両人→三郷惣代	
25	覚(慶安５年正月13日)	(町奉行)両人→三郷惣代	
26	覚(承応元年10月２日)	→三郷惣代	
27	覚(承応元年11月１日)	(町奉行)両人→三郷惣年寄	
28	覚(承応２年７月１日)		
29	覚(承応２年10月６日)		
30	覚(承応２年７月１日)		
31	覚(大名蔵元え之書出)(承応元年11月９日)	隼人・丹波→諸大名衆大坂蔵屋敷留守居中	
32	定(慶安４年８月２日)		高札
33	定(慶安４年８月２日)		高札
34	定(承応３年正月)	(町奉行)両人→	高札
35	定(慶安４年８月２日)		
36～55	明暦元年10月13日集成の仲間仕置		杉山家７—17～36に対応

56～106の内容については省略

う。こうした写本は何種類も作られたのではないかと考えるが、「大坂御仕置留」もそうしたものの一つと考えられるのではなかろうか。なお、惣年寄たちから町奉行所に対して、町奉行所から発せられた町触を書き上げているということは、この時期、自らが発した町触をきちんとした形で記録する体制が存在していなかったことを窺わせ興味深い。

「大坂御仕置御書出之写」に収載された町触と『大阪市史』第三巻に収録された町触を比べてみよう（表1の『大阪市史』との対照欄を参照）。

『大阪市史』第三巻・第四巻の町触の集成においては、文化元（一八〇四）年までは「町触頭書」・「口達触頭書」を基準に編纂されている（補論参照）。これら二書は、惣年寄役を勤めた比田家に残されたものであるが、第一次的には町奉行所で作成された。一七世紀については、頭書のみが知られ、町触・口達触の本文が欠けているものが多い。野高宏之氏によれば、「町触頭書」は町奉行所において元禄元（一六八八）年からシステマティックに作成されるようになり、それ以前の部分は元禄元年以降にさかのぼって作成されたということである[8]。先に触れたように、一七世紀半ばから後半にかけて、町奉行所には網羅的に町触を記録する体制はできていなかった。それ故、何らかの形で残されていた町触を参照して、頭書が作成されたものと考えられるが、そのなかには惣会所にあった文書も参照されたかもしれない。

こうして「町触頭書」が作成された時期には参照できた町触本文が、その後失われた結果、欠となっているものも多いと考えられる。表1を見れば明らかなように、「大坂御仕置御書出之写」に収録された町触は、基本的に『大阪市史』第三巻で頭書が掲げられているもののなかに含まれるが、『大阪市史』では本文欠となっているものが多数補えることが注目される。その点で、「大坂御仕置御書出之写」の史料的価値は高いと言えよう。しかし、逆に『大阪市史』第三巻に頭書が記されているものの、「大坂御仕置御書出之写」には見えないものもまた多数ある。このことは、「大坂御仕置御書出之写」が網羅的な触留ではないことの一面でもある。『大阪市史』第三巻の基準となった「町触頭書」は明暦元年末から始まるが、これは先に触れた明暦元年一〇月一三日の町触・掟・仲間仕置の取りまとめの直後である。すなわち、このとりまとめが、「町触頭書」の起点になっていることがわかる。それでは、「町触頭書」が備わる明暦元年末以降については、本文は不明としても出された町触は網羅されていると言えるであろうか。

その点で注目されるのが、一七世紀の史料を豊富に含む三津寺町関係史料である（『御津八幡宮・三津家文書（上・下）』大阪市史史料一七・一八輯）。そこには、町奉行所や惣会所から通達された町触なども多数見られるが、『大阪市史』第三巻や「大坂御仕置御書出之写」に見られないものも含まれている。たとえば、寛文七(一六六七)年二月から同年一一月までの触留「大坂町中御仕置帳」には、「町触頭書」に見える町触をほぼ含んでいるとともに、町中で盗まれた品々のリストなど「町触頭書」に見えない覚書なども多数書き留められている(『御津八幡宮・三津家文書(上)』五一番史料)。

ここで注意しておきたいのは、この帳面が「大坂町中御仕置帳」と題されていることである。この時期、町触など町奉行所からの指示が御仕置と表現されていたことは先に触れたが、それがここでも確認される。さらに、その帳面に「町触頭書」に見えるものとともに盗品リストが区別なく記されているのである。盗品リストの覚書も御仕置に含まれていたことがわかる。なお、この盗品リストが「御触」と表現されていることともあわせて注目される点である。

以上のように、三津寺町関係史料に含まれる法史料は、これまでに知られてきた町触以外に多数の町触などの町奉行所からの通達があったことを知りうる重要な史料なのである。しかし、それに加えて、この史料群が町レベルの史料であることから、町触などが三津寺町にどのように伝えられてきて、町内でそれがどのように浸透させられたか(つまり[法の形式])を知ることができる点できわめて重要である。言い換えれば、三津寺町関係史料は、今後、町触をはじめとする法史料を利用した一七世紀大坂の《法と社会》という課題を解明していくうえで可能性を秘めた史料群であると言えよう。

町触は多くが、三郷惣年寄を通して各町に通達されていく。以下、節を改めて、都市大坂を《法と社会》という視角から検討する一例として、惣年寄・惣代と町触について、ここまで紹介してきた史料に即して若干の考察を行ってみたい。

三　惣年寄・惣代と都市法

先に触れたように、一七世紀には惣年寄のところに記録されたものが町奉行所に書き上げられることもあったようである。そのことは、「大坂御仕置御書出之写」全七冊（杉山家文書）も元は惣年寄のところで作られたものであることを予想させるものであった。大阪府立中之島図書館に所蔵された一七世紀の町触を留めた写本に「大坂御仕置留」・「大坂御仕置御書出留」があることも先に触れた。このうち「大坂御仕置御書出留」は表紙に、二番とあり、また南組とある。その内容は、「大坂御仕置御書出之写」（杉山家文書）の第一冊28番から第二冊31番に相当する町触である。このことからは、「大坂御仕置御書出留」は南組惣会所に備えられた何冊かでセットの御仕置留の第二冊目と見ることができよう。

以上のことからは、三郷の惣会所において、共通する御仕置留が作り出されていたことがわかる。そのことは言い換えれば、今我々に残された町触の残存状況（これらの記録にもれた多数の通達のあったことは三津寺町関係史料に見られた通り）は、三郷の惣年寄と惣会所によってもたらされたとも言えるのである。

「大坂御仕置留」は、構成がだいぶ異なる。表2に示したように、(1)～(20)に明暦元（一六五五）年一〇月一三日にまとめられた重要町触と掟が位置し、(36)～(55)に同日に惣年寄にまとめて示された仲間仕置が位置する。その間の部分は、後に検討するが、惣年寄・惣代に関わるものが多い。後半（56以降）は、諸種の仲間仕置や各地の仕置、定番や与力への書出しなどである。以上のように、「大坂御仕置留」は、「大坂御仕置御書出之写」・「大坂御仕置御書出留」とは異質であるが、前半を見るとやはり惣年寄・惣会所レベルでまとめられたものではなかろうか。明暦元年にまとめられた重要町触・掟・仲間仕置は、万治元（一六五八）年一〇月一一日には三郷の各町が写して所持することが求められており、広く流布したであろう。しかし、その間に挟まれた部分には、惣年寄・惣代宛の指示が多く含まれている。そのことは、この「大坂御仕置留」は、まず第一次的には惣年寄・惣会所レベルで作成されたことを想定させるのである(9)。

1　町触とみなされた御仕置

次に、この「大坂御仕置留」のなかの惣年寄・惣代宛の指示と思われるものを取り上げて検討してみよう。以前に、大坂市中に毎年同じ日に通達される触（例触）のうち、正月一一日に出される御用始三カ条について、これは本来惣年寄に対する指示であって、各町まで通達することが予定されていなかったものが、いつの間にか各町にまで伝えられ、町触として理解されていったことを指摘したことがある〔塚田一九九八〕。こうした本来町触ではなかったものが、町触のように見なされているものは他にもあるのではないかと思うからである。

【21】は、『大阪市史』で触1とされているものであり（『大阪市史』では「町触頭書」に従って触に番号が与えられている。そこに含まれていないものは、編者が補触として補い、番号が与えられている）、「大坂御仕置御書出之写」（杉山家文書）では第一冊19番に当たる。【22】は、『大阪市史』触4、「大坂御仕置御書出之写」（杉山家文書）第一冊22番に当たる。【23】は、『大阪市史』補触13に当たり、「大坂御仕置御書出之写」（杉山家文書）には相当するものがない。

【21】は明暦元（一六五五）年一〇月一七日付であり、【22】は明暦二年正月一一日付のものである。明暦元年一〇月一三日の重要町触・掟・仲間仕置の取りまとめに続く形で、「町触頭書」が作られ始めるが、その1番と4番が【21】と【22】なのである。「町触頭書」の2・3番は明暦二年正月一一日の例触1と2に相当し、「大坂御仕置留」では例触1・2は省略し、【21】【22】を重要町触・掟に続けて収録しているのである（「大坂

御仕置御書出之写」には例触1・2も収載)。近世において、この両者は町触として考えられていたことは明らかであろう。まず、この二つの史料を、「大坂御仕置留」から引用しよう。

【21】

覚

一人之道具を預り売候而、銀子を取、道具主方えハ不相渡者多、切々道具之主致訴訟候、左様之者、其身死罪申付、銀子は五人組に出させ可申候間、能可致吟味事、

一諸職人刀脇差を請取、質ニ置候者、本人ハ死罪、道具ハ町中ゟ請出させ可申候間、常々可致吟味事、

右二ヶ条町中可相触者也、

未十月十七日　丹波

隼人

此書物三郷之惣代共ニ一通宛遣之、

【22】

家屋敷沽券事

条々

一如先年申出、其町之年寄五人組加判無之沽券相立間敷事、

一売券を取候節、家をも不請取、家主ニ預置、後日ニ家を渡し不申候との訴訟不可有承引候旨ハ、去寅年申出候、然共右之趣端々不存者も有之候哉、沽券を取置候得共、家を渡し不申候との訴状数多有之事、

一当座に家を不請取、後日の訴状無承引候へハ、銀子は請取、家不相渡者在之候而、売券取候者可致迷惑候条、町人互要用之為候間、自今以後沽券次第可申付事、

右之通可相心得者也、

明暦二年

申正月十一日　丹波

隼人

三郷へ一通宛　年寄中

【21】は、第一条では、他人の道具を預かって売払い、代銀を渡さない者を死罪に処し、その代銀は五人組に出させるので、よく吟味するように、第二条では、諸職人が預かった刀脇差を勝手に質に入れた場合、本人は死罪、道具は町中から受け出させるので、日頃から吟味するようにと規定している。第二条から考えると、第一条も諸職人が手入れのためなどに預かった道具に関わることが主な対象であろうか。ともあれ、これは、内容からも町人たちに対して伝えられるべき規定であり、書止め文言においても町中に触れることが指示されており、町触と考えてよいであろう。

注目されるのは、この覚が町奉行両人から三郷の惣代に一通ずつ渡されたとある点である。通常の町触は、惣年寄に宛てて、三郷町中に触れ知らせるよう指示されることが一般的であった。しかし、この例からは、町触の通達においても、惣代に渡され、惣年寄は直接には介在しない場合があったことがわかる。三郷の機能を考えるうえで、惣代の役割を確認することが重要であると言えよう。この点は後ほど立ち返ろう。

【22】は、家屋敷の売券に関する三カ条の指示であるが、これは町奉行両人から三郷の「年寄中」、すなわち惣年寄たちに一通ずつ渡されたとある。その書止め文言には、惣年寄たちに「相心得」よとあり、町中に通達せよとの指示はない。すなわち、これは［法の形式］からして、町中に通達される町触ではなく、惣年寄に対する指示ではないかとの疑問が生ずる。その点を念頭において、内容を確認しよう。

第一条は、家屋敷売券には売主の町の年寄と五人組の加判が必要であるという以前からの規定の再確認である。第二条は、売券を取り交わし（すなわち代銀を渡し）たが、その時には家屋敷を受け取らず、後日にもとの家主が家屋敷を渡さないと訴え出ても取り上げないと承応元年（「去寅年」）に触れたが、それが徹底しないのか、いまだに出訴が絶えないとの現状が指摘されている。すなわち、ここには具体的な指示はない。第三条は、これでは売主が迷惑するが、家屋敷の売買は町人相互の要用のため為なので、今後は売券に従って「申付」けることとしている。「申付」けるというのが、町奉行所がそのように判決するというのか、惣年寄にそのように措置せよという指示なのかで、意味合いは大きく変わってくる。

惣年寄たちは、内容によって惣会所において吟味するように申し付けられたことや、逆に惣年寄たちが扱いたいと願った公事訴訟について依怙贔屓なく解決するように例触1で毎年言われており、公事出入の一定部分について裁定を委ねられていた〔塚田一九九八〕、なお〔塚田二〇〇六b〕も参照）。それ故、後者の可能性も大いにありうることと言えよう。しかし、いずれにしろ、この内容は町人たちに伝えられるべき内容であることは言うまでもない。

この条々は、正月一一日に惣年寄に渡されており、例触1・2と同日である。例触1は、本来惣年寄に渡された御用始三カ条であった。この条々は、例触1と同様に直接には惣年寄に対する指示であり、それが町中にも伝えられ、町触と見なされていったのではなかろうか。

【23】は『大阪市史』では補触13として、編者が町触と見なして編集している。その出典は「地方役手鑑」とされている。ここでは「大坂御仕置留」から引用しよう。

【23】

覚

一町中大道え両かわゟおたれを出し、道を狭く仕候事、一水道へちりあくたを捨候故、水つかへ候由申候間、細々浚可申候、猥に捨候は町中え過銭を可申付候、但、町中ゟ無沙汰に致候者申出し候ハヽ、其者壱人廿日籠舎可申付候、他町ゟ持来捨候者於在之は、とらへ召連可参候事、
一町中道あしき所つくり可申候、并川はたに畠つくり候は過銭可申付候事、付、橋よりちりあくたを川へ捨候者、橋詰両町之者見出次第ニとらへ可参候、捨候小者《ママ》ハ五十日篭舎、家主ハ過銭を可申付候、又見のかし捨させ、川浅く成候ハヽ、橋之上下三十間之あいた橋詰両町之者に、年々川をさらへさせ可申事、
一浜に家を立、買売仕候者、度々法度申付候、若違背之者在之は、急度可申付事、
一町之内明屋敷ニ家を不立候者、屋鋪を取上、家つくり候者ニとらせ可申候、并くつれ家同前事、
　右之通可相触者也、
　　丑四月二日

各条に詳細には触れないが、この内容は書止め文言にもあるように町中に触れられるべきものであり、町触と考えるのが妥当な判断だと考える。これは、慶安二（一六四九）年四月二日付のものであり、「町触頭書」がカバーする以前に属するが、「大坂御仕置御書出之写」（杉山家文書）でも町触として拾い上げられていないのである。

2　惣年寄への指示

次に、惣年寄に対する指示に関わって、【27】から【30】について一瞥しておきたい。いずれも『大阪市史』や「大坂御仕置御書出之写」（杉山家文書）には見えないものである。

まず、承応元（一六五二）年一一月一日付の覚【27】を引用しよう。

【27】

覚

一年寄を嫌、町ニ三ニ成候処有之由候間、惣会所ニて双方之申分承届、年寄悪敷候ハヽ取替可申候、又脇之者非分を申候ハヽ、其段此方へ可申聞と急度仕置可申付候、

一町中之者ニ判形致させ、其上年寄を嫌候者在之は、召連可参候、申分相尋、対公儀悪敷候ハヽ無用ニ致、別人を申付候へと可申候、私之遺恨を以嫌候ハヽ、彼者急度仕置可申付事、

辰十一月朔日　両人

三郷惣年寄共

これは町奉行両人から三郷惣年寄たちに宛てて出されたものである。第一条では、町内で町年寄と対立が生じた場合、惣会所で双方の言い分を聞き、年寄が悪ければ交代させ、他の者に非分があれば町奉行所に上申するからと厳しく措置せよとある。第二条では、（惣年寄たちから）町中の者に（納得の）判形をさせたにもかかわらず、年寄を拒否しようとする場合には奉行所に召し連れよと指示している。その際には、年寄が奉行所（「公儀」）に対して不都合があれば交代させ、私的遺恨ならば連判した者たちを厳しく処罰するという町奉行所の裁許基準を示している。

これは、明らかに惣年寄たちに委ねられた公事出入の裁定の権限に関わって与えられた指示であって、町触ではない。当時の町中で町年寄の立場がそう安定していなかったことを窺わせると同時に、惣年寄たちに委ねられた公事出入の領域が窺えて、興味深い。

次に、承応二年の【28】・【29】・【30】を引用する。

【28】

覚

一今度禁中御作事ニ付而、惣年寄請人ニ立候義、遠慮尤ニ候、但、衆中え入候義ハ買売之事候間、心次第ニ候、請人ニ立京都え召上せられ候へハ、物にかゝりのやうに相聞候、大坂の外聞不可然候事、

一先年禁中御作事又ハ方々御造営ニ付而、当所之材木屋共身体つふれ候者多候間、此度は其覚悟致、衆中え申分も無之様ニ堅書物を取替し無異儀仕立候様ニ可申合事、

一今度禁中之御作事ニ付而、請合之者共互ニ申合を不首尾ニ致、訴状上候共、承引有間敷候、但、先年衆中申合、背誓紙、訴状を差上、及対決候、此度左様之者於有之は申来へし、急度穿鑿神文違背之者、或死罪或籠舎たるへき事、

右従　公儀御仕置ニ申出ニてハ無之候、度々之入札ニ、当地材木屋共進退つふれ候者多候、前廉於致覚悟ハ在之間敷事候、下奉行をたはかり中間をぬき可申事を頼ニ致、其たくみ令相違、我身迷惑をよひ候義眼前ニ候へ共、其わきまへなく身体つふれ、妻子を路頭ニ立、其身ハ可致籠舎義不便ニ候間、右之条々為覚悟書出候者也、

巳七月朔日

【29】

覚

一かいふほり町松屋九郎左衛門事、下人仁兵衛を切候義、九郎左衛門親相果、忌中ニ切殺候段、気違之様ニ相聞候事、

一町之者気違ニ相極候由申来候、然上ハ家内に籠を作り入置、親類町之者ニ番を可申付候へとも、気違なおり候者、請人ハ有間敷儀候、縦親類請ニ立候共、篭より出候以後、人を切、又ハ火を付候へハ、此方

の無念ニ候間、いつ迄も可為篭舎候条、左候得ハ親類町之者可為迷惑候間、公儀之籠ニ可入置事、
一下人之諸親類気違ニ而ハ無之候間、かたきを取くれ候へと、訴訟申候へとも、親相果、忌中ニハ如何様之事にても堪忍いたすへき処、人を切候儀、気違之様に相聞候、又本気にて候へは、町人之事候間、何様の慮外仕候共、可致打擲儀候、殺候ハて不叶者之義候ハヽ、奉行所へ可相断処、作法をも不弁、切殺候段不届候間、旁以籠舎可申付事、
右自今已後町人として気も不違、奉行所へも不相断、召仕候者を切殺候義於有之ハ、其時之僉議次第可申付候、此度之義向後之例ニハ成間敷者也、
　　巳十月六日

【30】

　　覚
一禁中御作事ニ付而、日傭之人足請合候者、其身相応ニ人数を請取、又渡し仕間敷事、
一日用頭共、口銭之員数中間申定、在体可仕事、
一費《（ママ）》用頭銀子を請取、末々に不相渡、取《（盗カ）》廻候者曲事之事、
右之通相背、費用之者共、訴状上ケ候ハヽ、穿鑿候上日用頭篭舎可申付候者也、
　　巳七月朔日

これらの三点は、いずれも差出人、宛先とも明示されてないが、町奉行から惣年寄に宛てたものと考えられる。【28】と【30】は承応二年六月に火災にあった禁裏の作事に関するものであり、ともに、同年七月一日付である。内容的には、【28】は禁裏作事に参入しようとする材木屋たちに対する指示であり、【30】は日用人足を請負う日用頭たちに対する指示であるが、材木屋や日用頭に直接に宛てたものではなく、惣年寄たちの取る

べき措置・基準として伝えたものであると考えられよう。

【28】は、第一条で、惣年寄たち自身が作事に参入すること自体は構わないが、他の材木屋の請人になることを禁じている。第二・三条では、禁中作事に参入することは（うま味もあるが）リスクが伴うことを覚悟して参入するように求め、その件で訴状を提出しても取り上げないことを確認している。第一条は明らかに惣年寄たち自身に対する心得であり、惣年寄たちのうちに材木屋を営んでいる者がいたことが窺え、興味深い。第三条後半で、出訴した者がいたら、奉行所へ「申来へし」と言われているのは惣年寄たちであり、まず出訴する先が惣年寄であること、この指示が惣年寄に対する指示であることが確認できよう。

さらに、注目されるのは書止め文言の部分である。これは「公儀御仕置」として書き出したのではないとわざわざ断り、多くの材木屋がつぶれるのは不便なので、あらかじめ覚悟をもって入札に参加するように書き出したものだとしている点である。ここからも、これが町触でないことがわかるが、ここで想起されるのが、朝尾直弘氏が京都において指摘された町代触である。朝尾氏は、京都町奉行ではなく町代が差出人となって通達される町代触の起源に、元禄期前半の「被仰付ニ而ハ無之候へ共」とか、「急度触かましく申儀ニ而ハ無之」などと断って通達されたものがあったことを指摘されている（朝尾一九八五b）。一見すると、先の「公儀御仕置」ではないと断った指示は、町代触の起源となった通達と共通する性格を持つように思われるかもしれない。もちろん、【28】も【30】も実質的には材木屋や日用頭に伝えられたことは間違いないであろうが、これはあくまで惣年寄への指示であり、町中に触れられたものでない。その意味で、【28】は、大坂において京都の町代触に相当する達書（惣年寄が差出人となる）の起源には位置づかないであろう。

【29】は、承応二年一〇月六日付の町奉行から惣年寄に対して裁定基準として示されたものである。そこでは、海部堀町の松屋九郎左衛門が奉公人（「下人」）の仁兵衛を切り殺した件について、九郎左衛門は気違いで

あると判断し、「公儀」の牢屋に入れることを指示している。第二条によれば、本来「気違」なら家内に作った籠に入れ（加害者の）親類や町の者に番を申し付けるべきだが、「気違」が直っても（出籠の）請人はいないだろうし、たとえ親類が請人となって出籠した以後、殺人・放火などの犯罪を犯せば、奉行所の落度となるからいつまでも出籠させることはできないが、そうすると親類や町の者が困るであろうから、奉行所の牢屋に入れるという理屈である。さらに第三条では、仁兵衛の親類は九郎左衛門は「気違」でなく、かたきを取ってほしいと願っているのに対し、町奉行所は、九郎左衛門は「気違」と判断するが、もし本気であったとしたら、「町人」なのであるから、どんな慮外があっても打擲すべきであり、どうしても切り殺さなければならないほどのことならば奉行所へ訴えてくるべきであったのに、その作法を弁えず切り殺したのは不届きであり、いずれにしろ「籠舎」が相当であると説明している。

なお書留の部分で、これはあくまで特例であって、今後の基準にはならないこと、今後町人が気も違わず、町奉行所にも断らずに、奉公人を殺害した場合には、その時の取調べと判断に従って措置することを確認している。その時の判断によるというのは、今回は町内と被害者親類の主張が対立していたのを、町内よりの判断（「気違」との認定）に立ちつつ、奉行所の牢屋に拘束するという措置が取られたが、本気であっても（それと同じ）牢舎が相当という裁定は軽すぎるという判断があったのではなかろうか。この覚は、町奉行が惣年寄に対して今回の判断について説明したものであろう。

以上、惣年寄に対する指示について見てきたが、これらも含めて広義の「御仕置」とされていることが注目されよう。それらは、都市大坂の行政と社会において惣年寄の占める位置を窺わせてくれるものである。

3　惣代への指示

次に、町奉行所から、惣年寄ではなく、惣代に宛てて出された指示について見よう。明暦元（一六五五）年一〇月一七日付の覚【21】は、その一つであるが、【24】～【26】はいずれも惣代宛の指示である。まず、この3点を引用しよう。

【24】

覚

一西国所々ゟ参る船出船之剋、慥成請人無之者乗せ申間鋪由、堅被申付候様、蔵元中へ可相触事、
一船宿致候者、慥成請人無之者乗せ申間鋪由可申聞事、
一あしき者乗せ参候ハヽ、舟届《（宿）》船頭加子可為曲事由、堅可申渡事、
右之通此以前も申付候得共、弥念を入可相触者也、
卯八月十八日　両人
三郷惣代共

【25】

覚

一町中に有之乞食を改、息災ニ而近キ頃乞食ニ成候体之者ハ、惣代共かたへ可断事、
一寺之門前ニ有之而、かたわ成乞食ハ住持次第に可仕候、息災成者ハ寺ゟ払候様ニ長吏共可相断事、
一座へ入在之乞食悪事致候ハヽ、其組之長吏曲事ニ可申付候間、中間之穿鑿無油断可仕事、
右之通、長吏共ニ可申聞者也、

辰正月十三日　両人

惣代共

【26】

覚

一町中ニ穴をほり、土取、其跡をちりあくたにてうめかけ候義、向後仕間鋪事、
一物ほしのくい町中ニ打申間鋪事、
一出合女之事、棚借り之者女を抱置、其家ニ而男ニ出合候ハゝ、家主ニも可申付候、他所へ遣、出合を致させ、家主は出合女之義不存候に相極候ハゝ、家主ニハ無構、抱置候借屋之者斗可為曲事々、
右四《（ママ）》ヶ条、辰十月二日公事場ニ而三郷之惣代共、町中へ可申聞之旨申付候、

覚【24】は慶安四（一六五一）年八月一八日付であり、覚【25】は慶安五（一六五二）年正月一三日付、覚【26】は同年（＝承応元年）一〇月二日付である。

覚【24】の第一条は、西国よりの船に確かな請人のいない者を乗せてはいけないと厳しく申しつけるように蔵元に伝えるようにとの指示である。第二条は、それを船宿を営む者に伝えるようにとの指示である。第三条は、悪人を乗せてきた船頭・加子と船宿は処罰することを彼らに申し渡すようにとの指示である。

書止め文言に、これ以前にも申し付けていたが、念を入れて「相触」れるようにとある。しかし、これは蔵元・船宿、船頭など対象となるものに対して、個別に伝える指示であって、町中に触れる町触ではない。文言のうえでも、これは伝えるべき内容の指示であって、「蔵元中へ可相触事」と蔵元に伝えられるわけではないであろう。この点は、覚【25】でも同じである。

覚【25】は、垣外の長吏たちに指示すべき三カ条を惣代たちに伝えたものである。この覚も、個別の対象に

対して、惣代から具体的な指示を伝えるものであることがわかる。第一条は、市中（「町中」）にいる乞食を調べて、病障害がなく（「息災ニ而」）、最近に乞食になったと思われる者については、惣代のところに届け出よとある。言うまでもなく、乞食の改めを行い、惣代に届け出るのは長吏たちである。第二条では、寺の門前にいる「かたわ」（障害者・病者）の乞食は、住職の意向に任せ、病障害のない者は門前から追い払うように、長吏から住職に伝えることが求められている。第三条では、垣外仲間に入っている乞食（「座へ入在之乞食」）が悪事を働いた場合は、長吏も処罰するので、仲間の取締りを厳重にするようにと求められている。

この覚【25】については、別稿で詳述しているので参照いただくことにして〔塚田二〇〇七、第四章補論〕、この時期、町奉行所─惣会所（惣代）─四ケ所垣外（長吏）という指示系統が存在していたことだけを確認しておきたい。

覚【26】は、公事場で惣代たちに、町中に伝えることが指示されたものである。その内容は、町中に穴を掘ってごみを捨てることの禁止、町中に物干しの杭を打つことの禁止、店借の者が遊女（「出合女」）商売をした場合の処罰基準である。これは、個別の対象に対する具体的指示ではなく、三郷の町中全体に伝えるべきものである。同じく惣代に宛てられた明暦元（一六五五）年一〇月一七日付の覚【21】は町触であったが、この覚【26】も町触と言ってよいのではないか。当時、町触であっても内容によっては、惣代に通達が指示されることがあったことが窺える。

ここまで見てきたことから考えると、個別の対象に対する具体的な措置については、惣代は町奉行所から惣年寄を介さずに直接指示を受けることが一般的だったのではなかろうか。それだけでなく、内容によっては町触であっても、惣年寄を介さず、惣代から通達されることがあったのである。

おわりに

ここまで、《法と社会》の視角から一七世紀の町触について若干の検討を行ってきた。そのうち惣年寄と惣代に関する二、三の史料の検討からでも、惣年寄と惣代の位置と役割を具体的に見ていくことが必要であることが確認できたと言えよう。また、法史料という点で言えば、町触だけでなく、惣年寄や惣代に対する具体的指示も重要である。

ここでは、御仕置留という形に編成されたものを素材に見てきたが、《法と社会》という視角にとって、実際に町中に触れられ留められた三津寺町関係史料のような性格の史料の重要性も言うまでもない。残された課題は多いが、本章が、今後の《法と社会》という視角からの都市社会史研究の進展につながれば幸いである。

〔注〕

（1）このシンポジウムの全体の成果は、〔塚田編二〇〇七〕にまとめている。

（2）『大阪市史』第一～五巻、付図、索引、一九一一～一五年、現在は清文堂出版より復刻・刊行。

（3）京都町触研究会編『京都町触集成』全一五巻、岩波書店、一九八三～八九年。

（4）近世史料研究会編『江戸町触集成』全二〇巻、塙書房、一九九四～二〇〇六年。

（5）「大坂御仕置御書出之写」全七冊（杉山家文書）については、塚田孝・近世大坂研究会編『「大坂御仕置御書出之写」「大坂御仕置留」―近世大坂町触関係史料2―』（大阪市立大学大学院文学研究科都市文化研究センター、二〇〇七年三月）に、『大阪市史』第3巻に本文が欠けているものを中心に紹介している。

（6）「大坂御仕置御書出之写」においては、明暦元（一六五五）年一〇月に集成された町触のうち、承応二（一六五三）年二月一八日付「火事場え出会候人数之事」、同年六月二日付「三郷惣年寄人数之事」の二点が欠けている。

（7）「大坂御仕置留」については、前掲『「大坂御仕置御書出之写」「大坂御仕置留」―近世大坂町触関係史料2―』に全文紹介している。

（8）この点については、「はじめに」で触れたシンポジウム「近世大坂の法と社会」における野高宏之報告「町触とは何か―『大阪市史』町触の再検討―」において、仮説として言及されたが、妥当な見解と考える。

（9）「大坂御仕置留」後半には、町触も含まれるが、町奉行所与力や代官に宛てた指示、塩飽島・小豆島宛の掟などが含まれており、その性格については今後さらに検討が必要である。前掲『「大坂御仕置御書出之写」「大坂御仕置留」―近世大坂町触関係史料2―』参照。

補論1　「町触頭書」と「口達触頭書」について

一　「町触頭書」「口達触頭書」の概要

「町触頭書」「口達触頭書」は、『大阪市史』を編纂した幸田成友氏がその第三巻・第四巻（上・下）三冊、ページ数にして四〇〇〇頁余の大坂町触を集成するにあたって、その基礎としたものである。

現在、大阪市立中央図書館に所蔵されている「町触頭書」「口達触頭書」は、一九〇二（明治三五）年に比田種蔵氏所蔵のものを謄写したもので、三冊に製本されている。もともとの「町触頭書」は、巻一が明暦元（一六五五）年から延享三（一七四六）年まで、巻二が延享四年から寛政六（一七九四）年まで、巻三は寛政七年から文化元（一八〇四）年までであるが、巻二と巻三が合冊されている。「口達触頭書」は、巻一が元禄元（一六八八）年から寛政六年まで、巻二が寛政七年から文化元年までであるが、一冊に合冊されている。比田種蔵氏は、天満組惣年寄を勤めた薩摩屋仁兵衛家の後裔であり、「町触頭書」「口達触頭書」は天満組での職務に伴って作成された写本であると想定される。

さて、「町触頭書」は、「町触」の内容を簡略にまとめ、編年に集成したものであり、通し番号を付したものである。「口達触頭書」は、「口達触」の内容を簡略にして編年で整理したもので、同じく通し番号が付されている。幸田氏は、両頭書のカバーする時期については、頭書に相当する「町触」・「口達触」をさまざまな触留などから探し出して、集成していき、文化元年以降の頭書が欠けている年代については、収集した町触・達書きを編年で整理し、幸田氏自身が頭書に相当するものを作成する形で編集されていった（『大阪市史』第三巻・第四巻の凡例参照*）。そのため、「町触頭書」「口達触頭書」のカバーする時期については、頭書はあるが、相当する「町触」・「口達触」が見いだせないものも、特に一七世紀から一八世紀初頭にかけては、相当数に上り、その場合は頭書のみ収録され、本文は「欠」と表記する方式で編集されている。逆に「頭書」にない町触・達書きについては、「補触」・「補達」として別の通し番号を付す形が取られている。

＊なお、「町触頭書」には、比田家に別本が残されており、そこには文化二年まで収録されているとのことである（『大阪市史』第四巻（上）の凡例）。

なお、二〇〇三年に開始した「大坂町触を読む会」では「大坂御仕置御書出之写」（杉山家文書）の検討を継続してきたが、「大坂御仕置御書出之写」の中で一七世紀における町触の「欠」を補うことができる多数の町触を見出すことができた（本書第一章、参照）。さらに、そこには若干の頭書にない町触も含まれていた。一方で、「町触頭書」には「大坂御仕置御書出之写」に載っていない町触の頭書が多数採録されている。以上のような関係にある「大坂御仕置御書出之写」の検討には、『大阪市史』第三巻との突合せが不可欠であることが容易に理解できよう。それは同時に「大坂町触を読む会」を進めてきながら、「町触頭書」「口達触頭書」を検討する必要を感じた所以でもある。

二　「町触頭書」「口達触頭書」をめぐる若干の論点

次に「町触頭書」「口達触頭書」を検討する際に、問題となると思われる若干の論点をあげておきたい。

第一には、「町触頭書」「口達触頭書」が作成される前提ともいうべき、「町触」と「口達触」とは何か、という点である。『大阪市史』（すなわち幸田氏）は、「触」と「口達」が区別されるが、その境界はあいまいであると述べている。そして一九世紀の惣年寄らからの町内に通達される通達書も「口達触」の連番に入れている。しかし、筆者が検討した安政三年の道修町三丁目の触留によれば、冒頭に「口達」とあり、日付の下に発令者の大坂町奉行の官職名が記載されないものも、明らかに町触として扱われている。一方、惣年寄が差出人となっている通達書は、まったく異なる扱いとなっており、「口達触」も含めて「町触」とするべきで、それに対して達書

きがあると理解すべきである＊。

＊塚田孝「近世大坂の町と町触についての断章」（『近世大坂の都市社会』吉川弘文館、二〇〇六年、初出は一九九八年）。

一九世紀半ばにおいては、以上のような「法の形式」ははっきりと確認できるが、一八世紀以前においては、こうした形式は確立していなかった。そのことが、幸田氏が先のような「触」と「口達」についての説明をされた背景になっている。つまり、幸田氏は「町触頭書」「口達触頭書」のあり方を念頭に置き、かつ時期を区分することなく近世期全般の触・達の様子を眺めながら、一九世紀の口達と「口達触」を重ねて説明しようとしてしまったのである。

そうだとすると、時期的な推移も考慮しながら「町触頭書」「口達触頭書」の区分の根拠を改めて再検討する必要があろう。

この点は、近年、野高宏之氏によって、「町触頭書」に付された通し番号が、町奉行所の地方役与力の管理する「地方役所触書留番付」の番号と一致す

ることが指摘され、当番所の機能とも関わって、地方役所で町触発令とともに与えられていった番号であると推定されたことから再検討の必要性が増している*。これによれば、「町触頭書」「口達触頭書」が後の編集の際に、整理・分類されたものではなく、発令時にすでに区別されていたことになるからである。

*野高宏之「町触とは何か」（塚田孝編『近世大坂の法と社会』清文堂出版、二〇〇七年）、同「享保期の町触・組触―荻田家文書の紹介―」（『大阪の歴史』六五、二〇〇五年）。これらで野高氏は、「公務集」四八から、寛延三（一七五〇）年正月一五日の「地方役所触書留番付弐千八拾六ニ留る」とある後に「一本多伯耆守殿　御巡見に付町中火之元触并天満青物市世常」とあるのが、「町触頭書」二〇八六と対応しており、「町触頭書」の番号は地方役所で付されたものであることを指摘している。

第二には、「町触頭書」と「口達触頭書」の成立過程についてである。テキストとして見ることのできる「町触頭書」と「口達触頭書」は、天満組惣年寄だった比田家に残されたものであるが、その写本の原本は町奉行所地方役所で作成されたものということは野高氏の指摘するところである。その際、一八世紀半ばには、地方役所で発令時に通し番号が付されたとしても、「町触頭書」の内容を見れば、少なくとも一七世紀の部分は後日に編集したものであることは明らかである。

「町触頭書」の最初の頭書は、明暦元（一六五五）年一〇月一七日の「道具を預り売候ハヽ死罪ニ申付之事、諸職人刀脇指を請取質ニ置候ハヽ死罪ニ申付之事」である。以前に筆者は、明暦元年一〇月一三日に、慶安元（一六四八）年四月五日からその時までに市中に通達された基本法令が一冊にまとめられて惣年寄たちに渡され、また同日に触れられた掟一九カ条、それまで惣会所を通さずに、各仲間に出された仲間仕置も同時に一括して渡されたことを指摘し、それが都市法制整備の一環であったことを指摘した*。「町触頭書」の通し番号一は、明暦元年一〇月一三日の基本町触などの集成に直接つながるところから始まっているのである。その後、寛文二（一六六二）年は一つだけ、明暦二年は二つだけ、という年もある一方で、寛文八年には一三、明暦三年には一二の頭書が挙げられている。このような不均等な数字をかんがみると、実際にその年に触れられた町触を網羅しているとはとうてい思われない。おそらく、「町触頭書」を作成しようとした段階で役所に残されていた記録から確認できたものを整理した結果がこれなのであろう。その際、役所にも市中にも写本が多く残されていた明暦元年一〇月一三日までのものは、それとして踏まえられ、それに続くものとして整理されたのではなかろうか。

＊塚田孝「一七世紀なかばの大坂と都市法制整備」（前掲『近世大坂の都市社会』、初出は一九九五年）。なお、万治元（一六五八）年一〇月一一日には、これら三種（町触・掟・仲間仕置）を三郷の各町が写して所持することが求められており、その写本が広く流布することになった。

以上のことは、一七世紀半ばの都市法制整備の内実を示してくれるとともに、その後の町触は十分な管理がなされなかった現実を示しているのではなかろうか。もっとも、「大坂御仕置御書出之写」「大坂御仕置御書出留」のような留帳・写本などが作成されており、それが参照されたのであろう。しかし、そうした事情であったとしても、「町触頭書」に「欠」が多くあるということは、それらの留帳・写本も失われ、現在に残されていないものが多いことを意味する＊。

＊もちろん杉山家文書や三津寺町関係史料のような形で、今後も「欠」が補充されていくことは十分考えられる。

第三には、では、いつの時点で町触の発令時に通し番号が与えられるような形になるのかが問題となろう。「口達触頭書」の通し番号一の年代である元禄元（一六八八）年が、一つの検討対象であろう。これについては、十分な検討ができていないが、「口達触頭書」の冒頭の辺りを見ると、「町触頭書」の冒頭に近いように見え、元禄元年にすぐにそうした方式が始まったとは言えないかもしれない。そこで次に検討すべきなのが、正徳期である。「町触頭書」の冒頭に収載されている一〇通の例触のうち、四・六・九などが毎年同時期に触れられるようになるのは、正徳期以降である。そうすると例触が例触として冒頭に記載することができるのは、それ以降のことと思われるからである*。この論点については、今後の検討課題である。

＊前掲塚田「近世大坂の町と町触についての断章」。

第四には、町触・通達書などがそれを受け取る市中の者たちにとってどのように受け止められていたのかということである。『大阪市史』において、「町触頭書」「口達触頭書」に見える「町触」「口達触」の本文が収録される際に、各所に残された同一の触留などから「町触」「口達触」が拾われていることが間々見られるのである。両者は区別なく、ひとまとめに順次書き留められていたのではなかろうか。今後、三郷の各町でどのように受け止められたのかを検討していく必要があろう。

多くは今後の検討に残されているが、「町触頭書」「口達触頭書」自体の詳細な検討が《法と社会》の視点からの大坂の都市社会史の深化に必要不可欠なことは明らかであろう。

第二章　近世大坂における芝居地の《法と社会》
——身分的周縁の比較類型論にむけて——

はじめに

本章は、二〇〇八年九月六日・七日に開催されたシンポジウム「身分的周縁の比較類型論—近世都市の法と社会—」における問題提起の趣旨を取りまとめたものである。このシンポジウムは、以下の三つの課題・方法を意識して企画された。

筆者は、一九九〇年代以降、身分的周縁をキーワードとして近世社会を捉える共同研究を進めてきた〔塚田他一九九四・久留島他二〇〇〇・後藤他二〇〇六〜八〕。そこでは、多様に展開した社会集団〔身分集団〕の重層と複合のあり方を具体的に明らかにしてきたが、現在その延長上に、一つはモノの動き〔生産・流通・消費〕に即した諸社会集団の関係を総体的に捉えるという方向から、もう一つは諸社会集団が関係・併存しあう場に即して総体的に捉えるという方向から、総合化することが課題として自覚されてきている。

吉田伸之氏は、国際的な都市社会の比較史を意味あるものとして行うには、表層レベルの比較ではなく、都市社会の成熟に伴って〔多様な都市機能の担い手として〕必然的に展開する社会集団の存在形態レベルでの具体的な比較が有効であり、必要であることを提唱されている〔吉田二〇〇九〕。これは、国際的な比較史ばかりではなく、列島内の近世諸都市の比較においても同様であろう。本シンポジウムでは、そうした比較類型史への志向を持ちつつ、大坂や城下町のいくつかの社会集団を取り上げて、身分的周縁論の視角から検討することとしたい。

その際、《法と社会》の視角を重視したい。我々は二〇〇六年四月にシンポジウム「近世大坂の法と社会」を開催したが、そこでは法史料に対して［法の形式］と［法の内容］を相対的に区別して分析を進めながら、ともに社会の実態に迫るという方向で統一的に研究を進めることを提起した（本書第一部第一章）。さらに、《法と社会》という視角は、法的枠組みと社会的実態を突き合せて（照応と齟齬の両面を含む）、よりトータルな社会構造を把握することをも意図している。こうした《法と社会》の視角からの研究は、独自の史料を残すことの少ない都市社会の周縁的な存在を捉える場合、とりわけ有効であろう。

以上のような認識に立って、本章では、三都の比較史に関する状況を一瞥し、その後、大坂の芝居地と芸能者集団を例に、仮説的にいくつかの論点を提示し、比較類型論の可能性を示したい。

一　比較類型論にむけて

近世の三都の比較（三都論）は、戦前から行われていた。その典型的な一例をあげると、本庄栄治郎「近世の三都観」（『近世封建社会の研究』改造文庫、一九三〇年）がある。その論じ方は、『大阪市史』も参照するが、ほとんどは近世の儒者（たとえば広瀬旭荘「九桂草堂随筆」など）や作家・随筆家（たとえば西沢一鳳「皇都午睡」・喜田川守貞「守貞謾稿」など）を引きながら、三都を比較するというものである。このことは、近世から学者・文人・知識人らによって三都を比較する志向が始まり、それが持続していたことを示している。しかし、それは「京都は王城の地、江戸は政治の中心、大阪は商業の中心」という通俗的なイメージに依拠して、表層的な比較に終始することで、その再生産に帰結するものと言えよう。

以前に筆者は歴史研究の手法として〝語られた歴史で歴史を語る〟タイプの存在を指摘したが〔塚田二〇〇〇〕、このような三都比較論は、典型的な〝語られた歴史で歴史を語る〟タイプである。〝語られた歴史で歴史を語る〟タイプと、もう一つのタイプである収集分類型とは、その手法は全く異なるが、その分析が表層的であるという問題点は共通している〔塚田二〇〇四〕。

こうした表層的な三都比較論は多数行われてきているが、内在的な歴史分析をくぐらせた三都の比較はほとんど存在していないのが現状である。しかし、一九八〇年代の都市社会史研究の発展のなかで、わずかだが内在的な三都の比較が試みられている。そうしたものとして、吉田伸之氏の「近世都市と諸闘争」〔吉田一九八一〕や「町人と町」〔吉田一九八五〕、拙稿「三都の非人と非人集団」〔塚田一九八四〕がある。

吉田氏は、「近世都市と諸闘争」において、三都において三井家が行った施行を分析して、各都市で三井家が取り結ぶ社会的諸関係の共通性を指摘するとともに、京都・大坂に見られる惣町施行が江戸には見られず、それを補完するかのように町会所の設置とその施行が存在したことを明らかにされている。吉田氏自身の江戸の町会所についての研究と江戸における三井の施行の分析を基盤として、三都の施行を比較されたのである。

さらに吉田氏は、「町人と町」において、三都の町の構造の展開を分析し、安堵型の京都と創出型の大坂・江戸では、一七世紀初頭では、フラットな家持町人の共同組織（安堵型）と開発を主導した年寄がやや突出する権威的構成（創出型）で違いが見られたが、一七世紀を通して、不在家持の増加と家守の展開、大店の成長、および店借の激増が進行し、三都の町の構造は共通化していくことを指摘されている。この段階では、表店借と裏店借の範疇的区別が未発見であり、その後吉田説は発展するので、このモデルは修正が加えられることになるが、町の構成レベルでの三都の比較が行われていることは重要である。

拙稿「三都の非人と非人集団」は、三都の非人集団の組織構造の違いと御用の勤め方の違いにもかかわらず、非人と町方の悪ねだりをめぐる矛盾とそれを排除するための仕切関係（あるいは旦那―出入関係）に帰結する巨大都市に通有の状況を明らかにした。ここでは、三都の非人集団の固有性より、巨大都市としての共通性に関心があったのである。

以上の三つに共通しているのは、江戸の研究を踏まえて、それを基準に大坂や京都の都市構造について見通しをつけるという分析スタイルである。これは、当時の三都の研究状況に規定されたものとも言えようが、各都市の内在的分析をくぐらせて、その上での比較が必要なことは言うまでもない。

近年、モノの動きに即した社会集団の関係を総体的に捉える身分的周縁論研究の進展のなかで、江戸や京都の内在的比較につながる注目すべき研究が出てきている。原直史氏の干鰯流通に関する一連の研究〔原一九九六a・b・c・二〇〇〇・二〇〇七〕や渡辺祥子氏の薬種流通に関する研究〔渡辺二〇〇六〕などである。

原氏は、干鰯流通の流れに沿って江戸・東浦賀・大坂の干鰯市場の特質を分析し、仲買を欠き、問屋の経営内に売方と買方が包摂された江戸のあり方と、塩魚市場と干鰯市場が重なり（靭の島）、また多数の問屋と仲買が仲間を構成している大坂のあり方を、単に対比的に把握するだけではなく、それぞれの歴史的展開の帰結として理解されている。

渡辺氏は、大坂における薬種（唐薬・和薬）の流通に関する道修町の薬種中買仲間の機能を過大に評価する通説を批判し、唐薬問屋との相互補完的な実態を明らかにされたが、その中で、享保期に全国的な和薬種流通の統制のために和薬改会所が設置された際、江戸では本町の薬種問屋が和薬改めの実質を担ったのに対し、大坂では薬種中買仲間が担ったことを指摘し、その背後に江戸と大坂の間で薬種流通の構造の違いがあることを解明された。

原氏や渡辺氏の研究は、身分的周縁論の研究の進展が比較類型論の発展につながっていることを示していよう。その意味では、比較類型史の視点は一定の蓄積があるとも言える。今後、これらの研究状況を踏まえつつ、三都の比較は言うまでもなく、さらに地方城下町などにも視野を拡げて、比較史分析を自覚的に行っていくことが必要であろう。

二　一七世紀の芝居興行をめぐる動向――予備的整理

以下では、一七世紀における大坂の芝居地と芸能者集団に関わる若干の史料を再検討し、そこから三都の比較類型論に向けた仮説的な見通しを提示してみたい。具体的には、芝居仕置と歌舞伎役者判形帳を取り上げることとするが、これによって芝居町と役者仲間、および上方の特徴を示すとされる芝居主・名代・座本の捉え方について再検討することになろう。

その前に、一七世紀の大坂の芝居興行について、『大阪市史』の記述によって基礎的な事項を把握しておきたい。『大阪市史』第一・二巻は時期を区切りながら、明治維新までの大阪の通史を叙述しているが、その各時期に「芝居と遊廓」という項が設けられており、その一七世紀に相当する部分から（第一巻―三五六～八頁、四二五～三〇頁、五六三～八頁）、芝居興行に関して関する事項を拾ったのが、表1である。表1に沿って、内容を確認していこう。

寛永三（一六二六）年に、南組惣年寄安井九兵衛が「道頓堀の繁栄を計らんが為遊所及芝居設置の許可を得」、勘四郎町（通称芝居町）から芝居を移転したという。当初、遊女を出演させる遊女歌舞伎（於国歌舞伎）

表1　17世紀の芝居興行に関する『大阪市史』の記述

寛永３年	芝居誘致　　遊女歌舞伎　　若衆歌舞伎 京都との関係（50名の若衆） 《寛永17・慶安元……芝居仕置》
承応元年	若衆歌舞伎禁令（翌年、物真似狂言尽で許可）
寛文５年	安井桟敷の販売
延宝９年	芝居主・名代・座本 （竹本座と豊竹座）
元禄２年	野郎歌舞伎取締り……歌舞伎役者判形帳の始まり
元禄10年	いろは茶屋46軒出願

であったが、それが禁止されて若衆歌舞伎となる。その頃、塩屋九郎右衛門らが京都から下り、小規模の芝居数座を設けたとあり、京都との関係が指摘され、また「五十名の若衆を一時に舞台に出す」ほどの隆盛が指摘されている。

続いて承応元（一六五二）年六月に、「塩屋九郎右衛門芝居に於て、武家の仲間争闘のことありしより、令して武家下人の無銭入場を禁じ、定番加番の目付公用を以て、場内に入る者の外必ず木戸銭を徴せしめしが、翌七月に至り、遂に若衆歌舞伎の禁止の幕令あり」とされている。しかし、これは翌年、「物真似狂言尽」という名目で芝居興行（野郎歌舞伎）が復活される。

そして、寛文五（一六六五）年五月のいわゆる「安井桟敷」に関する事情に触れる。これは、安井氏の道頓堀開発の功績に感謝して、諸芝居とも桟敷一間を安井氏のために空けておいたものであり、安井氏はこの時、芝居繁盛の折からこれを他の桟敷と同様に販売することを認めることを南町奉行所に上書したのである。この出願は、後年、芝居の者たちが「安井桟敷」売却の趣旨を忘却しないための保証としようとしたものであった。

延宝年間に、歌舞伎に松本名左衛門・塩屋九郎右衛門・大坂太左衛門・大和屋甚兵衛・河内屋与八郎の五座、浄瑠璃に伊藤出羽・井上播磨・虎屋次郎兵衛・虎屋源太夫の四座、舞に又太夫・兵太夫・市太夫の三座、説教に与七郎、からくり芝居に竹田近江が見え、元禄年間刊行の「難波丸」には、歌舞伎に九左衛門を加え、与八郎が勘三郎に代わり、浄瑠璃に上野宇兵衛、説教に七太夫、舞座に金太夫を加えて、「十八名代」が記され、これが「定制」となったという。この後、各芝居や座の動向を記すとともに、名代・芝居主・座本などについて説明している。それによると、「歌舞伎開発の当初、塩屋九郎右衛門松本名左衛門の如く、開発者にして一座俳優の頭領たるものありしが、時を経るに従ひ、名代・名代主・芝居主・太夫元一に座元等の区別を生ずるに至れり。名代は即ち芝居興行を許可せられたる者、名代主は興行権の継続者、芝居主は芝居小屋所有者、太夫元は演芸者の総取締を為すものにして、開発者没後と雖も、名代は依然として存し、一座を興行するには必ず名代主より名代を借用せざるべからず」という。

一七世紀末から一八世紀初めの浄瑠璃と歌舞伎の動向を記した後、論述は元禄二（一六八九）年の歌舞伎取締りに及ぶ。「元禄二年以来、幕府数々江戸市中に令して歌舞伎野郎制外子《セイガイコ》（割注略）の類枕席に侍するを禁じ、旅芝居の興行を停め、大坂にても其都度禁令を伝へ、且つ是歳より役者惣判又は二十日判と称する取締法を施行し、例年十二月二十日総役者を南組惣会所に集め、下に掲ぐる条々を示して承認の印を徴せし」云々とあり、この役者惣判はその後一二月六日に変わったという。

また、「元禄十年十一月、立慶町年寄竹田近江吉左衛門町年寄竹田外記水茶屋合計四十六軒を出願し、其許可を得」たのが、いろは茶屋である。ここに至る前提として、立慶町・吉左衛門町の浜側にあった水茶屋（芝居茶屋）七四軒が、貞享三（一六八六）年に本茶屋株を与えられて浜側から撤去されたことがあった。その後、芝居木戸番一二人に水茶屋株一二株が許可され、その株は芝居主に移されたものの、諸芝居の繁盛のため、両町年寄からの出願に至ったのである。

以上、一七世紀から一八世紀初めにかけての大坂の芝居町に関する『大阪市史』の記述を確認してきた。ここで注目しておきたいのは、町奉行所からの取締りについては、浄瑠璃や説教に対するものは全く見られず、すべて歌舞伎に関わるものだということである。遊女歌舞伎や若衆歌舞伎の禁止、さらに役者惣判など、一七世紀に幕府の芝居町に関わる取締りの対象とされているのは、いずれも歌舞伎であり、その関心は売春や男色に関わる風俗統制にあったということができよう。

歌舞伎が主たる関心の対象となることの背景には、その規模もあったかもしれない。若衆歌舞伎の繁栄に関して、一時に五〇名の若衆が舞台に出るに至ったことが紹介されていたが、浄瑠璃や説教などの興行と比べて、はるかに人数が多かったと想定されるからである。

以上のような『大阪市史』の叙述の根拠とされた史料のいくつかを取り上げて、以下で若干の検討を行うこととしたい。

三　芝居仕置

ここでは、芝居仕置を取り上げる。【史料1・2】は、ともに町奉行松平隼人正重次・曾我丹波守古祐が明暦元（一六五五）年一〇月一三日に惣年寄たちに渡した仲間仕置の集成の中に含まれているものである。この措置は、松平・曾我によって行われた都市法制整備の一環であり〔塚田二〇〇六a、第I部第一章〕、一連の仲間仕置を引いた上で「右は会所へ無構度々申出諭書也、惣年寄為可存知、此度会所へ遣之也、違背之者有之は、見聞次第可申聞者也」と指示している。その意味で、この芝居仕置（【史料1・2】）は、近世初期の都市法制整備の一環であり、そこで町奉行所が当面していた諸問題とも通底していると考えられる。

【史料1・2】は多様な史料に写があるが、ここでは「大坂御仕置御書出之写」（本書第一章参照）から引用しておく。


【史料1】

道頓堀芝居仕置

指上申手形之事

一勧進能桟敷をかり候ハヽ断申上、其上御意次第かし可申事、

一操、大坂に前々より有付候者ハ芝居をかし可申候、他所ゟ参候者ニハ一円借申間敷事、

一勧進相撲之桟敷一切借申間敷事、

右之通相背候ハヽ、私共屋敷ヲ可被召上候、為後日仍如件、

寛永十七年辰五月廿三日

右辰年被仰付候通違背不仕候、此以後弥相背申間敷候、為後日重而判形仕差上可申候、仍如件、

慶安元年五月二日

道頓堀芝居主不残連判

【史料2】

芝居仕置事

覚

一奉公人、木戸銭を不出者、芝居へ入間敷候、奉行所之名をかり、理不尽にはいるへきと申者は、侍にても小者ニ而も捕来へし、

但、すまひ候者ハ留置可致注進事、

一御定番衆之目付は芝居之者能見知るへし、其上主人之札を持可参候間相改、札もなく目付之由申者ハおさへ置、御定番衆目付之方へ早々注進すへし、又札に不審有之は可為同前事、

一御番頭衆・御加番衆之目付、是ハ芝居へ用之儀有之時は、木戸銭を取へからす、其外木戸銭を不出入候者ハ、狼藉者之条可捕参事、

右此方之目付を出候間、芝居之者見のかし令用捨は、不残芝居を可払之条、狼藉者有之時は、隣之芝居よりも出合情を可出者也、

辰六月五日

【史料1】の慶安元（一六四八）年五月二日付の「道頓堀芝居仕置」は、「道頓堀芝居主」全員が連判して、[1]寛永一七（一六四〇）年五月二三日付の三カ条を守ることを再誓約したものである。つまり、この芝居仕置の三カ条の内容自体は、寛永一七年に一度出され、慶安元年にもそのまま踏襲されているのである。なお、この二度の芝居仕置については『大阪市史』第一巻では触れられていない。

第一条目には、勧進能が（興行したいということで）芝居小屋（桟敷）を借りたいと言ってきたならば、町奉行所に届け出て許可を得た上で（「御意次第」）貸すとある。すなわち、勧進能に対しては、町奉行所の許可を得たうえでだが、原則としてすべて小屋を貸すことができるのである。第二条目は、操り（人形浄瑠璃）に芝居小屋を貸すことに関する箇条である。そこでは、以前から大坂に定着している者と他所から来た者を区別し、前者には貸すが、後者に決して貸さないとしている。つまり、外から入ってくる操りに芝居小屋を貸すことは禁止が原則であった。第三条目では、勧進相撲には芝居小屋（桟敷）を決して貸さないとあり、勧進相撲に対する小屋貸しは完全禁止である。

これらの三カ条は、いずれも芝居小屋を貸すときの条件を規定しているという点で共通している。そのことと芝居主（芝居小屋主）が連判していることとは対応している。ここで注目したいのは、歌舞伎興行に際して小屋を貸す場合の許可条件が含まれていないことである。これは、芝居主であることと歌舞伎興行を行うこととは不可分であり、小屋貸与の許可条件を規定するまでもなかったことを示しているのではないか。だからこそ、それ以外の勧進能や操りに対しては、小屋を貸す許可条件が問題になったのであろう。

さらに注目したいのは、寛永一七年五月二三日には傾城屋仕置・揚屋仕置が出され、また慶安元年四月六日に両者の追加仕置が出されていることである〔塚田二〇〇六a、第Ⅱ部第三章〕。江戸の唯一の公認遊廓・吉原においては、揚屋は早くに姿を消し、当初から遊女屋仲間のヘゲモニーが確立していたが、一七世紀には遊女屋仲間と町制機構が即自的に結合しており、遊女屋仲間のヘゲモニーは町制機構を通して存立していた(2)。これに対して、大坂の新町遊廓は、近世を通して傾城屋（遊女屋）と揚屋が併存しており、新町全体の秩序維持には傾城屋仲間と揚屋仲間をともに把握することが必要であった。そのため傾城屋仕置と揚屋仕置が同時に出され、両者それぞれから順守の連判が提出されたのである。これは、大坂の部分社会たる傾城町の風俗・秩序維持をそのヘゲモニー主体たる傾城屋仲間と揚屋仲間に依拠して果たそうとしたもの言えるであろう。

なお、寛永一七年五月二三日には、三郷全体に対する二種類の町中法度が出され、これが慶安元年四月五日の町中に対する三種類の基本法令の中に引き継がれていく。これらと同日あるいは翌日に出された傾城屋仕置・揚屋仕置が連動していることは明らかである。町中法度が三郷町中全体に対するものであることと対比すれば、傾城屋仕置・揚屋仕置は両者相俟って傾城町という社会＝空間（部分社会）に対する秩序化を意図したものだったことはより確実であろう。

道頓堀芝居仕置は、寛永一七年には傾城町仕置・揚屋仕置と同日に出され、慶安元年には一カ月遅れで出されたのであった。このことから傾城屋仕置・揚屋仕置と道頓堀芝居仕置には共通のねらいがあったことが窺われ、芝居主連判の仕置は、内容的には芝居小屋を貸す条件に関するものであったが、一面で芝居町（立慶町・吉左衛門町）に対する秩序化を意図したものだったであろう。言い換えれば、芝居町のヘゲモニーの中心には、名代や座本ではなく、芝居主があったことを示しているのではなかろうか。それはおそらく、芝居主が町内の家持と重なっていたこととも関係するのではなかろうか。

【史料2】は、慶安五（承応元）年六月五日に出された芝居仕置である。これは町奉行所から出された三カ条の指示と書留文言があるだけで誓約文言はないが、対象が「芝居之者」であることは書留文言からわかる。まず内容を確認しよう。

第一条目に見える奉公人は武家奉公人であり、侍も小者も武家奉公人の一部であって、侍はれっきとした武士ではなく若党である〔高木一九八四〕。つまり、第一条は、武家奉公人が木戸銭を出さずに芝居に入ろうとしても入れてはいけない、奉行所の名を騙って入ろうとする者は、小者はもちろん、侍であっても奉行所に捕えて来るようにという内容である。さらに、抵抗する場合には、その場に留め置いて注進せよとある。武家奉公人で、芝居に無銭で入場しようとする者の存在が窺われる。また、町奉行所の名を騙る者の否定は、町奉行所の職務上で芝居に入る者の存在を前提にした表現と言えるのではなかろうか。

第二条目では、芝居の者が、大坂城の京橋口・玉造口を守衛する定番衆の目付の者の顔を常々確認しておくことを求めている。さらに、定番の目付は主人（定番役）から出される札を持参するはずなので、その札を確認し、札もないのに定番の目付だと称する者は、身柄を押えて、（本当の）定番の目付に連絡することを求めている。札に不審のある場合も同様である。ここでは、定番役の目付は、職務上芝居に入ること（この場合は当然無銭入場）が前提であり、そこにつけ込むにせ者を、日頃からの個人的な面識と札による管理によって防ごうとしているのである。定番の職務が京橋口・玉造口の守衛を超えて、大坂の都市社会に関わる部分に及んでいたことが窺える。

第三条目は写本によって「取へからす」と「取へし」の差異がある。ここでは『大阪市史』の叙述にしたがって、一応「取へからす」として理解しておく(3)。そうだとすると、大番頭衆や加番衆の目付は芝居に用事がある時は木戸銭を取られないが、公用以外で木戸銭を出さなければ、（たとえ本当の大番頭・加番の目付であっても）狼藉者として捕えられるのである。同じく大坂城代の下で大坂城の守衛に当たる定番と大番・加番の間にははっきりした区別があることがわかる。

以上の三カ条を受けた書留部分で、町奉行から目付（取締りの監察者）を出して取り締まるので、芝居の者たちが無銭で芝居に入ろうとする者を容認したら、芝居を撤去するとしている。そして狼藉者への対処は隣接の芝居も一緒に行うよう求めている。ここからは、町奉行所の目付派遣が行われること、その職務の中核に無銭入場を無理強いするような武家家来ないしは武家奉公人（それを装う者を含めて）の取締りがあったことがわかる。おそらく定番衆の目付などの職務もそれに準ずるのではないかと思われるが、彼ら自身（もしくはそのにせ者）が無銭入場の強要に及ばないことに配慮する必要があったのである。

ここでの言及されている「芝居之者」は第一義的には芝居主であると考えられ、この芝居仕置の直接の対象者は、先の道頓堀芝居仕置と同じく芝居主たちであったと考えられる。その点は「難波新地新建家限り芝居能常舞台主前書」（「株仲間名前帳前書」『大阪市史』第五巻）を見ることで確認することができる。

これは、次のような構成である。

【史料3】

九拾六　難波新地新建家限り芝居能常舞台主前書

難波新地引請人金田屋正助え被下候芝居弐軒・勧進相撲芝居壱軒・能常舞台壱軒所持仕候ニ付、左之通り

被　仰渡候、

覚

（【史料2】の三カ条・書留部分省略、ただし第三条は「木戸銭を取へし」とある。）

明和三戌年二月

差上申手形之事

（【史料1】の三カ条省略）

右先年ゟ被　仰付候通り相背申間鋪候、若違背仕候ハヽ、私共家屋鋪を可被召上候、為後日如件、

明和三戌年二月

右御定法之趣奉畏候、若違背之者御座候ハヽ可申上候、隠置、脇ゟ相知候ハヽ、如何様之曲事ニも可被仰付候、勿論　御奉行様被成御替候度毎ニ、古町芝居主とも連判仕、帳面差上来り候ニ付、私共儀も同様ニ相心得、地方御役所えも差上置、以来は譲り替其外変名・変宅・印形改仕候ハヽ、其度毎御断申上、右帳面ニ張紙可仕候、尤前書之趣急度相守、不埒之儀無之様可仕旨、猶また被　仰渡、奉畏候、為後証依而如件、

明和三戌年二月

難波新地は、明和元（一七六四）年に金田屋正助が開発を願い出て、認められ、開発されたのであるが、金田屋に対する実質的な援助として、多数の茶屋株とともに芸能興行権（芝居小屋二軒・勧進相撲・能常舞台）が与えられたのである（塚田二〇〇六a、第Ⅱ部第一章）。これにより、芝居小屋主となった金田屋正助が、この名前帳を提出することになったのである。その前書き部分には、芝居仕置【史料2】と道頓堀芝居仕置【史料1】と同内容が記されるが、日付は名前帳提出と同じ明和三年二月付である。そして、これは町奉行の交代のたび毎に「古町芝居主とも」が連判して、名前帳を提出しているので、「私共」（金田屋正助）も同様に地方役所（町奉行所の地方与力方）へ提出するというのである。

これによれば、「古町」（道頓堀の芝居地＝立慶町・吉左衛門町）の芝居主たちが、二つの芝居仕置を前書きとする芝居主仲間の名前帳を町奉行所（地方役所）に提出していたことがわかる。すなわち、慶安元（一六四八）

年の道頓堀芝居仕置だけでなく、承応元（一六五二）年の芝居仕置も第一義的には芝居主たちが責任を有する主体として存在していたのである。そして、道頓堀芝居地の芝居主たちは仲間結合を持ち、芝居地の社会＝空間を統合する磁極として存立していたのである。

なお、承応元年の芝居仕置について、通説では、若衆歌舞伎の禁止へとつながるものとして理解されているようである。先に引いた『大阪市史』の記述では塩屋九郎右衛門芝居で武家の中間《ちゅうげん》が原因の争いがあり、それを契機に芝居仕置が出され、翌月若衆歌舞伎禁止の幕令が出されたとある。この事件と仕置が江戸での若衆歌舞伎の禁令につながるという理解は、江戸での大名・旗本らの男色を改めさせることを契機に出された若衆歌舞伎の禁令についての「徳川実記」（承応元年六月二〇日）の記事に、「そのうへ大坂にて。保科弾正忠正貞が宅にても。この少年の盃事により。すでに闘争に及ばんとせし事あるをもて。老臣議してかく命ぜしなり。」と付記されていることに発するようである。しかし、大坂での芝居仕置とその前提とされる事件（それが事実かどうかは措く）の内容と若衆歌舞伎禁令とは内容的な連関が窺えない。ここでは疑問を呈しておきたい[4]。

以上、一七世紀半ばの芝居仕置を検討する中で、歌舞伎を中心とする芝居興行を行う小屋主＝芝居主仲間が芝居地を統合する存在だったことを推定してきた。それに関わって、一点補足しておきたい。寛文五（一六六五）年五月のいわゆる「安井桟敷」の販売を認めることを安井九兵衛が出願し、認められた時、「諸芝居主共、九兵衛え呼出し、右之趣申渡候」とある。芝居小屋の桟敷の販売に関わることだから当然かもしれないが、ここでも芝居主が主体であり、彼らが芝居地の中心にいることの一面が示されているのではなかろうか（『安井家文書』大阪市史史料第一二輯、なお〔塚田二〇〇九〕参照）。

四　役者仲間

本節では、「株仲間名前帳前書」に含まれる「九拾七　歌舞伎狂言役者共判形帳前書」を取り上げて歌舞伎役者の仲間組織について考えてみたい。これは、元禄二（一六八九）年一〇月一六日付の「覚」一五カ条を「惣役者共」が守ることを命じられた部分、続いて同日付で申し渡された五カ条の補足部分、さらに同年一二月に「追加口上ニ而申渡覚」五カ条の三つの部分からなる。

元禄二年には、江戸で野郎歌舞伎の取締り、さらに旅芝居の禁止の触が出され、それらは大坂にも触れられたが、大坂では独自に一〇月一六日付の二つの法度が出され、一二月に追加の箇条が出されたのである。これが、第二節で『大阪市史』によって言及されていた「役者惣判」の箇条となる。その内容は多岐にわたるが、『大阪市史』の要約が簡にして要を得ているので、ここではそれを紹介しておく。

判形帳前文に曰く、役者は実子、実子なければ養子幷に甥等を膝下に置きて、芸子と為し、又別に、芸道相伝のため、子供一人を抱ふるは勝手なり。役者以外素人はいふに及ばず、縦令一旦役者たりとも近年廃業したる者は、芸子を抱ふることあるべからず、故に従来抱置ける子供にて、送届くべき親類請人無き分は、芸継一人を除き、其余は悉く下人として使役すべし。十二歳以下は制外子なれば舞台へ出すは自由なれども、十三歳以上は前文所定の抱子・養子・実子の外出場を許さず、之を許されたる者は大芝居小芝居を問はず、前髪を剃りて平人と区別し、野郎子供とも鬢は普通より薄く剃下ぐべし。狂言子供をして遊女同前の業を営ましむること、幷に旅芝居興行は愈々以て法度たれば、旅芝居に出勤せし役者は随意定芝居に代るべく、江戸京二ヶ所は旅芝居にあらずと雖も、今迄の如く軽々しく往来すること勿れ。総じて役者芸子は自己の身分を知り、多人数集会して饗宴を張り、美服を着して、驕奢を競ふことあるべからず、宿所姓名の移動・芸子の抱入・抱子の別家の如き、早速惣会所に届け出づべしと。

全体の内容については、以上の引用にとどめ、「追加口上ニ而申渡覚」のうち、「役者惣判」に関わる二カ条（三条目・五条目）だけを引用しよう。

【史料4】

一（三条目）此度相改役者帳面ニ書記、幷芸子共名前付判形為致、御番所え差上候、此外壱人ニ而も隠芸子召置候ハヽ、急度越度可被　仰付候事、

一（五条目）役者幷芸子共宿替仕候歟、名替り候歟、或は芸子とも抱候歟、または抱子とも親方之手前障（隙）を取、別家ニ罷成候は、早速惣会所え断可申来事、

付、京江戸ゟ参り候諸役者之儀、宿変り候ハヽ、是亦惣会所え断可申来事、

これによって、役者全員の名前帳を作成して町奉行所に提出し、宿替え、名前替えなどのさまざまな変化があった場合には惣会所へ届け出て修正するようになったことがわかる。これは、一面では、これまで言われてきたように、歌舞伎役者の取締りの強化であるが、他面では、それを契機として、座や芝居小屋を越えた大坂における役者仲間の形成・公認という意味をもったものと考えられる。そのことを端的に示しているのが、寛保元（一七四一）年に起きた鶴井京七一件である（「歌舞伎本座ト辻打芝居公事」『日本庶民文化史料集成』第六巻）。

この一件は、寛保元年七月一四日に、吉左衛門町の塩屋九郎右衛門芝居において鶴井京七が座本として興行しようとしていたのに対し、佐野川花妻や中村富十郎が差止めを求めて出訴したことに端を発する。その結果、鶴井京七は座本と称することを禁じられ、「声色仕鶴井京七」という看板に改めることとなるが、それらの経過は省略し、佐野川・中村らの出願の論理に注目したい。訴状の願意の部分を引用する。

【史料5】

一今度、道頓堀吉左衛門町塩屋九郎右衛門芝居にて、明後十六日より芝居興行仕候由、承知仕り候。然ル所、右芝居座本鶴井京七と申者は、歌舞妃（伎）狂言役者にても無御座候。元来何者之倅にて御座候哉、役者名代も無之者、芝居仕候由承候。先ン年、御改メ之儀に付、毎年十二月六日南組惣会所にて、御別（制）法之判形被為仰付、是迄私共判形仕芝居座本相勤来り候。然に右鶴井京七と申紛敷者、判形仕役者同前に、道頓堀大芝居にて、表を飾り、座本名に罷成候段、三芝居惣役者共、一烈（列）に罷成御儀難儀仕、座本共暇取、明日より芝居相勤申間敷由申候。然ル上先明日より歌舞伎相芝居相止ミ申、大勢イ之者夥敷難儀仕候間、右鶴井京七と申す役者にても無之者へ、芝居借シ候芝居主松屋太右衛門、被為召出御吟味之上、鶴井京七名前の芝居歌舞伎芝居同前に不仕候様に、被為仰付被下候はゝ、御慈悲有難可奉存候。

ここで問題となっている鶴井京七を座本として芝居興行を行おうとしているのは、冒頭に塩屋九郎右衛門芝居とあり、また終りの方に「芝居借シ候芝居主」松屋太右衛門とあるが、別の箇所では松屋太右衛門は家守と表現されている。塩屋九郎右衛門が本来の芝居主であり、松屋太右衛門はその代理人たる家守と考えられるのではなかろうか。

さて佐野川・中村らは、鶴井京七が歌舞伎狂言役者でない、あるいは役者名代を持たない者であると主張し、その根拠を、毎年一二月六日に南組惣会所での制法への判形の有無に求めているのである。言うまでもなく、これは『大阪市史』で元禄二年から当初毎年一二月二〇日に行われ、のち一二月六日に変わったという役者惣判である。佐野川・中村らにとって、役者惣判に加わっていることが歌舞伎役者仲間に属する根拠になっているのであり、ここには、歌舞伎役者取締りのために行われた役者惣判が彼ら自身の歌舞伎役者としてのアイデンティティー形成に寄与していることが示されている。

さらに鶴井京七一件の経過の中で、役者仲間の実態について説明している箇所がある。それを引用しよう。

【史料6】

一定役者相談之上、右之役者之内より役者年寄壱人、年行司三人、月行司五人、下支配人六人、相極メ、万事右之役人にて御公儀様、惣御年寄中様より被為仰渡之趣、役者仲間へ申聞ケ可申候。其外諸事吟味仲間相談之儀、挨拶事、年行司へ申聞ケ可申候。尤年寄、年行司、月行司、下支配人は壱ヶ年切替り申候。年寄、年行司、月行司定置候得共、其内京都江戸又は他国人《ママ》被参候節は、外へ役儀を相渡可被申候、尤顔見世、年頭、八朔等之祝儀抔、右年寄、年行司、月行司、支配人方へ惣役者中より音物少も送申儀、堅可為無用事。

ここからは、どこの小屋で誰が座元の一座で興行しているかを越えた大坂における役者仲間が実体的に存在しており、そこには年寄、年行司、月行司、支配人などの役職が存在していたことがわかる。これらの役職にある者によって町奉行所・惣会所（惣年寄）との関係が担われるとともに、仲間内の諸事が処理されるのである。彼らの任期は（月行司も含めて）一年であり、また大坂外に出る時は他者に交代するとあり、固定的で権威的な構成はとっていなかったように思われる。その点は、顔見世、年頭、八朔などの際にも祝儀・音物を贈ることを禁じているのとも照応していいよう。

なお一件史料の別の個所によると、今回、狂言作者も名前帳に判形をした一〇人以外は認めないということになった。「役者之弟子又は素人」で作者を志望する者は、一〇人の作者の弟子になり、その名字を継ぎ、仲間中に披露して帳面に判形するのである。狂言作者が一〇人の名字に限定されたので、名字の売買が行われかねないが、もし売買した作者は役者仲間から除外するという。狂言作者も役者仲間のなかに含まれていたのである。なお、狂言作者の一〇人への限定が、その名字（＝実質的な株）の売買につながりかねないことが窺われ、興味深い。

以上、元禄二年の役者惣判の実施について見てきたが、これは先の『大阪市史』はもちろん、この分野の達成を示す守屋毅氏の『近世芸能興行史の研究』においても、幕府による芸能の取締りとして評価されている。そのこと自体は間違っていないが、一方で、役者仲間の存立を支える側面も持っていたことを併せて見ておく必要があると思われる。

芝居地の諸存在を統合する中核に芝居主の仲間があったが、それとは位相を異にして、惣役者仲間が併存することになったのである。但し、役者仲間は芝居地を越えて居住が広がり、他所への出演などもあったことに注意しておきたい。

おわりに

一七世紀の道頓堀周辺の芝居地について、『大阪市史』によって概観するとともに、芝居仕置と役者惣判について若干の考察を加えてきた。それを踏まえて、三都の比較類型論という視点から、大坂の芝居地について二、三の点に触れておきたい。

一つは、大坂の芝居地のあり方を、上方ということで京都と一括できるかという点である。江戸と対比して、上方では芝居主・名代・座本が区別されている点に特質があると言われている。このことについては、守屋毅氏の指摘が示唆的である。

名代・座元・芝居主という三つの権益を同一人の名義に集約させ、「櫓」をもって座の象徴としたところに、江戸の興行慣行の特色があった。したがって、江戸では座元が話題になることはあっても、芝居主

や名代が注目されることはほとんどなかった。（中略）

京都の名代は、もともと芸人―つまり座元に与えられたものとみてよいが、元禄期を境にして、名代の継承者たちの大半は、ほとんど関与しなくなった。彼らは、実際に興行を行う座元に名義を貸与し、その名義料をえるだけの、ほとんど実態をともなわない存在でしかない。

これに対して大坂の場合は、どちらかといえば、芝居主が名代の名義を継承する傾向が見られる。すでに指摘したように、寛文期に松屋宗甫の芝居が売買されたとき、「名代共ニ拾弐貫弐百目」とされている（元禄元年『御城代御支配所万覚』）。これは、大坂の名代が、むしろ江戸とおなじように、もとは芝居に付随する権益とされていたことを示唆するものかもしれない。また享保二十年の『道頓堀芝居主名代並太夫本座本惣目録』をみても、「名代主則芝居主何某」という表示をともなう者が、半数の四例をしめている。ほかに名代と座元が一致する者一、名代主と座元が一致するもの一、休み一、不明一である。

〔守屋一九八五、二五〇～一頁〕

ここで守屋氏は、名代・座本・芝居主が「櫓」に集約している江戸に対して、京都と大坂を一括しがちになるが、京都の名代はもともとは座本（芸能者グループのリーダー）に認められたのに対し、大坂では名代は芝居主に認められたものであったとして、京都と大坂の差異に注目されている。さらに重要なのは、こうした大坂のあり方は、江戸との共通性を持つのではないかと示唆されている点である。

先に芝居仕置の検討において指摘したように、芝居主（芝居小屋の所有者）は、歌舞伎芝居興行を前提とするものであった。『大阪市史』によれば、寛永期に京都から、塩屋九郎右衛門・同九左衛門・大和屋甚兵衛・河内屋与八郎・松本名左衛門・大坂太左衛門がやって来て、道頓堀に小規模な桟敷を設けた（＝芝居小屋を設置した）が、このうち塩屋九左衛門を除く五人が延宝年間の歌舞伎名代として固定しているのである。延宝九年の芝居主として塩屋九郎右衛門や（大坂）太左衛門の名が見えるが、むしろ彼ら以外は、もともとの芝居主が歌舞伎名代として固定したのちに、実際の芝居主（家屋敷所持者）に変化があったものと考えられるのではなかろうか。

ここで想起されるのが、近世都市の生成について安堵型と創出型を区別する吉田伸之氏の捉え方である〔吉田一九八五〕。先に触れたように、吉田氏は、中世末にはすでに「町」が形成されており、それが織田信長や豊臣秀吉による都市改造や検地によって安堵された京都（安堵型）と、近世にはいって秀吉や徳川家康による城下町建設のなかで「町」が創出された大坂・江戸（創出型）という違いを意識しつつ、それら三都が巨大都市として発展していく段階での「町」の展開過程を見通されている。

創出型と安堵型という差異を念頭に置くと次のように考えられないだろうか。安堵型の京都においては、芸能者集団も中世において形成されており、彼らは四条河原などに小屋掛けして興行を行った。そのため、芸能者集団自身に興行許可が与えられ、それが名代に固定する。一方、創出型の大坂においては、道頓堀周辺の開発、そこでの町場の開発が先行し、そこに芝居を誘致するという順序だったため、家持（＝地主）が芝居小屋を設置し（芝居主となり）、彼らが芸能者集団を招き寄せる。その興行許可が名代に固定する。こう考えると、同じく創出型の江戸において座本はすなわち芝居小屋と不可分なのであり、歌舞伎三座を中心に存立する江戸の芝居地〔吉田一九九六〕を成り立たせている論理と大坂のそれに共通する側面も見いだせるのではないだろうか。もちろん、京都と大坂の間で芸能者の交流があり、芸能の内容的にも共通する動向があったことは言うまでもないであろうが、芝居地を成り立たせる論理において京都と大坂に差異が見いだせるのではなかろうか。

もう一つは、元禄二年の歌舞伎役者惣判のもつ意味についてである。第二節で概観したように一七世紀の芝居興行に関する統制は、段階的に展開する遊女歌舞伎、若衆歌舞伎、野郎歌舞伎の取締りだったように、その対象は歌舞伎であり、内容的には風俗・売色の問題であった。前節では、大坂における役者物判もそうした歌舞伎取締りの延長上にあることはもちろんであるが、それが役者仲間の存立を支えるものであることを指摘した。

守屋毅氏は、「元禄二年の『野郎法度』と興行界」〔守屋一九八五、第四章第一節〕において、元禄二年の野郎歌舞伎取締りは、江戸においては芸能者の「座抱え制」へと帰結し、京都においては「一座切り手形」を求めたのに対し、大坂においては「野郎対策の総括」としての役者惣判に帰結し、「ながく大坂の歌舞伎役者の行動の規範」となり、厳格に旅芝居禁止が求められることにもなったと指摘されている。ここでの守屋氏の指摘はあくまでも幕府による芸能取締りという方向からではあるが、芝居小屋あるいは座を越えた歌舞伎役者仲間の存在する大坂の独自性が示唆されている。同一の方向性をもつ幕府の芸能取締りが、地域によって異なる帰結を生んでいることに注目するべきであろう。

さらに、こうして確立した大坂における旅芝居の厳格な禁止は、神田由築氏が明らかにされた大坂を頂点として西日本の瀬戸内海地域に広がる芸能文化のネットワークのあり方などにも影を落としていくことになるものと思われる。

〔注〕

（1）延宝九（一六八一）年の芝居主として「難波すゞめ跡追」には、「塩や九郎右衛門・久宝寺や新左衛門・堺や小左衛門・太左衛門・美作や彦右衛門・竹田近江・市左衛門」の七人の名前が見える。

（2）なお、江戸の遊廓新吉原におけるヘゲモニー主体として、吉田伸之氏は遊女屋仲間、茶屋仲間、大黒屋庄六（男女芸者を統括する存在）の三者を考慮すべきことを指摘されている〔吉田二〇〇六〕。

（3）【史料2】の第三条で「取へからす」とあるものは、引用史料の他、『大阪市史』第三巻所収、「せん年より御ふれふみ」などであり、「取へし」とあるものは、「大坂御仕置留」、「元明条目」（『支配Ⅰ』商業史博物館資料叢書一〇）などである。本文では、前者の「取へからず」で理解しているが、第二条で職務上深く関わると想定される定番の目付が、札による確認まで規定されながら、大番頭や加番の目付が用事がある時は（そうした確認の規定なく）無銭で入ることが容認されるのか疑問も生じる。それ故、後者の「取へし」で理解すべきなのかもしれない。その際は、大番頭衆や加番衆の目付が芝居に用事がある時も木戸銭を取って入れるようにという意味になろう。そして、大番頭衆・加番衆の目付に限らず、無銭で入ろうとする者は狼藉者として捕えて来るようにということになる。

いずれにしろ、第二条の定番衆の目付と第三条の大番頭衆・加番衆の目付では、芝居との職務上の関係の有無という点ではっきりした区別があったことは確実である。それ故、もし前者の「取へからす」が正しかったとしても、定番衆の目付と区別された大番頭衆・加番衆の目付がなぜ無銭で入場できるのか理解できなくなって、後者の「取へし」という写が作られることになるのではなかろうか。特に一八世紀後半の「難波新地新建家限り芝居能常舞台主前書」【史料3】に、この仕置が受け継がれているが、ここでは第三条は「取へし」となっている。難波新地開発に際して認められた芝居主に対する規定において、後者であるということは、本来がどうだったかは別として、少なくとも一八世紀段階ではそう理解するのが自然だと考えられるようになったものと言えよう。

なお、定番が職務上大坂の都市社会と関わっていたことは、城代・定番・町奉行の五人連名での行政的指示がなされていることにも窺えることをつけ加えておきたい〔塚田二〇〇六ａ、第Ⅰ部第一章〕。

（4）その後の研究において、必ずしも大坂での芝居仕置と若衆歌舞伎禁令が直結させられているとは言えない（〔守屋一九八五〕参照）。

〔付記〕　本章公表後、木上由梨佳「近世大坂芝居地の社会構造―道頓堀開発と芸能興行の展開―」〔木上二〇一四〕

が発表されている。木上論文は、本章での論点をも踏まえつつ、一七世紀から一八世紀前半にかけての道頓堀の芝居地の形成と展開、そこでの芝居主、名代、名代主、大夫本などの性格とその変容について、新たな視野を切り拓いている。あわせて参照いただきたい。

補論2　近世大坂の芝居町

はじめに

私の話は、今回の上方文化講座（二〇〇七年度）で取り上げた菅原伝授手習鑑と直接は関係ないのですが、「近世大坂の芝居町」というテーマで、浄瑠璃などの芸能興行が、都市社会の中でどのような位置にあったのかという背景の部分を少し説明させていただこうと思います。

今日の話では、まず最初に、江戸の芝居町についての研究を紹介したいと思います。江戸の芝居町などを含めた都市社会史の研究は、急速に進展しています。その中で、吉田伸之さんが、社会＝空間構造論と社会＝文化構造論という二つの分析視角を駆使して、非常に包括的な議論をされています。そこで、吉田さんの江戸の芝居町を論じた「『江戸』の普及」という論文によって、江戸の芝居町の実態を紹介するとともに、芝居町を論ずるとはどういうことなのか、何をどう論ずる必要あるのかという点を確認したいと思います。

その後、大坂の芝居町についての、少し断片的な話になりますが、いくつかのトピックを取り上げてお話をします。大坂の都市社会史研究も進展してきていますが、芝居町についてはまったく未開拓の分野です。ですから、江戸のように包括的に芝居町を描くことはできませんが、江戸の芝居町を念頭に置くことで、大坂においても二、三のトピックを紹介して、社会＝空間構造と社会＝文化構造の視点をクロスさせた分析が可能であり必要であることが示せればと思います。

一　芝居町を見る視点

そこでまず吉田伸之さんの「『江戸』の普及」（『日本史研究』四〇四、一九九六年、のち同著『身分的周縁と社会＝文化構造』部落問題研究所、二〇〇三年所収）という論文を紹介したいと思います。ごく簡略に、吉田さんの江戸の芝居町を中核とする社会＝文化構造についての理解をまとめてあります（図1）。これを参考に聞いてください。

吉田さんの「『江戸』の普及」という論文のタイトルにある「江戸」は、ここでは江戸の三座を中心とする歌舞伎のことをさしています。江戸の場合、堺町と葺屋町と木挽町という三つの町にあった中村座、市村座、守田座、この三座が歌舞伎の中心にありました。芝居町の三座の他に、宮地芝居と呼ばれる、寺社の境内で行われる芝居や両国広小路などで行われる芝居などがあります。そ

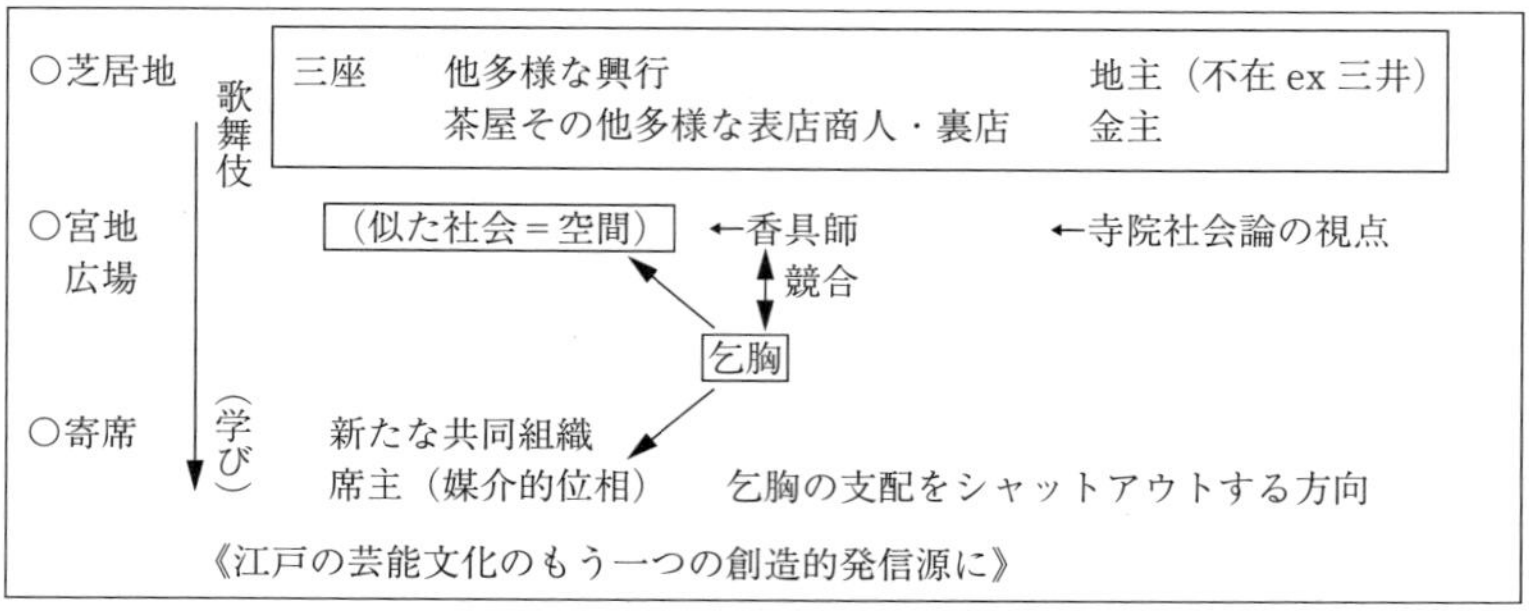

図１　「『江戸』の普及」の論理構成

れから一九世紀になると寄席がでてきます。

これらは無関係ではなく、三座で大当たりの芝居が出ると、それが宮地芝居でも、さらに寄席でも同様なものが演じられるというのです。その三座を中心とする芝居地（歌舞伎の三座）から宮地芝居、さらには寄席へと真似られていく文化普及の構造を、「江戸」の普及と言われているのです。ただし、一九世紀の文化状況としては、寄席が新たな文化発信の源になっている逆転現象にも注目されています。

本論では、第一節「芝居地」、第二節「香具見世」、第三節「寄席」という順で歌舞伎の普及の状況が明らかにされ、第四節「民衆的文化へゲモニー」において、寄席が新たな文化創造の場になった状況と条件が明らかにされています。

まず「芝居地」のところでは、一七世紀後半の堺町の状況を示す絵図から、中心に中村勘三郎芝居があり、その隣には土佐丞虎之助浄瑠璃芝居が見え、さらに大小さまざまな何々芝居とか、見世物などが数多く見えることが指摘されます。すなわち、芝居町は、歌舞伎の三座の大芝居だけではなくて、歌舞伎から浄瑠璃、見世物まで多様な芸能興行の常設小屋がここに展開している空間だということです。

この堺町の絵図の中には芸能興行の小屋だけではなくて、茶屋とか、多様な表店の商人が見えます。この表店の商人の中には、煙草屋、青物屋、両替などが見え、また巾着屋や本屋などの商売を示す屋号の者がいます。また、裏店と思われる所には、役者の名前と思われるような人がいる。そうすると、芝居町という空間は、多様な芸能興行とともに、それに関わって多様な生業を営む商人や、芝居懸かりの者というような人たちが、引き寄せられ集っている空間だということです。

続いて天保一四（一八四三）年の「河原崎座の構成と茶屋」が紹介され、芝居小屋には、役者から作者、振付、仕切場手代、出方之者（芝居小屋の雑用をこなす者か）などまで多様な人が関わり、それに芝居付の大茶屋が一〇軒、中茶屋が一〇軒、小茶屋が八軒あることが示されます。大芝居に即しても多様な存在を含んでいるわけです。

さらに注目されるのは、天保一三（一八四二）年の猿若町一丁目から三丁目までの地主と所持地面数を紹介されているところです。猿若町一～三丁目は天保改革の中で芝居町―堺町・葺屋町・木挽町―が浅草の北の方の一画に移転させられ、新たに作られた町です。ちなみに、天保改革では、江戸のあちこちに展開していた岡場所も、すべて吉原に組み込まれましたが、風俗統制として共通の政策と言えるでしょう。

この移転に際して、替地を与えられた地主の名前と町屋敷数が記録に残っているのですが、それはそれ以前の芝居町三町の町屋敷所持の状況を示しています。居付地主は、猿若町一丁目に同町家持みお（後見利兵衛）、猿若町三丁目に同町家持みよ（後見吉左衛門）がいますが、それ以外は不在地主でした。その中には、例えば猿若町二丁目に五カ所の町屋敷を持っている駿河町の家持三井次郎右衛門がいます。この人は、現在の三井グループに繋がってくる越後屋三井の人です。地方に住んでいる豪商・豪農もいます。また、江戸の各所の家持であったり、中には自分の居住地では店借で、この芝居町において町屋敷を所持しているというような人もいます。こういう地主たちにとってみれば、先ほどの芝居興行に関連する多様な人たちからの地代・店賃収入が重要なわけです。

こうして、芝居町も江戸の社会構造全体と深く関わる形で成り立っていることがわかります。

次に第二節の「香具見世」ですが、ここでは宮地芝居（湯島天神・芝神明・市谷八幡…寺社奉行支配）や広場・広小路（両国橋の東西・采女ケ原・上野山下…町奉行支配）などで行われる芝居が取り上げられます。そこでの芝居にも、狂言座（役者に加え、「はやし連中・上るり・三味せん・狂言作者・浪花津連中」）が構成され、周辺に茶店や床店も見られました。

宮地芝居と広場・広小路の芝居は管轄する奉行所は異なるものの、同質の様相を示していました。その特徴は、①芝居小屋の経営主体＝小屋持は香具師であること（香具芝居）、②演じられる内容は、三座の「学び」（コピー）であり、③香具商売の客寄せの「愛敬」を名目として行われたことが上げられています。こういう香具芝居の場合、幕間には歯みがき粉を売るといったことが、最後まで残っていきます。

しかし、この局面には乞胸の身分支配の問題が関わってきます。乞胸とは、大道芸などを行う江戸の特異な身分集団であり、人別の支配は町方ですが、職分では非人頭の車善七の支配下に入るという存在でした。乞胸の集団は、頭・手代と実際の芸能者の二階層をなし、後者は多種多様な芸能者集団（〝単位身分集団〟）の複合としてありました。乞胸たちは、寺社境内・広場・広小路における香具師の〈商内〉は許容するが、〈見世物あるいは芸〉は自分たちの支配であると主張し、香具師と激しく争うことが見られました。奉行所も乞胸の主張を許容していましたから、乞胸に幾分かの分け前を配分するような形で結局は落ち着くということになりました。

第三節は「寄席」が対象です。天保末年頃、寄席は、町方に二一一カ所、寺社地に二二カ所、新吉原に六カ所をかぞえ、一九世紀に激増していきましたが、天保改革の取締りで数も減らされ、内容も四業（神道講釈・心学・軍書講談・昔咄し）に限定されました。しかし、天保改革が失敗に終わると、再度激増していきます。

ここでも乞胸家業との類似が問題となり、その身分支配が主張されます。乞胸たちは、①宮地・広場での芸能者は自分たちの支配である、②町家での芸能は、座敷や私宅での金を取らないもの（非商品）は許容するが、寄席で演じられるもの（商品）は世話人から「心付」を受け取っている、と説明しています。ここでの「世話人」は「席亭」と考えられ、番人、町火消、家守、風呂屋などの兼業が多く見られました。寄席の席亭たちは、寺社の境内や広場などの芸能者は乞胸との関係で管轄を受けるかもしれないが、町人たちが町家で行うことに関しては乞胸の管轄外だという論理で、乞胸の支配を排除しようとしたものと考えられます(1)。

寄席でも、歌舞伎芝居のコピーやそれに題材を求めたものが演じられました。そうした寄席が隆盛すると、盛り場（宮地や広場・広小路）との相克が見られました。こうして、「江戸」（歌舞伎文化）の普及の構造が見出されていきます。

最後の節「民衆的文化へゲモニー」では、衰微の著しい猿若町の操両座（大薩摩座と結城座）の「出稼御免」を願う出願を通して、寄席が民衆文化創造の坩堝へと飛躍した状況が摘出されています。

その検討の過程で、すでに出願以前にも事実上の出稼ぎは行われていることがわかり、そこでは香具師との関係、寄席との関係が問題となっていることが窺われます。出願の認可まで五年もかかりましたが、それは香具師との相克を危惧してのことと想像されます。寄席との関係では、出願以前に、操座の三業のうち浄瑠璃太夫・三味線ひきは個々に寄席に出演・吸収され、人形遣いが取り残されて、操座は解体状況にあったことが明らかにされています。

そして総括的に「町家の寄席は、操座配下の芸能者にとって、新たな家業の場になった訳であるが、こうした点は、三狂言座配下の下役者層をはじめ、寺社境内・広場における興行において香具師の『下方』として上前をとられることをきらい、また乞胸頭の支配からの離脱を求め、あるいは乞胸への編入を逃れようとする芸能者にとっても同様で……、多様な出自をもつ新たな民衆的芸能の担い手の簇生と共に、寄席は、芝居地＝三狂言座とはことなる、全く独自の芸能文化＝寄席芸能の発信源となってゆく」（吉田前掲『身分的周縁と社会文化構造』一四二頁）とまとめられています。

最後に、寄席がそうした場に飛躍しえた条件として、①寄席の興行主体＝席亭が独自の共同組織を有するに至ったこと、②寄席芸を担う芸人たちが噺家連中などの共同組織（門流としての構成を持つ）を持ったこと、③寄席が享受者たる民衆世界（裏店層を中核とする）のただ中に展開したこと、の三点が指摘されています。

以上の吉田伸之さんの江戸の研究は、芝居町や芝居興行を見るうえで、包括的に全体を見渡す研究だと言えるでしょう。しかし残念ながら、大坂においては、そのような包括的な研究はありません。大坂には乞胸という集団は存在しません。また、役木戸と呼ばれる道頓堀芝居の木戸番が町奉行所盗賊方の下で警察関係の御用を勤めさせられていました。こうしたことは江戸とは大きく異なります。しかし、大坂の芝居地を捉えるときにも、江戸で吉田さんが把握されたような全体構造を見通すことが必要だろうと考えます。以下、いくつか述べることは、江戸の研究の全体枠組みを念頭において、その中のどこに位置づくかということを意識することで、大坂においても本テーマの社会的広がりの大きさを察知できるだろうと思います。

二　大坂の芝居町

1　大坂の芝居地の展開

まず、大坂の芝居地の展開ということで、少しだけ概要を触れておきます。

『浪速叢書』巻一五所収の「劇場楽屋図会」の「道頓堀六ツ矢倉細見図」を見てください（図2）。この細見図は、北から南の方を見て描いていますが、道頓堀の南側に六つの芝居小屋が描かれています。また、明治期の地形図をベースにして道頓堀周辺の区域を示し、そこに近世後期の絵図にある芝居小屋の位置を書き込んだ図3を見ると、竹田、豊竹、角丸、角、中、それから大西という六カ所の芝居小屋があります。近世後期、道頓堀の周辺に中心的な六つの芝居小屋が見られました。

『守貞謾稿』という江戸時代の終わり頃に、喜田川守貞という人が書いた随筆があります（以下、宇佐美英機校訂『近世風俗史（四）（守貞謾稿）』岩波文

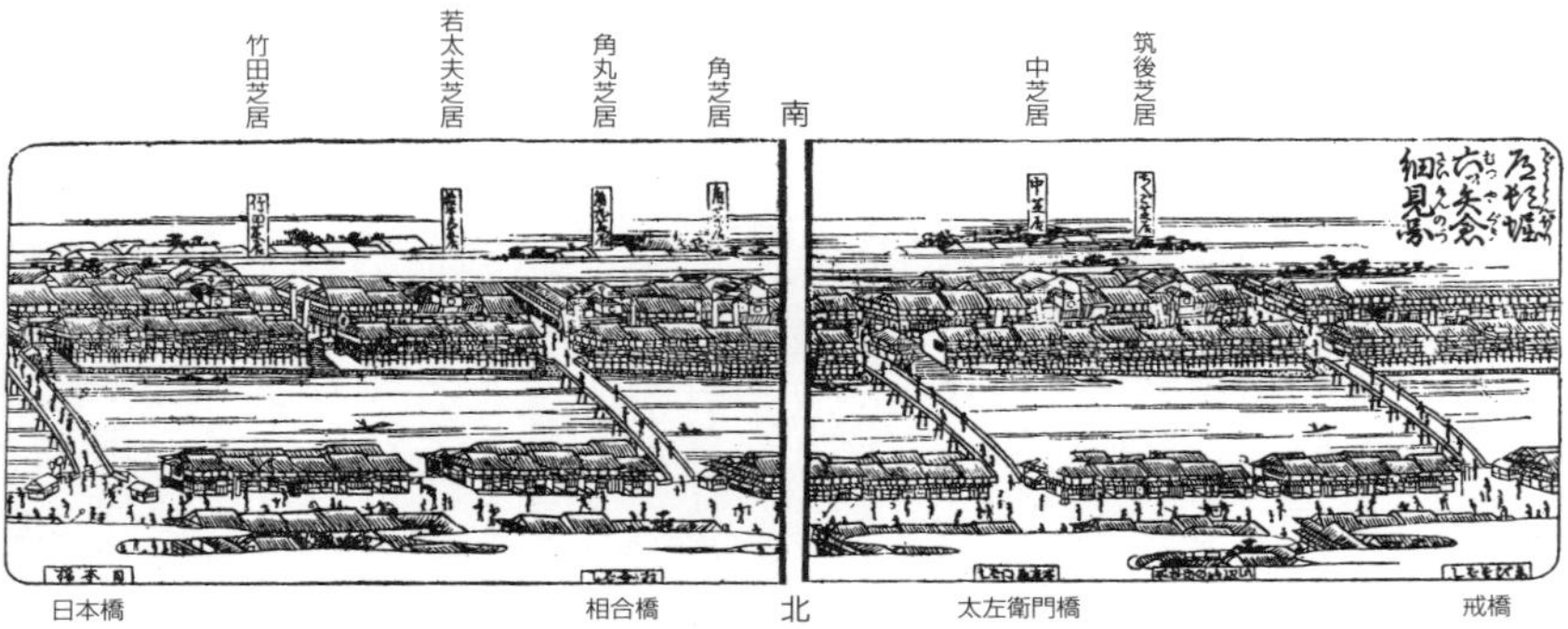

図２　「道頓堀六ツ矢倉細見図」

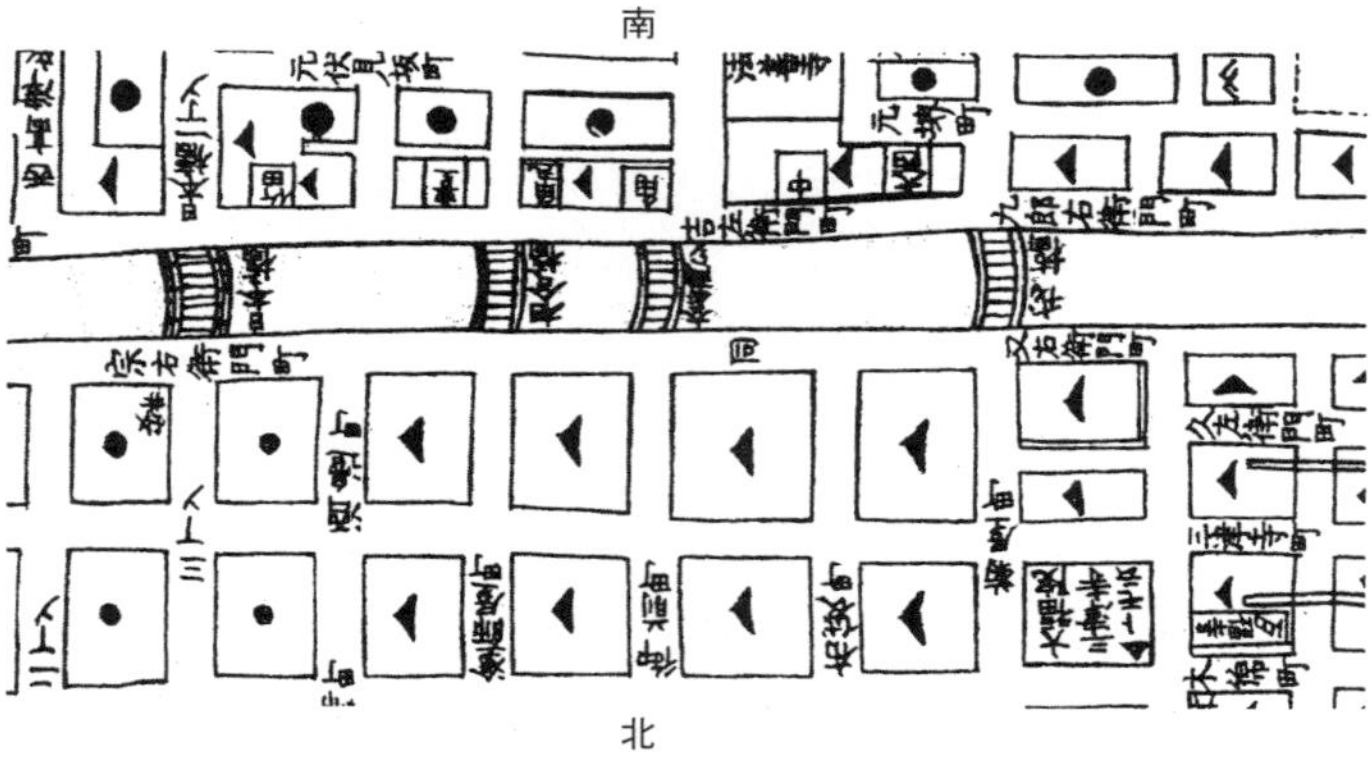

図３　近世後期の道頓堀界隈

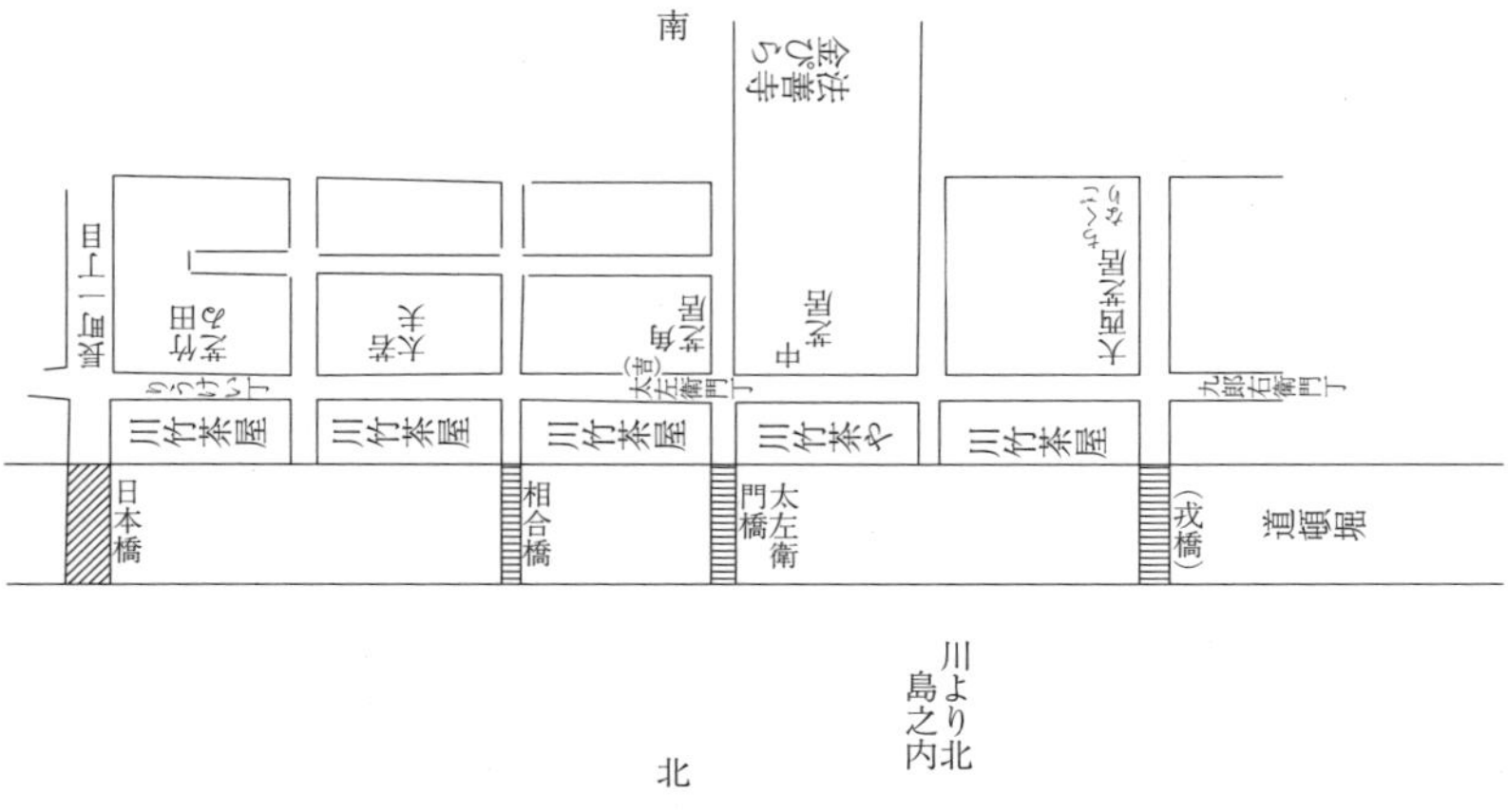

図４　「近世道頓堀芝居の図」

庫、三一〜四三頁、八四〜五頁より引用)。そこに、大坂の芝居についても詳しく書かれています。そこに、「近世道頓堀芝居の図」(図４)が入れられており、次のように説明されています。

「天保府命前は」つまり天保改革の前は、「今のごとく、五所の他に、曽根崎新地(俗に北のしんち)一所柳巷にあり。これは大芝居に准ずれども、興行あるは稀なり」とあり、当時、道頓堀に芝居小屋が五カ所ある。道頓堀周辺の地図に町域と芝居小屋を書き込んだ先ほどの細見図や図３に見える六カ所の芝居小屋のうち、角丸の芝居は、文政一〇年正月の火災で焼けて、その後、再興していないとあります。それで図４では五カ所になっています。これが、江戸で言えば三座に相当して、この辺が芝居町ということになるわけでしょう。

それと曽根崎新地に一カ所あり、続いて「その他、堀江に荒木座あり、文政始めに亡ぶ。同所市の側芝居、天保府命に滅ぶ」とあります。ちょうど島之内の西側にあたる堀江の地域にも、二カ所あったが、ともに亡んだ。それから「また宮芝居と云ひて、天満天神、御霊、座摩、博労稲荷、高津等の社頭各一所あり」、これらが、先の江戸で言えば、宮地芝居に相当してくるわけです。

「その中博労いなりには二箇所ありて、南門内のを文楽の芝居と云ひ、義太夫操のみ興行して、虚日なく、大当りせしなり」とあり、これが、現在に繋がってくる文楽座ということになります。文楽座は、宮地芝居から発展してきていることになります。

「曽根ざき以下の芝居、天保府命の時廃して、今は道頓堀の五櫓のみとなる。安政五年、諸社頭等の芝居、復故の官許あり」ということで、一旦、天保改革で、これらがすべて廃止され、その後、また復活したことが記されています。

その後、道頓堀界隈の芝居それぞれがどういう来歴かということが記されています。角の芝居、中の芝居、この両座を大芝居と言う。大西、角丸等を中芝居、または浜芝居と言い、若太夫、竹田等を小芝居と言うとあります。道頓堀の六座の中でも、大芝居、中芝居、小芝居という区別もあったことになります。

角の芝居、中の芝居は歌舞伎芝居とのことです。

大西芝居については、「筑後座、俗に云ふ大西、近来は専ら歌舞伎の中芝居のみ興行し、操興行は極めて稀にあるのみなり」とあります。これが竹本座ということになるわけですが、この頃には歌舞伎を専らやるようになっているが、もとは操座であり、「大坂操座の始めなり」と言うことです。

なお、一七世紀から一八世紀半ばにかけては、吉左衛門町の西端に歌舞伎の芝居小屋があり、これが大西芝居と呼ばれていたそうです。この大西芝居は宝暦九（一七五九）年五月の火事で焼けたため、竹本座（その明和五年の退転後は筑後芝居）が、一番西に位置していたため、いつしかこれを大西芝居と呼ぶようになったとのことです[2]。

それから「若太夫芝居、これまた近年かぶきを専らとすれども、元は操座なり。本名豊竹座なり」とあり、これも操座だったが、最近は歌舞伎をやっている。「竹田座、これも近来かぶきを専らとすれども、からくりなり。発起人は操人形の細工人にて、浅草観音に祈り、小児の砂遊びを見て砂時計を発明し、京に帰り、機関木偶を造り」、からくり芝居を興行したところに始まるのが、この竹田芝居です。

先ほどの江戸の堺町絵図のような大坂の芝居町の全体を見渡せるような図があるといいのですが、見出していません。

江戸の芝居町にも芝居茶屋があったのと同じように、大坂でも芝居茶屋がありました。先ほどの『守貞謾稿』には、「大坂は道頓堀南岸、東は日本橋、西は戎橋の間、両側大略茶屋にて、他業稀なり」とあり、この辺りは茶屋が沢山並んでいるわけです。その茶屋について「茶屋、大茶屋・小茶屋の差別あり。並《とも》に家造り、表構惣格子にて戸口のみを除き開く。しかも、島之内、坂町、難波新地等の遊女ならびに芸子をも需に応じてこれを迎ふ。けだしこれまた株ありて、かの地は迎ふとも、この地を迎ふことは能はず等あるなり。元来、遊女を迎ふ茶屋と、同株なればなり」とあります。

大坂では新町遊廓以外での遊女商売は禁じられていたのですが、茶屋は茶立女二人を置くことを認められ、事実上遊女商売を黙認されていました（拙著『近世大坂の都市社会』吉川弘文館、二〇〇六年、Ⅱ―一）。道頓堀の周辺の茶屋は芝居茶屋だったのですが、客の求めに応じて、付近の元伏見坂町や難波新地などの茶屋から遊女や芸子を呼んだとのことです。それは同じ「茶屋株」によって営業が認められていたから可能だったと説明しています。但し、この点は、後に触れる水茶屋のあり方ともあわせて検討課題ではないかと思います。

2　道頓堀周辺の開発

次に、芝居小屋の所在していた道頓堀周辺の開発について見ておきましょう（本書第二部第一章）。

道頓堀は、慶長一七（一六一二）年に、成安道頓、安井治兵衛・九兵衛兄弟、それから平野藤次郎の四人が共同でお金を出し合って開発に着手します。ところが、安井治兵衛は病死、成安道頓は大坂の陣で豊臣方として死んでしまいます。そのため、大坂の陣の後、元和元（一六一五）年に安井九兵衛と平野藤次郎の二人が道頓堀を完工させ、その周辺の開発にあたることになります。その後、平野藤次郎は、江戸幕府の代官になって大坂を少し離れるので、その事業は安井九兵衛が主導することになります。

江戸時代、大坂は北組と南組と天満組という三つの組に分かれ、各組に惣年寄と呼ばれる数人の有力町人たちが運営の中心に位置するようになります。安井九兵衛の家は、その中の南組の惣年寄になります。

この安井九兵衛家による道頓堀周辺の開発と芝居の取立てに関して窺がうことのできる史料があります。寛文五（一六六五）年に二代目安井九兵衛が大坂町奉行所に宛てて差し出した願書です（『安井家文書』〔大阪市史史料第二〇輯〕二〇九）。その内容をかいつまんで見ておきましょう。

道頓堀は、慶長一七年に、父道卜（初代安井九兵衛）と親類たちが相談して、土地を拝領し、（道頓堀）川を掘り、両側を町家に取り立てた。その後、父道卜はこの地域の繁盛のため、芝居なども取立てたのである。それ故、芝居のことは諸事安井家で取り計らってきたのである。そのため、すべての芝居が、安井桟敷と称して上桟敷一軒ずつ毎日空けておき、いつでも自由に見物できるようにしてきた（つまり招待席を一つずつ各芝居小屋が用意していた）。ところが、年々この界隈が繁盛してきて、芝居も大入りになってきており、安井家で見物に行かない時は、安井桟敷も他の桟敷同様に販売したら、芝居の者たちにも好都合であろうと考え、それを認めることにしたい。しかし、そのいわれをきちんと記憶にとどめておくために、この届書でお願いする次第です。もし、後々に芝居の者たちに心得違いのことがあれば、この届書といっしょに願い出るので、よろしくお願いします。

このような趣旨です。そうすると、この寛文五（一六六五）年の段階で、道頓堀界隈に、様々な芝居が展開していただろうということが窺えるわけです。そして、その芝居の取立てには、道頓堀周辺の町立てを担った安井九兵衛のイニシアティブがありました。

ところで、図5は、延宝七（一六七九）年の吉左衛門町の水帳絵図（前掲『安井家文書』一四六）をベースに、明暦元（一六五五）年の情報をあわせて示したものです。上段に、明暦元年の地主（＝家持）の名前を入れています。下段が延宝七年段階の家持であり、両者の間には二〇数年の開きがあり、その間の変化がわかります。たとえば東端のところで、延宝七年に足代屋長右衛門が持っている家屋敷は、明暦元年には二区画で足代屋長右衛門と銭屋左兵衛が家持でした。その区切りを図の上側に示しました。その他も同じように見てください。

吉左衛門町は、西端が戎橋筋大道で、そこから二ブロックになります。明治期の地形図を見ると、どうも明治の初めころには東側のブロックでは、真ん

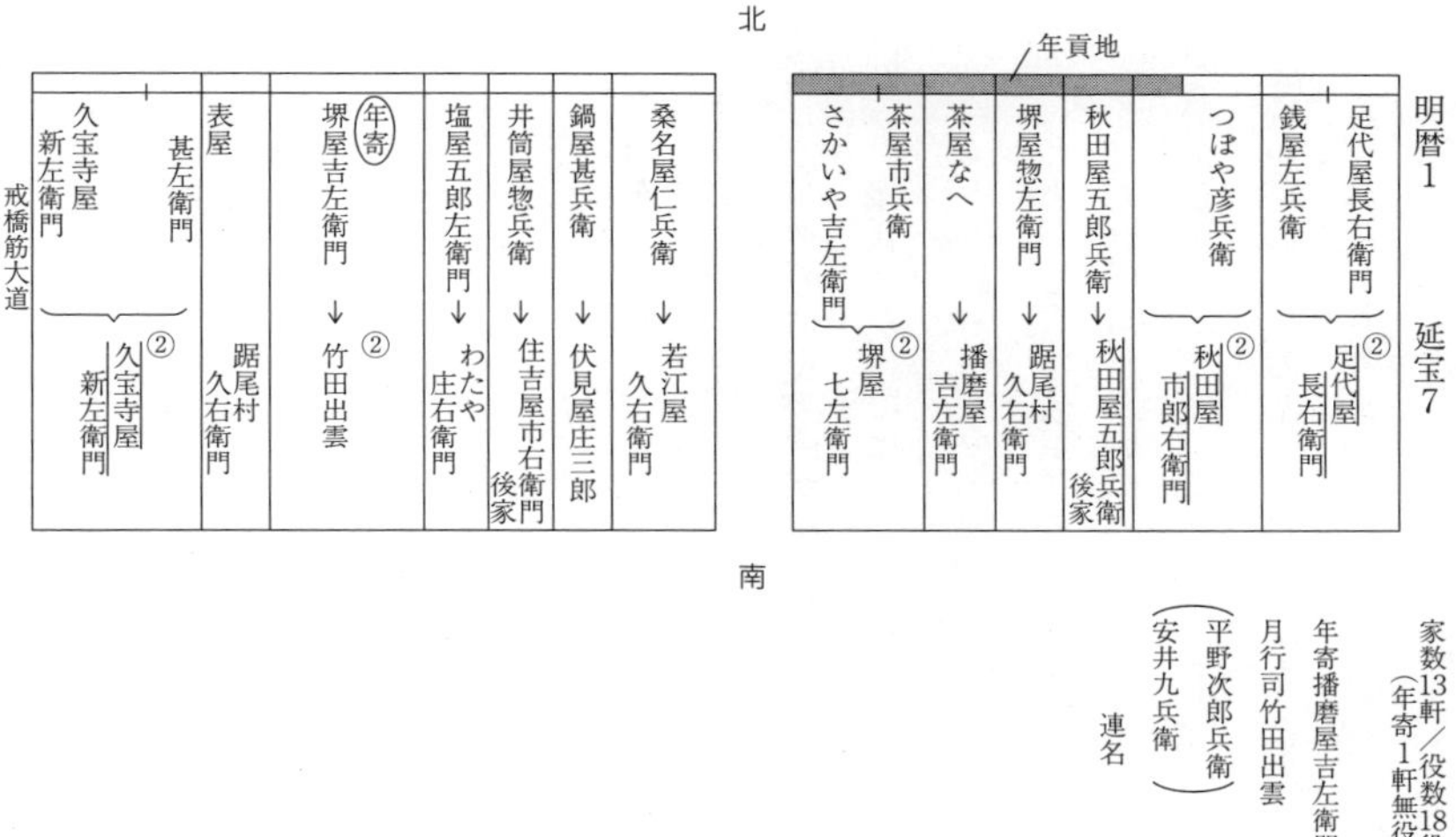

図5　道頓堀吉左衛門町水帳絵図

中に道路が通っているようです。ですから、家屋敷の敷地のあり様も変わっていっているわけですが、この図を対応させて考えると、大西芝居（元の竹本座）があった辺りと、明暦元年の年寄堺屋吉左衛門の所持する家屋敷、延宝七年では竹田出雲の所持する家屋敷が重なってきます。このことは、竹本座となる芝居小屋の芝居主が、元は吉左衛門町の年寄堺屋吉左衛門だったことを想定させるでしょう。それが二〇数年の間には竹田出雲が芝居主になっている。(3)

一七世紀には、吉左衛門町の西端に歌舞伎芝居があり、それが大西芝居だったということですから、図5でその位置を確認すると、地主に久宝寺屋新左衛門の名前が見えます。後の大西芝居は西端の位置にあったということも言われているので、そうだとすると久宝寺屋新左衛門の家屋敷がそれに相当します。延宝七（一六七九）年の「難波鶴」や元禄九（一六九六）年の「難波丸」（ともに塩村耕『古版大阪案内記集成』和泉書院、一九九九年所収）に、芝居主として久宝寺屋新左衛門の名前が見えるのと符合しています。つまり、この家屋敷の家持（＝地主）である久宝寺屋新左衛門が芝居主だったわけです。

なお、両者の間の家屋敷の地主が、泉州踞尾村の北村六右衛門家（ここでは久右衛門名）ですが、ここも芝居小屋の敷地と関係しているものと思われます（阪口弘之「大阪新田開発者の一側面」『堺学から堺・南大阪学へ―南大阪地域の文化基盤―』〈公開シンポジウム報告書〉大阪府立大学、二〇〇六年）。

中座のあったと思われる区画も、明暦元年の家持は（年寄）堺屋吉左衛門です。延宝七年には区画を拡張して、堺屋七左衛門が所持しています。芝居主も同様に変化したのではないでしょうか。ただ、明暦元年の段階では、この区画とその東隣は堺屋吉左衛門、茶屋市兵衛、茶屋なへというようなかたちで、割と小さく区切られていたことが窺えます。そこに茶屋が見られることが、注目されます。その二つ東の区画が、踞尾村の北村六右衛門家の家屋敷になっているのも注目されます。

こうした芝居町の土地所有のあり方と、芝居小屋の展開がどのように関係したかも注意しておかなければいけないでしょう。また、この地域は安井九兵衛家が開発を主導しましたが、その下で各町域ごとの開発を担った存在がいたことも注目されています（内田九州男「都市建設と町の建設」高橋康夫・吉田伸之編『日本都市史入門』Ⅱ、東京大学出版会、一九九〇年）。明暦元年段階でのこの地域の各町の年寄として、立慶町は芝居立慶、吉左衛門町は堺屋吉左衛門、九郎右衛門町は塩屋九郎右衛門、宗右衛門町は山ノ口屋宗右衛門、久左衛門町は播磨屋久左衛門という名前が確認されます。そうした各町域レベルの開発の担い手が彼らだったと思われますが、その中に、芝居立慶や堺屋吉左衛門、あるいは塩屋九郎右衛門のような芝居関係者がいることが注目されます（塩屋九郎右衛門は芝居主であり、歌舞伎の名代も持っていた）。

三　茶屋と木戸番

芝居町における茶屋と木戸番について興味深いことが窺える史料があります。それは、元禄一〇（一六九七）年に竹田近江と竹田外記の二人が大坂の町奉行所に提出した願書です（「道頓堀伊呂波茶屋覚書」『日本庶民文化史料集成』第六巻）。竹田近江は立慶町の年寄という肩書ですが、竹田のからくり芝居を担っている人です。年寄ですから、明らかに地主です。竹田外記は吉左衛門町の年寄ですから、こちらも地主ですが、図５の延宝七年のところの竹田出雲の地主の所から引き継がれて、竹田外記につながってきているのではないかと思われます。

この願書は、水茶屋の営業を認めて欲しいというものですが、そこには、この辺りの芝居茶屋がどういう状況だったのかが、よく示されています。第一条には、次のようにあります。

一、立慶町・吉左衛門町両町は、古来より芝居御赦免の地にて、諸国の人寄せ多く御座候に付き、芝居所始り候時分より、水茶屋出来仕り、次第に多く罷り成り、およそ両町の内に七十四軒、あるいは表借屋、浜納屋にて、水茶屋商売仕り候処に、この十二年巳前、右の水茶屋共、本茶屋並に成し下され、かの者共、両町の浜納屋明け退き、勝手の町に本茶屋仕り罷り在り、両町は淋しく罷り成り候御事、

この文面には、道頓堀界隈の中でも、立慶町と吉左衛門町の二つの町が芝居町として認知されていることがはっきりと示されています。そして、この二つの町内に七四軒の水茶屋が営まれていたとあります。それは、表借屋と浜納屋で営まれており、裏借屋ではありません。両町内で七四軒も水茶屋が営まれていたわけですから、先ほどの江戸の堺町と同じように芝居に関係する多様な生業の人たちが集まっているという様子が窺がえます。

ところが一二年前に、この茶屋たちは、水茶屋渡世ではなく、本茶屋渡世をすることを町奉行所から

認められましたが、表借屋の茶屋たちはそのまま本茶屋の営業を認められたのに対し、浜納屋で営業していた者たちは別の町で本茶屋を営むことを求められました。浜納屋での恒常的な営業は認められないということでしょう。そのために、この芝居町の両町の中での水茶屋が減ってしまって、淋しくなっているという現状を伝えています。

第二条では、①この措置がとられたとき、今後道頓堀界隈で水茶屋を営むのなら、寺社門前のようによしず張りの仮設営業にするように命じられたが、既設の浜納屋を撤去することまでは求められなかったこと、②さらに六年前に「惣芝居の内にて御用相勤め候木戸の者十二人」に、残っていた浜納屋での水茶屋一二軒の営業が赦免されたこと、③その後、御用は一二人に限らず、木戸の者全体で勤めさせることとし、一二軒の水茶屋は芝居主たちに預けられることになったと説明しています。そして、第三条では、所賑わいのため、両町内で水茶屋営業を一二軒以外にも認めてほしいと願っていますが、この出願が認められて、いろは茶屋になっていくわけです。

ここで注目したいのは、木戸の者のことです。芝居の木戸の者の中の一二人は御用を勤めているとありますが、この御用とは、町奉行所の盗賊方の下での犯罪人の捜査や逮捕といった警察関係の御用です。大坂では、この役木戸と呼ばれる者たちと並んで、四ケ所の長吏・小頭など非人身分の者たちが、盗賊方の下で御用を勤めていました。そうした御用に対する見返りのような形で、水茶屋を営むことを認めるという措置がとられたものと思われます。但し、その後これは、御用を勤める木戸番を一二人に限定せず、木戸の者全体に拡張するということとの関係で、立慶町と吉左右衛門町の芝居主たちに預けられるということになりましたが……(4)。

この一二人の木戸番については、名代松本名左衛門芝居の木戸番、名代大和屋甚兵衛芝居の木戸番、名代大坂九左衛門芝居の木戸番、それから名代竹本筑後芝居の木戸番のように、名代誰々の芝居の木戸番という表現と、芝居主竹田近江の木戸番、芝居主銭屋市左衛門の木戸番というように、芝居主誰々の木戸番という二通りの表記の仕方で、名前があげられています。これらはいずれも道頓堀の著名な芝居小屋ですが、この表現の違いのもつ意味については保留しておきます。

とりあえずここでは、芝居町という存在を考えるには、江戸と同じように芝居に関係する茶屋とか、江戸での出方の者に相当するような、役者だけではない、様々な人がそこに関わって生活していることを見る必要があること、その一つとして木戸番もあるのだということを確認しておきたいと思います。その木戸番という存在が、大坂の都市社会の中では、警察関係の御用を勤めるという一風変わった位置づけにあることを確認いただけるかと思います。

おわりに

大坂の芝居町については、都市社会史の立場からの研究はほとんどありません。そのため江戸の研究を紹介し、どういう視角からの研究が必要かをまず示したつもりです。その上で芸能史のさまざまな先行研究でいわれていることの一端を紹介し、大坂の研究の可能性を考えて見ました。ただ、国文学や芸能史での研究蓄積にうといため、あげている事例は常識に過ぎないのではないか、また無理解の点も多々あるのではないかと恐れますが、お許しいただきたいと思います。

〔注〕

（1）香具師、乞胸、寄席などについては、吉田伸之著『成熟する江戸』（講談社、二〇〇二年）や同著『身分的周縁と社会文化構造』（部落問題研究所、二〇〇三年）所収論文などで詳細に論じられている。

（2）この点、久堀裕朗氏の助言をいただいた。

（3）この竹田出雲は、竹田近江の初名ではなく、その弟竹田外記とつながる者と想定される。この点も、久堀裕朗氏の助言をいただいた。

（4）『大坂町奉行所旧記（下）』（大阪市史史料第

四二輯）に見える役木戸の名前には佐助他一一名があり、その後に佐助倅左七が加えられている。役木戸は基本的に一二名だったことは変わらなかったものと思われる。

〔付記〕　本稿公表後、神田由築「近世『芝居町』の社会＝空間構造」（『近世社会史論叢』東京大学日本史学研究室紀要別冊、二〇一三年）、木上由梨佳「近世大坂芝居地の社会構造—道頓堀開発と芸能興行の展開—」（『都市文化研究』一六、二〇一四年）が発表されている。神田論文は、近世後期の大坂の芝居地の社会構造を全体的に把握しようとしたものである。木上論文は、新出の「安井家文書」（遠藤亮平氏・安井洋一氏所蔵、大阪歴史博物館寄託）から一七世紀の立慶町・吉左衛門町の家持の展開を示し、また芝居主と名代のあり方、歌舞伎とその他の芸能の関係を整理しなおしている。あわせて参照いただきたい。

補論3　近世大坂の人形浄瑠璃興行の周縁

はじめに

上方文化講座で、毎年わたしも話をさせていただいています。各年の講座で取り上げられた作品の内容に直接は関わらないのですが、人形浄瑠璃（文楽）が生み出されて、受容された社会的背景を考えようということです。

その一端は、「近世大坂の芝居町」（補論2）や「近世大坂における芝居地の《法と社会》―身分的周縁の比較類型論にむけて―」（第一部第二章）で書いてきました。前者では、道頓堀周辺の概要と社会＝文化構造の視点の重要性を指摘し、後者では、一七世紀の道頓堀の芝居仕置から大坂の芝居地のヘゲモニーを掌握しているのは芝居主であったこと、元禄期に役者惣判が行われることによって、（歌舞伎）役者の仲間集団の形成につながったことを指摘しました。

この論考では、少し違った側面から人形浄瑠璃（文楽）の興行について紹介したいと思います。わたしは、近世大坂の非人身分である垣外仲間の実態解明を研究テーマの一つとしていますが、その非人に関する史料群である『悲田院長吏文書』（解放出版社、二〇〇八年）の中に、竹本義太夫名代株に関する調査報告書が含まれていました。これは、芝居興行の「名代」に関わる紛争と身分社会の様相を考える上で興味深いものです。今回は、この史料を紹介したいと思います。

一　垣外仲間と「(竹本義太夫) 名代株売渡証文之事」

近世大坂の非人集団は、都市大坂の形成と並行して乞食・貧人として生み出され、集団化を遂げていきます。彼らは、天王寺・鳶田・道頓堀・天満の四ケ所垣外に集住し、垣外仲間を形成しました。各垣外には、トップに長吏が一人と数人の小頭がおり、「御仲」と呼ばれる垣外の指導機関をなしていました。その下に若き者と呼ばれる一般の小屋持ち非人がいました。以上が小屋持ち非人ですが、それらの小屋持ち非人に抱えられた弟子たちがいました。弟子たちは市中の町や町家（大店）に垣外番として派遣されることがしばしば見られました。

垣外仲間は、乞食・勧進によって生活のかてを得ていましたが、徐々に勧進の権利を確立していく一方、新たに生み出されてくる新非人・野非人に対する統制と救済をゆだねられるようになります。その延長上に町奉行所の下で警察関係の御用を勤めるようになりました。その御用は、盗賊方と定町廻り方の下での御用が主たるものでしたが、特に盗賊方の下での御用は長吏・小頭たちが中心に勤めました。そこでは、与力たちの御供とともに、彼らが独自の犯罪捜査や捕縛にあたることもあり、一八世紀末から一九世紀には大坂周辺だけでなく、西日本の広域に及ぶ活動を行うようになりました。そうした御用の一環として、さまざまな情報収集の活動も行うようになりました。

大坂の非人身分と垣外仲間について、詳しくは拙著『都市大坂と非人』（山川出版社、二〇〇一年）を参照いただくことにして、これ以上の説明は省略します。

さて、彼らが行った様々な情報収集活動の中に、竹本義太夫の名代株をめぐる一件が含まれていました。これに関する一連の史料五点が『悲田院長吏文書』（四五八～四六五頁）に収録されています。そこでは、一連の史料を文政四（一八二一）年と推定して収録されていますが、内容から判断して、天保四（一八三三）年のものです。天保三～四年頃に、河内屋藤兵衛と道具屋大蔵（文楽。いわゆる文楽翁）の間での上難波社境内の浄瑠璃小屋における興行をめぐるトラブルが問題化して情報収集が行われたと思われますが、その前提として天満屋源次郎と河内屋藤兵衛の間での竹本義太夫名代株をめぐるトラブルが一体で調べられています。

一連の史料は、四月二二日、五月一日、五月五日、五月六日作成のものと作成時期不明の文政一〇（一八二七）年五月付の証文の写しが含まれますが、下書きや再提出用のものなどであり、内容は重なりあっています。なお、四月二二日付の史料は、端裏書に「是ハ御懸朝岡様ゟ御下ケ有之候書付写」とあり、これは東町奉行所盗賊方与力の朝岡助之丞から渡されたもので、これから行う情報収集ための基礎情報ということかもしれません。また、この情報収集が盗賊方の下での行動であることがわかります。

この一件の経緯・相互関係は複雑なので、節を改めて詳述することにして、まず文政一〇年付の証文写しを紹介して、名代株について基本的なことを押さえておきたいと思います。もちろん、この史料もこの情報収集の中で作成された写しですが、証文として作成されているので、名代株の売買などがどのような形式で行われるかなどがわかるからです。まず、その史料「（竹本義太夫）名代株売渡証文之事」を引用します。

（端裏書）
「此通り承合候付奉差上候下書也」

名代株売渡証文之事

一竹本儀太夫名代株、我等所持仕罷在候処、勝手ニ付、此度其元殿え銀壱貫五百目ニ永代売渡シ、右銀子慥ニ受取申候処、実正也、

御公儀様御株帳面其元名前ニ御切替可被成候、然ル上は売渡候義ニ付、已来脇ゟ違乱妨ケ申者有之候得は、我等何方迄も罷出、急度埒明ケ、其元え聊も難義懸申間敷候、為後日名代株売渡シ証文、依而如件、

文政十亥年五月　天満屋源次郎

河内屋藤兵衛殿

一札之事

一其許殿所持竹本義太夫名代株、此度我等方え銀壱貫五百目ニ而買請申処、実証也、然ル処御頼ニ付、来子年八月迄之内ニ御買戻シ被成度御相対有之候ハヽ、譲り戻可申段致承知置候、為後日名代株買戻シ返り一札、如件、

文政十亥年五月　河内屋藤兵衛印

天満屋源次郎殿

端裏書は、これが情報収集の結果であることを示しています。前半は、天満屋源次郎から河内屋藤兵衛に宛てて、竹本義太夫名代株を銀一貫五〇〇目で永代に売り渡すという証文です。それに伴って、「御公儀様御株帳面」の名前を切り替えるように言っています。ここからは、浄瑠璃興行の名代が株となっていること、それが売買されることがわかります。さらに、名代株を記帳した「御公儀様御株帳面」が存在しており、その売買は株帳面の切り替えによって公的に認知される必要があったことが確認できます。

浄瑠璃の興行権である竹本義太夫（筑後）の名代は、一八世紀には名代主として竹田出雲が所持していました[1]。この名代主が株所持者であり、一九世紀前半には天満屋源次郎の手に入っていたものと思われます。

一般的な売買のあり方は、以上の売買証文によって理解できますが、この場合には、後半の「返り一札」がセットで作成されており、特殊な事情が背後に存在していました。すなわち、買主の河内屋藤兵衛から売主の天満屋源次郎に対して、来年八月までの間に買い戻したい場合には、天満屋源次郎に譲り

戻すことを約束しています。いわば、買戻し特約付きの売買証文ということになります。

前半の売買証文は、永代売りであり、株帳面を切り替えることを記していますが、後半のような特約がある場合、本来、株帳面の切り替えなどは行われないはずだと思います。金銭貸借をこういう売買の形で行うということも見られたのでしょう。

ともあれ、この事例が単純な売買契約でないのは言うまでもありませんが、その背景に何があるかは、次の一件を見るなかでわかってきます。

二　河内屋藤兵衛と天満屋源次郎の紛争一件

次に、河内屋藤兵衛と道具屋大蔵（＝文楽）とのトラブル、河内屋藤兵衛と天満屋源次郎とのトラブルの内容を見ていきましょう。一連の史料には、一件の関係者を順次取り上げる形で記されています。ここでは、この二つのトラブルに分けて、考えていきたいと思います。

まず、河内屋藤兵衛と天満屋源次郎の紛争一件の関係者は、次の通りです。

河内屋藤兵衛（二六～七才）とその父**藤兵衛**（五八～九才）：**藤兵衛**は堂島裏二丁目に居住し、無商売。その父**藤兵衛**は昨年一一月に三郷払いとなり、現在、下福島村に住居。父子ともに他人の揉め事に介入・世話するような存在。

天満屋源次郎（五七～八才、玉水源次郎事）：今橋一丁目近江屋平蔵支配借屋に居住。元は船町に居住して「身柄成者」（富裕な者）であった。天満屋は、安永四年頃から文政一一年一一月まで竹本座の浄瑠璃本の板株を所有した書肆である[2]。

たに（三八～九才、倅娘あり）：両国町薩摩屋宗兵衛借家に住む扇屋喜兵衛の同家儀兵衛の娘。天満屋源次郎の弟吉右衛門の元女房であったが、その不縁後、（父）**藤兵衛**の妾に。藤兵衛が儀兵衛の債権（銀二～三貫目）の取立てを代行したものと、**たに**の貯蓄銀二貫目を取り込む。それが**藤兵衛**の三郷払いの原因となる。

富松屋次郎兵衛（六〇才余）：堂島中二丁目辺に居住し、元按腹渡世。**藤兵衛**と懇意であり、彼を**源次郎**に引き合せる。昨年二月に病死。

一件の経緯は、次のようなものです。

天満屋源次郎は、二〇年ほど以前から、按腹渡世の富松屋次郎兵衛の療治を受け、馴染みとなり、次郎兵衛は昼となく夜となく源次郎方に出入りするようになります。一五～六年前に源次郎の親類方で問題が生じた際、源次郎自身は病気で対処できなかったのですが、それを次郎兵衛に話したところ、懇意の「発明成るもの」がいるとして、河内屋藤兵衛を紹介されたのです。これにより、源次郎と藤兵衛は昵懇になります。源次郎は徐々に困窮に陥り、八～九年前に藤兵衛の口次（紹介）で借金をします。利息銀も滞りがちで、仲介の藤兵衛から厳しい催促を受けることになります。

その返済のため、源次郎は次郎兵衛に金五両を持たせ、藤兵衛のところに行かせますが、これを次郎兵衛が取り込んでしまいました。藤兵衛は、この五両を考慮することなく、返済を求め、藤兵衛を貸主として都合銀一貫五〇〇目を用立てることにして、作成したのが先に紹介した竹本義太夫の名代株売渡証文というわけです。藤兵衛は、源次郎が竹本義太夫の名代株を所持しているのを聞き及んでおり、源次郎が病気なのに付け込んで、売渡証文の下書きを書いて、調印するか、借銀を返済するかを求めたのです。源次郎は、買戻し特約もあり、本当に売ってしまうという心積りはなかったのですが（借銀の形式との考え）、藤兵衛は町奉行所の株帳面の名義を切り替えてしまいます。

二年前に、株帳面が切替えられていることを知った源次郎は、次郎兵衛を間に立てて交渉しようとしますが、次郎兵衛も昨年二月に死んでしまい、埒が明かず、源次郎は今も立腹しているとのことです。藤兵衛父子は、他人の揉め事に介入するような存在と言われていますが、妾同様としたたに父娘からも銀四～五貫目を取り込んでしまい、父藤兵衛は三郷払いとなっています。源次郎所持の竹本義太夫名代株も最初から自分のものとする心算だったのではないかと思います。源次郎は、自分の返済金五両を取り込んだ次郎兵衛を間に立てて、藤兵衛と交渉しようとしましたが、これは土台無理な話だったのではないでしょうか。おそらく藤兵衛父子や次郎兵衛はアウトロー的要素をもった存在だったのではないかと思います。

さて、ここで注意しておきたいのは、竹本義太夫名代株の所持は、町奉行所との関係では名代帳に登録されることで確定するのですが、社会的にはそれを表象する物品が存在していたことです。以下、その事情を少し見ておきましょう。

天満屋源次郎は、竹本義太夫と書いた額とそれに添えられた折紙、ならびに櫓幕を所持していたとあります。この額と折紙は、竹本義太夫が存生中に「堂上方」の者（＝公家、但し誰かは不明）から書いてもらったものとのことです。これらは、以前は浄瑠璃作者（竹本座座本）の竹田出雲の所持となり、その後塩町辺りに居住していた吉川惣兵衛が持ち主となりました。そして、八〇年余り前に吉川惣兵衛から天満屋（玉水）源次郎の亡父源次郎が存生中に金一〇〇両程で譲り受けたと言います。吉川惣兵衛は、天満屋の前に、明和初年から安永四年頃まで竹本座浄瑠璃本の板株を所有した書肆で、安永二（一七七三）年六月一日には竹田文吉（三代出雲）から竹本座名代を継承した人です[3]。おそらく板元交代時に、天満屋源次郎に金一〇〇両で売られたものと思われます（従って、右の「八〇年余り前」という情報は、間違いである可能性が高そうです）。

河内屋藤兵衛は、天満屋源次郎にこれらの品を差し入れ、表向き売端書（売買証文）を作成することで、銀主へ懸け合うと話を持ちかけています。売端書を作るが、これは質に入れるのではなく、銀子ができ次第差し戻すと説得しています。質入だと、返済できないと質流れになってしまうが、差戻しを前提にするものなので、一年半の年季を定めた返り一札を作成したというわけです。

以上のことから、竹本義太夫名代株とこれらの品物が、ほぼ同義で意識されていることがわかります。言い換えれば、社会的にはこれらの品物が竹本義太夫名代を表象するものと認識されていると言えます。

なお、この額については、次のようにも言われています。

「前々は浄るり太夫仲間ニ而も右義太夫高名を慕ひ、何れニ而も、竹本座浄るり興行中は、惣座中より此もの方へ右額を借受候由、右興行相済候上ニ而ハ、心持次第為謝礼聊宛銀銭相送候儀有之候処、年を経候故、当時は右様之義無之、何れニ而も浄るり興行之節、右額借請候義無之様相成候由」

太夫仲間の者たちも竹本義太夫の高名を慕って、竹本座の浄瑠璃興行の際は、この額を借り受けて、謝礼を払っていたが、今はそういうこともなくなったとのことです。これは名代株の持ち主（名代主）に発生する利益の源泉でしょう。

なお、この額は、以前に道頓堀芝居に渡していた時に火事で焼失し、現在藤兵衛が所持しているものは三年ほど前に源次郎方で作り直したものとのことです。また、藤兵衛に渡してある折紙一巻は写しであり、本物は源次郎方に置いてあり、櫓幕はその時々に取り換えているとのことです。これらも、名代株の売買は表向きのものだとするところから行われた駆け引きの結果かもしれません。

以上の河内屋藤兵衛と天満屋源次郎の一件からは、竹本義太夫名代株を表象する品々の存在とそれが生む得分の源泉を見て取ることができました。名代株が売買されるということの内実も窺うことができました。その一方で、公儀法度レベルでは、名代帳の切替えが重要な意味を持ったのです。

三　河内屋藤兵衛と道具屋文楽の紛争一件

次に、河内屋藤兵衛と道具屋文楽の紛争一件について見ましょう。まず、関係者を整理しておきます。

文楽 事　道具屋大蔵：浄覚町河内屋新兵衛借屋に

居住。上難波社内にある浄瑠璃小屋の持ち主。

八幡屋宗右衛門（六〇才余、惣右衛門とも表記）：岡崎町阿波屋儀兵衛支配借屋に居住する口入渡世の者。

紙屋茂兵衛（五〇才余）：玉造西伊勢町の坂本屋源兵衛借屋に居住。彼の妻子は難波新地三丁目河内屋伊右衛門借屋に居住しており、現在は茂兵衛もそこに引越し。中ノ芝居手代。

荒物屋半兵衛（四一～二才）：元京橋町嘉兵衛支配借屋に居住。中ノ芝居木戸番。

和泉屋利助：西高津新地六丁目河内屋茂吉代判是助の同家。元役木戸を勤め、当時隠居。

茂兵衛・半兵衛・利助の三人は宗右衛門の目論見に荷担し、腰押したとあり。

竹本義太夫名代株を自分の所持する形に持っていった河内屋藤兵衛（父）は、八幡屋宗右衛門と図って、倅藤兵衛を竹本義太夫の額の持ち主に立てて、上難波社内での文楽の浄瑠璃興行を差し止めることを目論みます。藤兵衛は、この額の持ち主に断らずに浄瑠璃興行を行うことはできないという主張で、前年（天保三［一八三二］年）八～九月ころ西町奉行所に訴えましたが、この時は取り上げられませんでした。竹本座での操り興行に際して、竹本義太夫名代を表象するものとして、この額を借り受けるということは以前から見られていましたが、藤兵衛はどこでだれが操り芝居を興行する時でもこの額所持者（竹本義太夫名代主）の許可がいるという理屈に拡張させたのです。

しかし、西町奉行所ではそれは認められませんでした。そこで、藤兵衛は今年（天保四年）三月に、今度は東町奉行所に出訴したのです。今回は、文楽が召出しの上、額所持者に断りなく浄瑠璃興行を行うのは筋違いなので、願人藤兵衛と対談せよと命じられます。そして、交渉（対談）の結果、今後興行の際は、額代として一日当り銭一貫五〇〇文を差し出すこと、これを指し出さない時は再び興行を差し止めるということになります。そのため、文楽は仕方なくこの額代を差し出しますが、これまでにない過分の出銭を課されては浄瑠璃興行を継続できなくなり、小屋掛けの者たちは歎いているということです。今回の情報収集は、東町奉行所盗賊方からの指示で行われているのですが、一旦藤兵衛の立場を支持するような形で文楽に対談することを命じたものの、浄瑠璃興行に携わる者たちの歎きを受けてどう対応すべきかを検討するために取調べを行ったのではないかと思われます。

ともかく、藤兵衛は日々銭一貫五〇〇文を取得することになったわけですが、八幡屋宗右衛門にとっては思惑とは異なる結果となったようです。宗右衛門は藤兵衛と結んで、文楽の浄瑠璃興行を差し止めたら、（竹本義太夫名代によって）道頓堀芝居で自分が浄瑠璃興行を主催し、藤兵衛には少々の謝礼を渡すつもりで出訴したのです。ところが、文楽の浄瑠璃興行は差し止めとはならず、自らが興行を主催するという道は閉ざされました。しかも、交渉の結果、藤兵衛の取得した銭一貫五〇〇文のうち、五～六〇〇文を宗右衛門に配分するという話も反故にされてしまい、とても立腹しており、藤兵衛を「可突殺候」とまで言っているとのことです。宗右衛門は、藤兵衛に代わって文楽との対談に当たったのですが、意図せざる結果となったのです。

宗右衛門が道頓堀の芝居小屋で浄瑠璃興行を主催することを意図していたことは、中ノ芝居の手代紙屋茂兵衛、同木戸番荒物屋半兵衛、元役木戸和泉屋利助が加担・腰押ししていることによっても確認されるでしょう。また、出訴以前に藤兵衛は三郷払いであるにもかかわらず、岡崎町の宗右衛門の居宅に度々相談に行っていることが指摘されていますが、この点も藤兵衛の問題性を示唆しようとするものとして注目されます。

この一件がどのように扱われ、どのような結果になったかは不明です。しかし、河内屋藤兵衛や八幡屋宗右衛門はさまざまな問題点が指摘され、文楽が困難に逢着していることに言及されていることを考えると、文楽の出銭は否定されたのではないかと思います。

おわりに

以上、垣外仲間の情報収集の活動の中に含まれていた竹本義太夫名代株をめぐる紛争の内容を紹介してきました。ここからは、文楽軒の浄瑠璃興行がどのように展開したかの一局面が窺えたと言えるでしょう。こうした困難を乗り越えて、文楽軒の浄瑠璃興行は展開していったのです。

竹本義太夫名代株の売買やそれを公的に認知する「御公儀様御株帳面」の存在が確認されました。竹本義太夫名代株（その所持者が名代主）は、竹本義太夫本人から竹田出雲（初代）へ、竹田出雲（三代）から吉川惣兵衛、そして天満屋源次郎へと移っていきました。竹本座の座本で浄瑠璃作者の竹田出雲のような存在から、吉川惣兵衛・天満屋源次郎のような竹本座浄瑠璃本の板元を経由していきました。この段階では、竹本義太夫名代株は芸能文化の周辺に所持されていたのですが、売買されることは河内屋藤兵衛のような存在へと移っていくことも避けられなくします。

また、八幡屋宗右衛門が道頓堀の芝居小屋で浄瑠璃興行を主催することを目論んだ時、中ノ芝居の手代や木戸番・元役木戸の関与があったことも注目されます。道頓堀の芝居地にも、藤兵衛や宗右衛門のような存在と結びつく者たちがいたことがわかるからです。

竹本義太夫名代株は、抽象的な株として存在していただけでなく、竹本義太夫と書かれた額や添付の折紙という物的存在によって表象されていたのです。他にも狂言尽し（歌舞伎）名代や浄瑠璃名代、説教名代、舞名代も存在していましたが、それらにも表象する物的存在があったのかどうか興味あるところです。

以前には竹本座での浄瑠璃興行に際して、額を借り受けて謝礼を贈っていたということですが、この紛争が起こった天保の時期には、こうしたことはなくなっているとのことでした。つまり、最近は名代株が意味を喪失する様相を呈しつつあったと言えるかもしれませんが、町奉行所に問題が持ち出されたことで、名代株の意味が復活するか、それともはっきり失効するかの分岐点に立ったと言えるかもしれません（結果は不明ですが）。あるいは、藤兵衛と宗右衛門が狙ったのは、竹本義太夫名代株を特定の場での自らの興行権という性格から、すべての浄瑠璃興行における許認可権（うわまえ取得）への拡張だったと言えるかもしれません。そうだとすると、名代株の意味復活ではなく、意味拡張への分岐だったかもしれません。

ともあれ、近世身分社会においては、いわゆる「株仲間」として思い浮かぶものをはるかに超えた多様な「株」が存在していました。名代株もその一つですが、わたしの研究テーマの一つである非人身分の垣外仲間にも、特定の町や町家に垣外番を派遣する権利であり、そこでの事実上の勧進権である垣外番株が形成されており、これもそうしたものの一つです。垣外番株は垣外仲間の内部で売買もさかんに行われていましたが、その売買は、当事者間の証文だけでなく、長吏・小頭「御仲」の管理する株帳面の帳切りで確認される必要がありました。名代株は町奉行所に株帳面が存在していたのと比べると、垣外番株は垣外仲間内の株帳面でしかないという違いが浮かび上がります（但し、町奉行所はその存在を否定していません）。その他、新地開発などと関わる茶屋株（拙著『近世大坂の都市社会』吉川弘文館、二〇〇六年参照）や公儀橋請負人に赦免された旅籠屋株（屋久健二「近世大坂の酒造働人口入屋仲間と都市社会」塚田孝編『大阪における都市の発展と構造』山川出版社、二〇〇四年参照）なども興味深いものです。

「株」を窓口にした都市の社会構造史は、近世身分社会の深い理解へと我々を導いてくれるのではないか、最後にそれを強調して、本稿の結びとしたいと思います。

〔注〕

（1）　木上由梨佳「近世大坂芝居地の社会構造―道

頓堀開発と芸能興行の展開―」(『都市文化研究』一六、二〇一四年)によると、享保二〇(一七三五)年の「道頓堀芝居名代幷座本惣元帳」には、竹本義太夫名代の名代主は竹田出雲とあり、そこに「長町二丁目　天王寺屋五郎兵衛」という貼紙が付されているとのことである。その後、「芝居主幷名代之覚」(元文五〔一七四〇〕年)・「道頓堀芝居主・名代幷太夫本・座本之覚」(延享三〔一七四六〕年)でも、名代主は天王寺屋五郎兵衛とあるとのことである。天王寺屋五郎兵衛は、竹本義太夫の元々の名前なので、おそらくその子孫と思われる。また、そこでは、竹田出雲が座本の芝居小屋は、芝居主が竹田新四郎もしくは竹田くらとなっており、竹田家と義太夫の子孫によって共同で支えられていたと想定できるのではなかろうか。これら、三冊の史料は、二〇一二年に新たに紹介された安井家文書(遠藤亮平氏・安井洋一氏所蔵、大阪歴史博物館寄託)に含まれており、今後の研究の進展が大いに期待される。

(2)　竹本座浄瑠璃本の板元であった書肆吉川惣兵衛と天満屋については、祐田善雄『浄瑠璃史論考』(中央公論社、一九七五年)、神津武男『浄瑠璃本史研究』(八木書店、二〇〇九年)を参照。なお、これらの点だけでなく人形浄瑠璃興行のさまざまな点について久堀裕朗氏から詳細にご教示いただいた。心から感謝したい。

(3)　注2に同じ。

第三章　宿と口入

はじめに

近世社会において、人と人が出会い、形成される関係を媒介する存在として「宿」は注目すべきものである。「宿」といえば、まず旅籠屋が念頭に浮かぶであろうが、御用や裁判に関わる公事宿・郷宿、口入を行う人宿・手間宿、商取引を媒介する商人宿・問屋など、「宿」は多様な機能と結びついていた〔吉田一九九七〕。本章では、この多様な「宿」のうち口入の機能に着目して、大坂の都市社会の一端を垣間見てみたい。

以下の話の前提に、あらかじめ都市大坂の概要に触れておこう〔塚田二〇〇二〕。

大坂は、江戸につぐ大都市で四〇万前後の人口を擁し、六〇〇を越える町（住民の自治団体であり、生活の基礎単位）があった。共同組織（＝団体）としての町の運営主体は家持であり、そのなかから町年寄が選ばれ、運営の中心にすわった。借屋も町内に多数居住していたが、そうした町の運営からは疎外されていた。これらの町は、北組・南組・天満組の三郷に分かれていた。各組には数名の惣年寄がおり、運営の場として惣会所が設置されていた。

大坂は江戸幕府の直轄都市であり、一般の城下町のように家臣団が膨大にいて、空間的にも武家屋敷が広く展開するというわけではなかった。それでも大坂城には、大坂城代（数万石の譜代大名の職）の下、定番（一〜二万石の譜代大名の職、玉造口と京橋口を担当する二名）、大番（大番頭に率いられる旗本五〇人の組、東小屋・西小屋を担当する二組）[1]、加番（一〜二万石の譜代大名の職、四名）が置かれ、警衛にあたった。大坂の民政は東西の町奉行（旗本の職）が与力・同心らを指揮して担当した。また、西国を中心とする諸藩の蔵屋敷（一五〇カ所ほど）があった。都市大坂を考える場合、このような武士身分の存在も忘れることはできない。

一　番衆の下々と宿

1　大坂の例触

近世の大坂では、毎年同じ日に同じ内容で出される町触があった（以下、これを例触と呼ぶ。なお、大坂の町触は『大阪市史』第三・四巻に編年で収録されている。以下、町触についてはとくに断らない限り『大阪市史』による）。こうした例触は、一七世紀後半から一八世紀初頭にほぼ定着していき、享保期以降ほぼ毎年一〇種の例触が出されていたのである〔塚田一九九八〕。

例年正月一一日には二つの町触が出された。この二つは、一七世紀半ばから確認され、例触のなかでももっとも古くから出されたものである。このうち、御用始三カ条と称される三郷惣年寄に対する指示の例触①については以前に検討したことがある（これは、本来は町触ではなく惣年寄への指示であったが、すぐに町内へも通達することが求められ、町触として扱われていく〔塚田一九九八〕）。

ここでは同日に触れられた例触②の検討から始めよう（ここでの引用は、「大坂御仕置留」大阪府立中之島図書館蔵による）。

御番衆下々、幷出替ハり候者、宿事

一御城中御番衆之下々、暇出シ被申候者、侍小者ニ不寄、町中宿借申間敷事、
一出代之奉公人、主取不仕候内ニ、ぬすミ又ハ致狼藉候ハヽ、宿主ニ可懸事、
一二月廿日・八月廿日以後、主なしの小者中間ニ宿借候者於在之ハ、宿主可為曲事、幷五人組同然之事、
付、町人召仕候六尺小者、二月廿日・八月廿日前は出代候共、廿日ゟ以後ハ、我侭ニ出し申間敷候、但、主之気ニ不入者ハ各別事、
右之通、町中え可相触者也、

正月十一日　隼人
丹波

三郷惣年寄中

これは承応二（一六五三）年のもので、例触②が最初に出されたときのものである。大坂における出替り期日（一年季・半年季の雇用契約で一斉に契約切替えの行われる時期）は、このころ二月二〇日と八月二〇日の二回であったが、この後寛文一一（一六七一）年に江戸にあわせて三月五日の年一回にされた（寛政七年二月二二日付町触）。ところが、元禄八（一六九五）年までに三月五日と九月五日の年二回に戻っており、同年には三月五日と九月一〇日の年二回とされた（元禄八年五月十一日付町触）。これが、寛政七（一七九五）年に再度三月五日の年一回のみに変更される（寛政七年二月二二日付町触）。例触②は、この出替り期日の変化にともなう変更以外、内容的には幕末までまったく変化がない。

2　武家奉公人と宿

この例触②の内容を検討する前提に、高木昭作氏が明らかにされた「侍」と一季居の理解を踏まえておく必要がある〔高木一九八四〕。高木氏は、豊臣秀吉が天正一九（一五九一）年に出した「身分法令」に見える「侍」は、武士一般ではなく若党のことであり、「侍・中間・小者・あらしこに至るまで」は武家奉公人として括られること、こうした武家奉公人は近世初頭から一季居（一年季契約）が広く見られ、幕府権力も出替り期を過ぎても浪人状態にある奉公人を禁止したが、一季居契約自体は公認していたことを解明された。例触②の第一条の「御番衆」（定番・大番・加番）の「下々」とは、武家奉公人のことを指しており、そこには「侍」（＝若党）から小者までを含んでいるのである。

以上を踏まえると、三カ条の内容は次のように理解できる。

①　大坂城の番衆の奉公人で暇を出された者は、侍から小者に至るまで誰であっても、町内で宿を貸してはいけない。

②　出替りの奉公人が新しい主人を見つける前に、盗みや狼藉をはたらいたならば、宿主の咎とする。

③　二月二〇日・八月二〇日（出替り期日）以後に浪人状態（主なし）の奉公人（小者・中間）に宿を貸す者がいたら処罰する。五人組も同罪。

町方の奉公人についても、二月二〇日・八月二〇日以前に出替りさせることは構わないが、二〇日以後にわがままに暇を出してはいけない。ただし、主人の気に入らない者は例外である。

これら三カ条はいずれも武家奉公人を主たる対象としていることは明らかである。②③はともに、出替りを前提にしており、出替り期日前に新しい主人を探している状態の奉公人に宿を貸すことは認められている。その上で、出替り期を過ぎて宿を貸すことは禁じられており（③）、また出替り期前の認められた宿貸しであっても、当人が犯罪を犯せば宿主も処罰する（②）というのである。

③の但書きに町方の奉公人への言及があるが、そこでは出替り期日以後に恣意的に暇を出すことを禁じている。これは、出替り期を過ぎると、奉公人の労働市場が収縮するので、解雇された奉公人が別の奉公先を探すことが困難になるための措置であろう。このことからは、基本的に出替り制は武家奉公人に対するものとしてあったこと、町方の奉公人も武家奉公人と労働力として同質のものだったことがうかがえる。後者の点については、町方の奉公人が六尺・小者と表現されているように、商家の営業に関わる奉公人ではなく、台所方の奉公人が想定でき、まさに吉田伸之氏が概念化された「日用層」なのである〔吉田一九八四〕。

こうした理解の上に立つと、①は出替り期以外の時期に解雇された武家奉公人に宿貸すことを禁じたものであることがわかる。そうだとすると、②③で認められている宿貸しは、出替り期前の一定期間であること、主人の側には基本的にいつでも暇を出す権限が認められていたことになる。

以上のように考えると、これらの箇条はすべて整合的に理解できるのではなかろうか。なお、例触②は、「御番衆」の抱える奉公人が主たる対象であったが、諸藩の蔵屋敷に詰めている武家の奉公人にも関わりが出てくることは言うまでもないであろう。

さて、ここで考えてみたいのは、この町触で言及されている「宿」を貸すということの意味である。ここでは出替りで新しい奉公先を求めている者に宿を貸すのであって、一定期間にわたる借屋人を置くということではないであろう（他の諸問題に関する町触では、宿主が借屋を貸す家主である場合もあると思われる）。もちろん、一般の家持や借屋が何らかの理由で第三者を宿泊させることもあるかもしれない。しかし、もっと異なる状況が潜んでいるのではなかろうか。

二　人宿の可能性

1　江戸の人宿

例触②に見える宿を貸すという行為が何を意味するか考えるために、江戸の人宿についての吉田伸之氏の議論を参照しよう（吉田一九九七）。吉田氏は、武家奉公人を中心とする多様な日用層の働き口を紹介（口入）する人宿の存在形態を詳細に解明されている。一八世紀以降では、二〇〇～四〇〇軒ほどの人宿が一一の番組に編成されており、幕府諸機関や諸藩邸に奉公人を紹介して口銭（手数料）を得ていた。人宿は働き口を求める者を寄子・出居衆（同居人）などとして宿泊させており、それが人宿と呼ばれるゆえんでもあった。吉田氏は、江戸では一七世紀前半には確実に人宿が存在していたことを指摘されているが、それについて具体的には述べられていない。そこで、この点を出替り奉公人に関する江戸の町触から探ってみよう。

表1は、一七世紀半ばの一季居や出替りに関する江戸の町触を一覧にしたものである。次の史料は、寛文八（一六六八）年正月二七日の町触である（『江戸町触集成』第一巻、№六四二）。

一如例年、一季居之奉公人、当二月晦日切ニ有付可申候、二月晦日過候ハヽ、宿借シ申間敷候、附、去年も相触候通、人請ニ立候もの、親類縁者、同在所慥成もの、又ハ知音好身有之候者ハ、慥成下請ヲ取、立可申候、尤も一目知人、行衛不存もの一円人請ニ立、奉公ニ出シ申間敷候、

（一カ条略）

一町中借屋店かり地かり之ものともかたニ、てい衆と名付、徒者数多抱置、人請其外出入出来間《（候脱カ）》、前かた

相触候通、てい衆壱人も指置申間敷候、若好身有之、てい衆ニ指置候は、家主方断ヲ申、てい衆ゟ直ニ店請手形家主方え取置、店衆同前ニ仕指置可申候、自然家主ニ隠シ、てい衆置候者於有之ハ、御穿鑿之上、急度可被仰付候事、

申ノ正月廿七日

（以下、請書き部分省略）

この時期、江戸では二月一五日から三月五日まで変化があるが、年一回の出替りであった。寛文八年は二月晦日までに出替りすることが求められていた。第一条では、二月晦日を過ぎて、宿を貸すことを禁じ、さらに人請に立つ者は確かな下請を取ることを求めている。第三条では、店借・地借の者が出居衆と称して多人数を

表1　一季居・出替り関係町触（17世紀半ば）

年月日	内　容
慶安２．１．12	日光社参ゆえに奉公継続
承応２．１．28	２月15日前の出替りを
承応２．９．29	日用取の宿
明暦２．２．３	２月20日の出替り
明暦３．１．25	火事につき続勤
明暦３．１．30	火事につき続勤
明暦３．12．17	牢人宿
明暦３．12．20	続勤
万治２．１．18	２月20日の出替り
万治２．２．16	２月20日の出替り
万治２．２．21	一季居の牢人の宿禁止
万治２．７．28	奉公人の請人
万治２．８．２	奉公人関係11ヵ条
万治３．２．17	２月20日の出替り
万治３．２．29	一季居の牢人
寛文３．１．29	出替り期
寛文５．１．19	２月30日の出替り
寛文５．10．３	人請に立つ者、下請を取るように
寛文６．１．13	２月30日の出替り
寛文６．１．13	下請
寛文６．３．９	一季居の牢人
寛文６．10．９	人請方の出居衆について
寛文６．11．３	奉公人、請人の欠落
寛文７．１．22	下請／日光法事勤続／欠落
寛文７．11．11	人請方の出居衆について
寛文８．１．27	２月30日の出替り／欠落／出居衆
寛文８．12．26	旗本方の奉公人、３月５日出替り
寛文９．１．10	町人召仕も３月５日出替り
寛文11．２．—	出替り
寛文12．１．20	諸国も３月５日出替りに

（出典）『江戸町触集成』１（塙書房、1994年）より。

抱えおき、「人請」その他をめぐって紛争が生ずるので、出居衆を抱えること自体を禁じている（ただし、親しい関係の者を出居衆とする場合は店衆と同じく店請手形を直接家主に差し出すことで認められている）。

江戸の場合も、出替り制はまずは武家奉公人に関わるものであったと思われる。寛文九年から出替り期が三月五日に変更されるが、その発端を示すのが、前年一二月二六日に「一季居之若党小者中間」は例年二月二日《（二〇日カ）》の出替りだが、旗本の奉公人は翌年三月五日まで雇用させるように命じた町触である。寛文九年正月一〇日に「町人召仕も一季居之分は同前之儀」として去年の請人のままで三月五日まで雇用し、当春召抱える者は来年三月五日までの契約とするように触れられている。この経緯にうかがえるように、一季居の奉公人はまずは武家奉公人が想定され、一部に町人の（台所方の）奉公人が含まれていたのである。

このような武家奉公人を中心とする出替りの規定は、その期日を越えて宿を貸してはいけないという点では大坂とまったく同じである。それに加えて、先の町触では、宿を貸した者が奉公人の請人になっていることがうかがえた。その場合、親類縁者・知人など本人の身元を保証できる確かな者を下請[3]に取るよう命じているので、請人になる宿主は本人の身元を十分把握できていない存在だということになる。それは宿主が、みずからの元来の知合いの者の奉公にあたって請人となるということではなく、奉公先を求める者に働き先を紹介する存在であること、すなわち口入業を生業としていることを示している。

第三条によれば、徒者（悪事に手を染めかねない者）を出居衆として抱え置いている者が「人請」などに関わって紛争が生じているということなので、彼は請人となって出居衆を奉公先に紹介していることがわかる。だとすれば出居衆は働き口を求めている者ということになる。すなわち彼らは一季居の奉公人として働き口を求めている者を、一時的に出居衆などとして宿泊させ、請人として口入している存在なのである。ここには人宿という表現は見られないが、のちの人宿とまったく同じ業態の存在と見なすことができるのである。なお、こうした人宿にあたる者が店借・地借と想定されているのも注目されるところである。

こうして江戸においては、吉田氏が指摘されたように、一七世紀半ばには確実に人宿が展開していた。これを踏まえて考えると、大坂の例触②に見られた宿主も人宿と同様の者と見なすことができるのではなかろうか。

2　大坂の口入渡世

例触②において、武家奉公人の出替り期日前の一定期間（そう長くないと思われる）「主取」しようとしている者に宿を貸すことは認められていた。しかし、その期日を過ぎてまで宿を貸す（宿泊させている）ことは禁じられていた。ここからは、宿泊しているのは江戸の出居衆に相当する者で、宿を貸しているのは人宿に相当する口入業者と想定するのが自然なのではなかろうか。

もちろん、ここで規制の対象となっているのが、口入渡世の者には限定されないであろう。ふつうの都市住人（家持・借屋を問わず）が何らかの事情で「御番衆之下々」であろうとする者を宿泊させることもないとはいえない。吉田伸之氏によれば、一八世紀以後の江戸でも公認された番組人宿以外にも、一〇人以下の知人の働き口を紹介する行為は素人宿として容認されていたという〔吉田一九九七〕。大坂でも同様のことは想定されるであろう。

道修町三丁目の史料群（大阪府立中之島図書館所蔵）のなかには、一七世紀半ばからの宗旨人別帳が幕末まで断続的に残っている。寛文一〇（一六七〇）年から、その冒頭にキリシタン・博奕・遊女に関わる者がいないことを請合う三カ条証文の文言が記されるようになり、さらに天和二（一六八二）年から別の三カ条が付け加わる。その内容は、火事の際の拾いもの禁止、中間・小者への宿貸し禁止、人宿・人請の禁止であるが、元禄二年から婿入・嫁入の際の礫打ち禁止が加わる(4)。

そのうち中間・小者への宿貸し禁止、人宿・人請の禁止の二カ条が注目される。次にその二カ条を天和二年のものから引用する。

一御城中ゟ御暇出さるゝ中間・小者ニよらす、宿かし申間敷候事、

一人宿・人請・預り物仕間敷候、其外商売何とも不知もの、五人組として吟味仕可申候事、若不吟味にて悪敷者在之候ハヽ、相借屋五人組可為越度事、

この二カ条には、ここまで見てきたことが端的に示されている。第一には、問題になるのが大坂城（の番衆）から暇を出された武家奉公人（中間・小者）であり、例触②の第一条と見合っていることである。第二には、それが人宿・人請という商売と結びつけられていることである。ここには、一季居の武家奉公人に宿を貸す者が、口入＝人請を行う存在であることが端的に示されているのである。それが人宿と呼ばれていることもきわめて重要である。これにより、例触②において当初の段階から番衆の奉公人を口入する人宿が想定されていたことが確認できよう。

なお、人宿・人請禁止の箇条は、元禄二年より最初に「みたりに」という文言が加わり、箇条の後半がはぶかれる。これにより、人請・人宿の禁止のニュアンスがやや弱められている。また、中間・小者への宿貸し禁止の箇条は、元禄一一年の分には、「其外家々寺請状ニ書のせ申候人数之外壱夜ニても宿かし候ハヽ、家主五人組へ相断可申候」との文言が加わり、同一三年からは、「一夜ニ而も宿借シ申間敷事」に変えられている。これにより、大坂城（の番衆）から暇を出された中間・小者以外の者についても宗旨人別帳に載せられていない者（「寺請状ニ書のせ申候人数之外」）への宿貸しを禁止する内容が含まれることになった。しかし、二つの箇条の大枠は変化していないといえよう。

例触②は、この後ほとんど内容を変えることなく、幕末まで出され続ける。しかし、この道修町三丁目の宗

旨人別帳の前書の箇条には、一八世紀後半になって変化が見られる。明和四（一七六七）年までは先の内容であったが、次に史料の残る安永五（一七七六）年のものには、先の箇条に相当する部分は一括して以下のように変更されている。

一寺請状ニ書乗せ申人数之外、人別出入有之節ハ、早速相断、人別帳え相記置、不念之儀仕間敷候、別而宿所不相知者ハ、一夜ニ而も差置申間敷候、猥に人宿・人請仕間敷候、其外商売何とも不相知もの、五人組として急度相糺可申候事、

ここでは、宿貸しの規制対象として、城内の番衆の奉公人が明示されなくなっている。寺請状（すなわちこの帳面）に名前のない者を泊めてはいけないということは連続しているが、一季居の武家奉公人が前面に出ていたのが、きわめて一般的な規定に解消しているのである。但し、みだりに人宿・人請をしてはいけないということも連続している。前半とあわせて考えると、人宿・人請も武家奉公人を当然主要な部分として含むであろうが、人宿＝口入渡世にも幾分の変容が見られ、武家奉公人以外の口入をも含む内容になっているのではなかろうか。

この後、道修町三丁目の宗旨人別帳の前書は、一九世紀に至るまでこのような文言で固定する（但し、文政頃から判型が小さくなり、前書自体がなくなる）。次に、このような変化の見られた一八世紀後半以降の状況を見ることにしよう。

なお、菊屋町の宗旨人別帳には、一八世紀半ばまで、このような規定もキリシタン・博奕・遊女に関わる三カ条も見られない（阪本平一郎・宮本又次編『大坂菊屋町宗旨人別帳』第一～七巻）。しかし、宝暦四（一七五四）年から、①在家を借り仏壇を構え利用を求めることの禁止、②座敷談儀・辻談儀の禁止、③町中への清僧の逗留は二〇日以内という三カ条が前書に書かれるようになる。おそらく、宝暦二年七月の町触を受けたものであ

ろう。さらに宝暦一一年からは、それに加えて、キリシタン・博奕・遊女商売に関わる者がいないことを請け合う三カ条証文も書かれるようになる。

このことは、道修町三丁目の宗旨人別帳の記載は、大坂三郷で一律のものではなかったこと意味する。大坂における宗旨人別帳の形式には、各町ごとの独自性があったのである。しかし、人宿＝口入渡世をめぐる全般的な変容の反映をそこに見ることは可能であろう。

三　奉公人肝煎惣代の出願

1　出願の内容

明和八（一七七一）年三月、一二月と続けて奉公人肝煎惣代について出願があり、三郷町々に差障りの有無が尋ねられている（『大阪市史』第三巻の明和八年三月・一二月の部分）。

まず、三月二〇日には、これまで大坂には「奉公人口入候者」が決められておらず、取締りがつかず主人も奉公人も迷惑しているので、自分を「奉公人肝煎惣代」として認めてもらえれば、三郷ならびに町続き在領で二〇〇軒の口入を決め、奉公人の身元を紀し口入させ、肝煎惣代が請状に奥印すると、江戸の町人が願い出たことに対して町々の意向を尋ねる通達が出されている。この江戸町人からの出願において、次のような奉公人の種類が具体的に想定されている。

①　乳母奉公人、茶立奉公人など。これらはこれまで主人・奉公人双方から一割の口入料を取っていたのを半減する。

②　半季極めの奉公人は三匁の世話料だったのを半減し、続けて奉公する時には口入料を取らない。ただし、年季奉公人（すなわち長年季の奉公人）は最初に奉公した時だけ口銭（口入料）を受け取る。

③　武家方の奉公人は、これまでの世話人にそのまま任せる。

なお、一二月七日に再度町々に尋ねの通達が出されているようであるが、その内容を見ると、三月の提案をやや詳細にしたもので内容はまったく一致している。また、江戸の町人の出願という明示はないが、「御当地御武家様方御召抱之分ハ、御格式も存不申候ニ付、是迄之通」とあり、出願人は明らかに大坂の者ではない。さらに武家奉公人はこれまでの通りという点も、三月の出願と同じであり、両者は一連のものと理解するのが妥当である。そこで、一二月の通達の内容も加味しながら、①～③の意味するところを考えておこう。

①に相当する部分は、一二月の通達では傾城・茶立女・風呂屋髪洗女・旅籠屋給仕奉公人と表現されており、これは遊女もしくはそれに類する女奉公人の口入、すなわち女衒の存在を想定させるものである。枚方宿の飯盛旅籠屋を対象とした屋久健二氏の研究によれば、大坂の茶屋から枚方の旅籠屋に移動してくる飯盛女を世話する女衒と思われる存在が指摘されている〔屋久一九九九〕。この出願は、一つにはこうした女衒のような口入人の存在を前提とするものであった。

②に相当する部分では、半季奉公人の口入が想定されているが、それは③の武家奉公人の世話人と区別されている。一二月の通達では「大坂町々於所々、人置と名付、年季半季之口入世話仕」る者（肝煎）の株立てとその肝煎惣代を願うことが根幹に置かれている。ここに見える「人置」という表現は、寄子・出居衆として同居（宿泊）させ、奉公先を口入する人宿と同様の存在を想起させる。こうした存在と、③の武家奉公人を口入する存在とがまったく別個のものと考えることはむしろ想定しにくく、出願を認めてもらうために武家方に関わる③は別であるということにしただけなのではなかろうか。なお、そうだとしても、町方の短年季奉公人

（日用層たる台所方の奉公人など）の労働市場が広がりつつあり、日用層の労働市場における武家奉公人の比重が相対的に低下していることが反映しているかもしれない。これまた屋久健二氏の酒造仲間の研究によれば、一八世紀半ば以降、酒造屋に精米などの酒造働き人（杜氏などの蔵働き人ではない）の世話をもっぱらにする口入人仲間が存在していたことが指摘されているが〔屋久二〇〇四〕、これもこうした動向の一部をなすであろう。

②の但書きに見える年季奉公人については、主要には商家の店表の営業に関わる奉公人が想定されるが、これは主に親類または懇意の者など縁故による雇用が行われているものである。年季奉公人に関することがここに見えるのは、短年季の奉公人が同じ主人の下で勤めを続ける際には再度の口入料を取らないという提案と関連させて、長年季の者は最初の時だけ口銭を受け取り、二年目以降は受け取らないということで、あたかも重なる理屈であるかのように論理づけて盛り込んだものであろう。しかし、こうした店表の奉公人を口入する存在が一般化していたとは思われず、肝煎物代を出願した者はこれを契機に口入人が介在していなかった部分にも吸着して利益を得ようともくろんだものと想定される。それが、一二月の通達を受けた一つの町の返答において、これまで肝煎を介して召抱えれば口入料を出してきたが、「親類又ハ懇意之者」の世話で雇用する時は肝煎料を払うことはなかったと言っているのは、こうした実態が踏まえられているものと考えられる。

2　出願の性格

以上のように整理できるとすれば、この出願の性格は次のように言うことができよう。一八世紀半ばすぎの大坂では、女衒のような口入や、（武家方・町方にわたる）日用層の奉公人の口入（その中にも分化が見られる）など、性格の異なる口入渡世の者が展開してきていた。また、口入を通さず雇用する奉公人（店表の奉公人など）も当然存在していた。こうした状況を一定踏まえつつ、その内部からではなく、江戸町人というまったくの外部から、性格の違いを無視して、さらには口入を介さなかったものまで新たに包摂する形で、取締りを名目として肝煎物代の出願が成されたのである。この出願が認められた形跡は存在しないが、すでに口入渡世を行っている者からも、町々からも同意を得られるとは考えにくく、実現しなかったのも当然のことと思われる。

四　出替り奉公人と口入渡世

1　口入渡世の仲間

一八世紀後半の段階で口入渡世の者たちは、町奉行所から株仲間として公認されてはいなかったが、業態に応じて、さまざまなレベルで仲間をつくっていたと思われる。その一例が、酒造働き人を口入れする仲間で、享保一五（一七三〇）年には三〇軒あり、その後明和六（一七六九）年には一八軒となり、さらに寛政一二年（一八〇〇）には一二軒となっている〔屋久二〇〇四〕。こうした軒数の減少傾向は見られるが、文化九（一八一二）年には九軒で独自の式目を作成しており、酒造屋との関係で自生的に仲間を形成していたのである。これ以外には現在確認していないが、他にも存在していたことは十分想定される。

これが、町奉行所から公認される契機が、寛政七（一七九五）年二月二二日に出された出替り期日に関する町触である。それによれば、これまで大坂では、一季居の者の出替りは三月五日と九月一〇日の二回であったが、今後は三月五日の年一回の出替りとするというのである。先に触れたように、一七世紀半ばには、二月二〇日と八月二〇日の二回であったが、寛文一一（一六七一）年に江戸にあわせて三月五日の一回とされ、その後、三月五日・九月五日の二回に復し、元禄八（一六九五）年に三月五日・九月一〇日とされたのであった。

この出替り期日を年一回とする措置は、人情が実体だった古い時代の奉公人は年二回の出替りでも、主従の礼儀正しく大切に奉公したが、近年では奉公人の風儀が悪くなり、働き始めて二、三カ月はその家に不慣れで、少し慣れてきたら次の奉公先を探すことに気持ちが行き、奉公が等閑になっているという理由からなされたものであった。そこでは女奉公人が長く奉公人口入方に滞留し、身持ちが惰弱になっているということも問題にされている。

この出替り期日の変更と奉公人口入渡世の者に関する町触を踏まえて、寛政一二（一八〇〇）年九月、文政三（一八二〇）年三月一七日、天保一三（一八四二）年二月一三日に、その内容を再確認する町触が出されている。とくに寛政一二年の町触では、奉公人口入渡世の者の取締りが不十分であれば、「取締主法申立願出候ものも有之候は、其時宜寄、取計も品々有之事ニ候得とも、年来口入渡世いたし候事ニ付、一応此旨為触知候間」きちんと取締りを行うようにと伝えていることが注目される。口入渡世の者の対応いかんによっては、先の明和年間のような外部から取締り計画を出願する者がいたら、それを公認するかもしれないということが彼らに対する脅しと言ってもよい意味で言われているのである。ここには、口入渡世の者が「年来」渡世してきて社会に定着した存在であることが奉行所からも確認されていることが示されているとともに、先の肝煎惣代のような出願は彼らにとって容認できないものだったことがうかがえる。

2　「式目帳」

安政二（一八五五）年正月に「奉公人口入渡世人中」によって作成された「式目帳」・「申合連印帳」と名付けられた二冊の帳面が残されている（「佐古文書」大阪商業大学商業史博物館所蔵）。ここには、表2に示した奉公人口入渡世の者たちが連印している。この二冊の帳面からは、この段階の口入渡世の者の仲間が公認されて

表2　奉公人口入渡世人一覧

No.	町名	家主	名前人	印	備考
1	安土町二丁目	播磨屋角兵衛支配借屋	田中屋久右衛門	○	
2	油町二丁目	銭屋弥助支配借屋	河内屋菊次郎	○	
	鍛冶屋町二丁目	笘屋甚助借屋	加賀屋清作	○	貼紙①安政5、1改名
	鍛冶屋町二丁目	笘屋甚助借屋	河内屋長兵衛		貼紙②
3	安堂寺町一丁目	河内屋久右衛門借屋	泉屋弥三郎	○	
4	内本町二丁目	円龍寺借屋	京屋岩吉	○	
	内本町二丁目	円龍寺借屋	京屋徳松	○	貼紙①安政5、2改名
				○	貼紙②（印のみ）
	内本町二丁目	円龍寺借屋	榎並屋嘉兵衛	○	貼紙③
5	油町三丁目	河内屋善八支配借屋	阿波屋平助	○	
6	柳町	泉屋吉右衛門支配借屋	網干屋市蔵	○	
				○	貼紙①（印のみ）
	柳町	泉屋儀兵衛支配借屋	伊賀屋儀兵衛		貼紙②文久2、11、20切替
7	松本町	古金屋喜兵衛借屋	河内屋彦七	○	
8	白髪町	泉屋治兵衛借屋	松屋半兵衛	○	
9	弥左衛門町	車屋源右衛門借屋	越前屋宗兵衛	○	
10	南鍋屋町	柏原屋善兵衛借屋	網干屋卯之助	○	代判忠兵衛
11	橘町	丹波屋平兵衛支配借屋	大和屋伊三郎	○	
12	京町堀四丁目	升屋治兵衛支配借屋	北国屋新三郎	○	
13	櫂屋町	桜井屋佐兵衛借屋	姫路屋半兵衛	○	

14	常安裏町	山岡屋小兵衛支配借屋	大坂屋喜兵衛	○	
15	高麗橋二丁目	玉屋佐兵衛支配借屋	富田屋嘉助	○	
		河内屋宗兵衛支配借屋	和泉屋安蔵	○	貼紙①
16	大沢町	指物屋新兵衛借屋	山田屋善之助	○	
17	北谷町	葉屋重兵衛支配借屋	広嶋屋弥兵衛	○	
18	南濃人町二丁目	阿波屋新兵衛支配借屋	但馬屋安兵衛	○	
19	備後町五丁目	松屋利左衛門支配借屋	明石屋季兵衛	○	
20	南森町	和泉屋栄造借屋	河内屋久兵衛	○	
			河内屋勝治郎		貼紙①名前のみ
21	初瀬町	桑名屋吉右衛門借屋	万屋喜七	○	
22	高麗橋三丁目	紅屋徳兵衛支配借屋	和泉屋孫七	○	
23	淡路町二丁目	木屋治兵衛支配借屋	播磨屋久兵衛	○	
24	南久太郎町六丁目	越前屋庄助支配借屋	河内屋利助	○	
25	天満空心町	（家持）	紀伊国屋嘉助	○	
26	天満七丁目	大坂屋市右衛門支配借屋	茨木屋幸助	○	
27	本天満町	長浜屋弥右衛門支配借屋	明石屋久蔵	○	
28	久左衛門町	河内屋利兵衛支配借屋	目薬屋甚兵衛	○	
29	江戸堀一丁目	大塚屋源右衛門借屋	伊丹屋嘉助	○	
30	新町佐渡嶋町	鳥羽屋半右衛門支配借屋	紀伊国屋清七	○	
31	北新地一丁目裏町	米屋安兵衛借屋	阿波屋常七	○	
32	堂嶋新地中一丁目	堺屋藤助支配借屋	河内屋要蔵	○	
33	古手町	高嶋屋弥兵衛借屋	備前屋平助	○	

34	内骨屋町	備前屋徳五郎借屋	野村屋金兵衛	○	
35	島町二丁目	木綿屋源右衛門借屋	讃岐屋忠兵衛	○	
36	堂嶋新地裏二丁目	天満屋万助支配借屋	富田屋伊助	○	
37	堂嶋新地中一丁目	和泉屋八三郎支配借屋	近江屋伊兵衛	○	
38	納屋町	中屋広助支配借屋	家形屋利助	○	
39	安堂寺町一丁目	亀屋善左衛門借屋	奈良屋彦七	○	
40	堂嶋新地北町	綿屋五兵衛支配借屋	丹波屋庄助	○	
41	橘通八丁目	播磨屋清次郎借屋	南部屋利兵衛	○	申合連印帳にはなし
42	橘通八丁目	山田屋治郎兵衛借屋	淡路屋清助	○	申合連印帳にはなし
43～52は別の筆跡					
43	南農人二丁目	和泉屋五三郎代判藤左衛門借屋	淡路屋源兵衛	○	
44	糀町	播磨屋幸八借屋	三田屋清兵衛	○	
45	長浜町	紀伊国屋平兵衛借屋	河内屋清助	○	
46	順慶町三丁目	平野屋弥兵衛支配借屋	金屋徳兵衛	○	
この間に申合連印帳では53～70の18人が入る					
47	江戸堀五丁目	大庭屋治郎右衛門借屋	堺屋音次郎	○	
48	曽根崎村の内新地二丁目裏町	藤屋留吉借屋	大坂屋万吉	○	
49	天満綿屋町	大和屋久兵衛借屋	播磨屋伊助	○	
50	曽根崎村（長池）	升屋嘉助借屋	綿屋定吉	○	
51	北江戸堀四丁目	薩摩屋久兵衛支配借屋	山田屋市兵衛	○	申合連印帳にはなし
52	久左衛門町	大久保屋吉兵衛支配借屋	大和屋秀吉		代判長兵衛、申合連印帳にはなし
頁をあけて（以下、70まで式目帳では名前と印のみ）					

53	玉沢町	（家持）	播磨屋五郎兵衛	○	中合連印帳には印なし（以下70まで同じ）
54	大豆葉町	湊屋多兵衛支配借屋	新屋五兵衛	○	
55	西樽屋町	綿屋利八支配借屋	岸沢屋善助	○	
56	弥兵衛町	堺屋市兵衛支配借屋	丹波屋弥助	○	
57	京橋五丁目	橘屋伊兵衛支配借屋	橘屋儀兵衛	○	忠兵衛の貼紙
58	小倉町	谷屋武兵衛借屋	奈良屋重兵衛	○	
59	具足屋町	大和屋佐兵衛支配借屋	茨木屋定次郎		屋号に白紙の貼紙（印なし）
60	金田町	奈良屋市兵衛借屋	中村屋徳兵衛		屋号に白紙の貼紙（印なし）
61	松屋表町	松本屋たね代判長兵衛借屋	紀伊国屋忠兵衛	○	
62	油町一丁目	塩屋利兵衛支配借屋	和泉屋源兵衛	○	
63	南塗師屋町	綿屋助次郎支配借屋	笹屋彦五郎	○	
64	宗右衛門町	河内屋平次郎支配借屋	平野屋長兵衛		退転の貼紙（印なし）
65	宗右衛門町	象牙屋松助支配借屋	大和屋長三郎		退転の貼紙（印なし）
66	周防町	伏見屋善兵衛借屋	木屋五兵衛		退転の貼紙（印なし）
67	炭屋町	播磨屋治兵衛支配借屋	和泉屋安次郎	○	代判茂兵衛、名前の上に嘉兵衛の貼紙
68	小浜町	笠屋又兵衛支配借屋	嶋屋藤兵衛	○	
69	北堀江二丁目	平野屋新兵衛支配借屋	紙屋弥助	○	
70	久左衛門町	（家持）	三河屋礒次郎		屋号に白紙の貼紙（印な

以下、別の筆跡（追記か）					し）
71	谷町一丁目	多田屋新助支配借屋	和泉屋藤助	○	
72	土難波町	播磨屋藤兵衛借屋	吉野屋勘兵衛	○	
73	炭屋町	豊嶋屋七兵衛借屋	北風屋喜兵衛	○	
74	久左衛門町	大久保屋吉兵衛支配借屋	大坂屋源三郎	○	
75	常珍町	今津屋喜助支配借屋	伊丹屋伊之助	○	代判弥兵衛
76	大和町	河内屋伝兵衛支配借屋	伊丹屋徳松	○	
77	久左衛門町	大久保屋吉兵衛支配借屋	大和屋秀吉	○	代判長兵衛

（出典）安政二年正月奉公人口入渡世人中「式目帳」をベースに「申合連印帳」の情報を補った。

いること、および仲間の実態がうかがえる。

まず「式目帳」の構成・内容を見よう。「式目帳」は、冒頭から寛政七年二月の口達、寛政一二年九月の口達、文政三年三月の口達、天保一三年二月一三日の口達を書き記し、「右御触書御趣意之条々堅申合、銘々無実之渡世決而仕間鋪候、一同連印如件」と、これらの触書（口達を触書と表現している）を守ることを誓約している。続いて表3に示したような町奉行所や惣会所など各方面への出銀額を記し、「右之通、毎年年頭八朔御礼奉差上候段、一統承知奉畏候」と記している。これにより、この出銀は町奉行所や惣会所に年頭・八朔などの挨拶に出向く際に持参するものであることがわかる。この後、安土町二丁目の播磨屋角兵衛支配借屋田中屋久右衛門の他、表2に示した者たちの連印がある。

「式目帳」の構成は、以上のごとくである。冒頭の四つの御触れ（口達）は、先に触れた出替り期日と奉公人口入渡世の者について出された町触として紹介したものである。言い換えれば、安政二年の「式目帳」作成

表3　奉公人口入渡世人中より各方面への出銀規定

（町奉行所関係）		
東西奉行		金100疋宛
東西家老	4人	銀3匁宛
東西与力	地方役8人	銀1両宛
同	盗賊方6人	銀3匁宛
東西同心	目付役2人	銀2匁宛
同	地方役10人	銀2匁宛
同	盗賊方16人	銀2匁宛

（三郷関係）		北組	南組	天満組
惣年寄	銀一両宛（各人包）	5人（各1両）	4人（各1両）	3人（各1両）
惣代	銀2匁（全員で一包）	7人（14匁）	6人（12匁）	4人（8匁）
物書	銀2匁（全員で一包）	6人（12匁）	6人（12匁）	6人（12匁）
若衆中	銀1匁（全員で一包）	7人（7匁）	6人（6匁）	4人（4匁）
小使衆中	（各人規定なし）	3匁一包	3匁一包	3匁一包

御目付	手先2人	銀2匁宛

末尾に「右之通、毎年年頭八朔御礼奉差上候」とある。
（出典）安政2年正月奉公人口入渡世人中「式目帳」

までの時期に出された関連の町触すべてを書き上げ、その遵守を誓っているのである。その後の町奉行所・惣会所への挨拶と出銀規定の存在は、この奉公人口入渡世人たちの仲間が町奉行所から公認されていたことを示している。

ところで、明和八年の段階では、口入＝肝煎の仲間は公認されたものとしては存在していなかった。この「式目帳」の構成は、その公認の時期について手がかりを与えてくれる。すなわち、書き留められた町触の最初のものである寛政七年二月の口達が出された時点で、それを守らせるために仲間の公認が行われたのではなかろうか。おそらく、この町触を守ることを誓約した仲間の連印帳も作成されたであろう。それが、二度目の寛政一二年段階で一定の社会的定着を示すような文言が含まれる口達が出される背景をなしていたのであろう。ところが天保一三（一八四二）年に天保改革の一環として、株仲間の解散が行われ、公的には奉公人口入仲間も解散させられたものと思われる。その後、嘉永四年以降株仲間解散令は撤回され、株仲間の再興が行われていく。大坂の奉公人口入仲間もこの安政二年段階で表向き再結成が行われ、「式目帳」と「申合連印帳」が改めて作られたのではなかろうか。その際、自分たちの株仲間公認の契機となった一連の町触を再確認することで、みずからの仲間のアイデンティティを確認したものであろう。これが、四つの町触が冒頭に置かれた理由だと考える。その後は仲間構成員に変化があると、この帳面の連印部分に貼紙がされており、この帳面が仲間の運営において現実に用いられていたものであることがわかる。

3　「申合連印帳」

以上のような「式目帳」に対して、「申合連印帳」は仲間内の申し合わせであり、「奉公人口入渡世人中」という仲間のあり方がうかがえる史料である。次にこれによって仲間の性格を見ていくことにしよう。まず、申合せ部分を引用する。

申合書

一奉公人出所不相糺、不埒成者、猥ニ口入申間鋪候事、
一奉公人出替ニ事寄、人を猥ニ差置為致寝泊り申間鋪候、且又喧嘩口論之儀無之様取計可申事、
一奉公人口入致候節、御主人先は不及申、奉公人又は親元迄も難儀差支候儀も不差構、我等一己之利徳ニ迷、世話料可貰儀を専一ニ致し、不実成致方、惣而人之害ニ可成儀を仕間鋪、一切正路ニ相慎可申事、
一銘々渡世人中之内え、取引万端何事に而も差障妨申候儀、決而致間鋪候事、
一奉公人差遣候目見中、万一取逃致候者有之候得は、早速一同方々え書付差出シ可申候、尤、似寄之者有

之候は、相互ニ知セ合可申候事、
右申合之通、堅相守可申候、万一相背候者有之候得は、渡世人中取引万端不致候共、一言違背申間鋪候、
依之一統申合、為後日為承知連判如件、
安政二乙卯年正月

安土町二丁目　播磨屋角兵衛支配借屋
田中屋久右衛門㊞
（以下、連印省略）

この後、田中屋久右衛門以下の連印者が続くが、「式目帳」の連印者と基本的に同じであり、表2に一括して示している。書留の部分に、この申合せに背いたら仲間から排除する（「渡世人中取引万端不致」）とあり、自立的な仲間のあり方がうかがえる。申し合わせている内容は、町触で規定されていることと大きな相違はないが、仲間の自主的な申合せとして取り決めているところが重要である。

そのうち第二条で、奉公人の出替りを名目に、人をみだりに宿泊させてはいけないとあるのが注目される。第一には、これらの奉公人口入渡世の者たちの口入の対象の中心に出替り奉公人があったという点である。このことは、必ずしも武家奉公人に限定はされないが、日用層の口入を中心にしたものであったことを示していよう。第二には、出替り奉公人が新たな奉公先を求めている間は宿泊させることが前提になっていることである。このことは、口入渡世と宿機能がこの段階でも密接に結びついていたことを意味する。まさに一七世紀から存在していた人宿につながってくる存在であることが示されていよう。

表2を見ると、奉公人口入渡世の者で家持は一人だけで、他はすべて借屋人である。また、その居住地を見ると、天満や西船場、堀江や島之内などが多く、船場のような都市大坂の中心部からは外れていると言えよう。

おわりに

ここまで、都市大坂における口入機能を持つ宿＝人宿について、その一端を見てきた。彼らは一七世紀半ばには確実に登場してきていたが、それは番衆を中心とする武家の出替り奉公人を起点として出発したものと思われる。その段階でも、町方の短期奉公人も存在していたと思われるが、武家奉公人に準ずる形で規制されていたのであった。そこには両者の労働力としての同質性（日用層）も示されていた。しかし、一八世紀には町方の短期奉公人も比重を増し、彼らを口入する者も展開していったと思われる。その一端が酒造働き人の口入屋仲間として確認される。そうした雇用主との関係で自生的にできた仲間は、多様に存在していたと思われるが、町奉行所から公認された総体としての口入屋仲間は存在していなかった。そうした状況をついて、肝煎（＝口入）惣代を出願する者も登場したのである。これに反対することを通じて、口入人の連携は強化されたと思われる。そして、寛政七年の出替り奉公人の統制を契機として、「奉公人口入渡世人中」として公認されるにいたったものと判断する。

その幕末期の到達点が表2に示された者たちである。もちろん、そうした段階でも酒造働き人のような自生的仲間を作っていた者たちは仲間として持続していた。それがまったく別個の存在であったのか、それとも両者は重層し、後者は前者に包摂される形で存在していたのかは、現時点では保留し、今後の課題としたい。また、これが明治期の雇人請宿などにつながっていくのであるが、この点も今後の課題としたい。

本章では、都市の下層民衆と武士や商家などの雇用主との間を媒介する存在が宿泊機能を持つことに注目して、近世における「宿」の一側面を見たのであるが、それは大坂の都市下層社会の存立構造の一部をなしていたのである。

〔注〕

（1）江戸幕府全体で大番組一二組の内、二組が一年交替で大坂で番に当たった。なお、加番も一年交替であった。

（2）江戸においては出替りが年に一回であったのに対し、大坂では年二回の出替りだったのだが、それは番衆の交代が八月上旬だったことに関係しているのではなかろうか。高木昭作氏は、そもそも春先の出替りは、一季居の牢人を百姓へと回帰させ、農業労働力を確保することを目的としていたことを指摘されている〔高木一九八四〕。大坂では、これに加えて、八月の大番・加番の交代によって、江戸に帰る番衆が雇っていた武家奉公人が奉公先を失い、新しい奉公先を探すことが必要となり、また新たに着任する番衆は奉公人を求めるという状況があったため、当初八月二〇日という出替り日が定着したのではなかろうか。

（3）下請を取って請人になるという行為は、明治初期の大坂における雇人請宿においても見られる〔佐賀二〇〇二〕。また、大坂の家請人仲間においても、家請人は下請を取って請人となることが原則であった〔西村二〇〇一〕。このことは、家請人に借屋仲介の機能が伴なっていることを推測させる〔塚田二〇〇五a〕。下請をとるという行為は、さまざまな仲介の業務と不可分の関係にあることが注目され、そうした視点からさまざまな対象を分析していくことは今後の視野の拡大につながる可能性がある。

（4）但し、天和二年の分は、本文に記した三カ条と人に頼まれた質物取次の禁止を記した紙片が帳面に挟み込まれている。次の年より四条目は見えない。

第二部　近世大坂の町と仲間

第一章　一七世紀における都市大坂の開発と町人

はじめに

近世日本では、大坂は、江戸・京都とならび三都と称せられる巨大都市であった。江戸は政治都市なのに対し、大坂は「天下の台所」と呼ばれる経済都市であるという固定的な性格付けが定着している。しかし、そうしたイメージへの安易な依存は、都市社会の実態を捉えそこなう落し穴となろう。

例えば、『大坂における都市の発展と構造』〔塚田二〇〇三〕所収の井戸田論文〔井戸田二〇〇四〕は、江戸で一七世紀末には呉服流通のあり方を変革した「現銀掛値なし」の「前売」[1]が、大坂では伝統的に形成されていた商法を一八世紀半ばまで陵駕できず、宝暦期に至り、両者の矛盾が争論として表面化したことを明らかにしている。また、井戸田氏は別稿で、大坂の呉服・古手商小橋屋が、江戸では「前売」によって排除された「売子」[2]を、一九世紀に至っても介在させていたことを明らかにしている〔井戸田二〇〇二〕。両論文の論点は、密接に関っているが、「経済都市」大坂が、先端的商法を受け入れるとは限らず、伝統都市においてはその地域で形成される伝統的社会関係・慣行を十分に考慮する必要性を示していると言えよう。

それ故、三都の都市研究を進めるには、巨大都市として共通する特質を解明するとともに、各都市の実態に

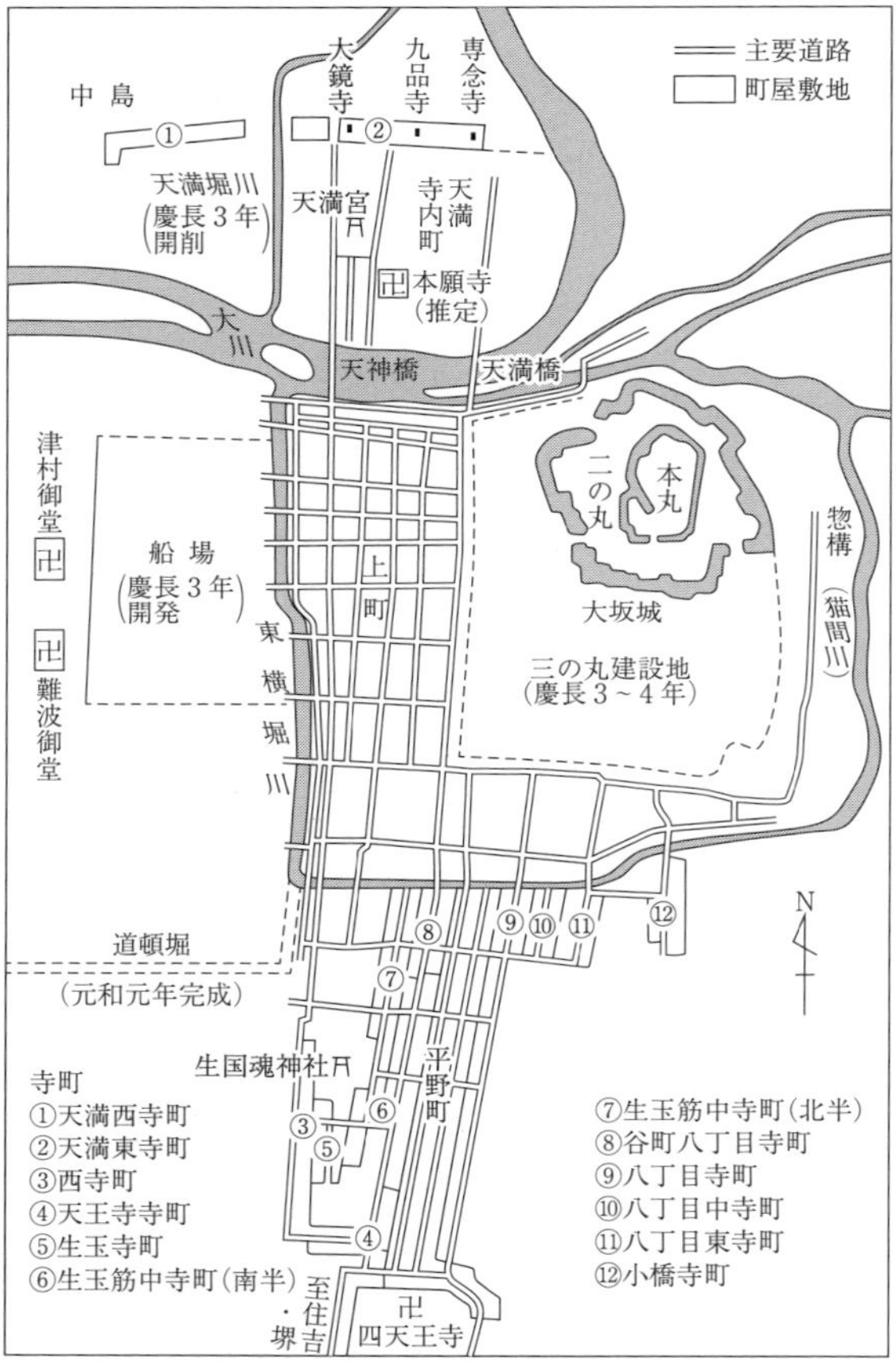

図1　豊臣期の城下町大坂（〔内田1989〕より）

即して、具体的な都市構造を把握した上で、それぞれの都市の比較が必要であろう。

本章では、そうした都市構造の形成過程を見ていく一環として、一七世紀の大坂の都市開発の状況を整理しておきたい。

ところで、都市大坂の形成については、内田九州男氏や伊藤毅氏の研究がある（〔内田一九八九・一九九〇など〕〔伊藤一九八七〕）。そこでは、①石山寺内町などの中世末の状況を踏まえながら、豊臣秀吉の大坂城と城下町建設に始まり、豊臣期には図1のような状況だったこと、②大坂の陣で打撃を受けたが、元和五（一六一九）年の江戸幕府直轄化以降、寛永期迄には西船場、島之内も開発が進み、三郷の骨格が出来上がったこと、③その開発には、伏見よりの町人の移動を伴う再開発、周辺農村の町への転換、町人請負の個別開発などのタイプが見られ、特に町人請負の開発は、堀の開削と結びつき大規模なものだったことなどが、明らかにされている。その状況は、一七世紀末の三郷絵図（図2）に示されている。その後、一七世紀末から堂島や

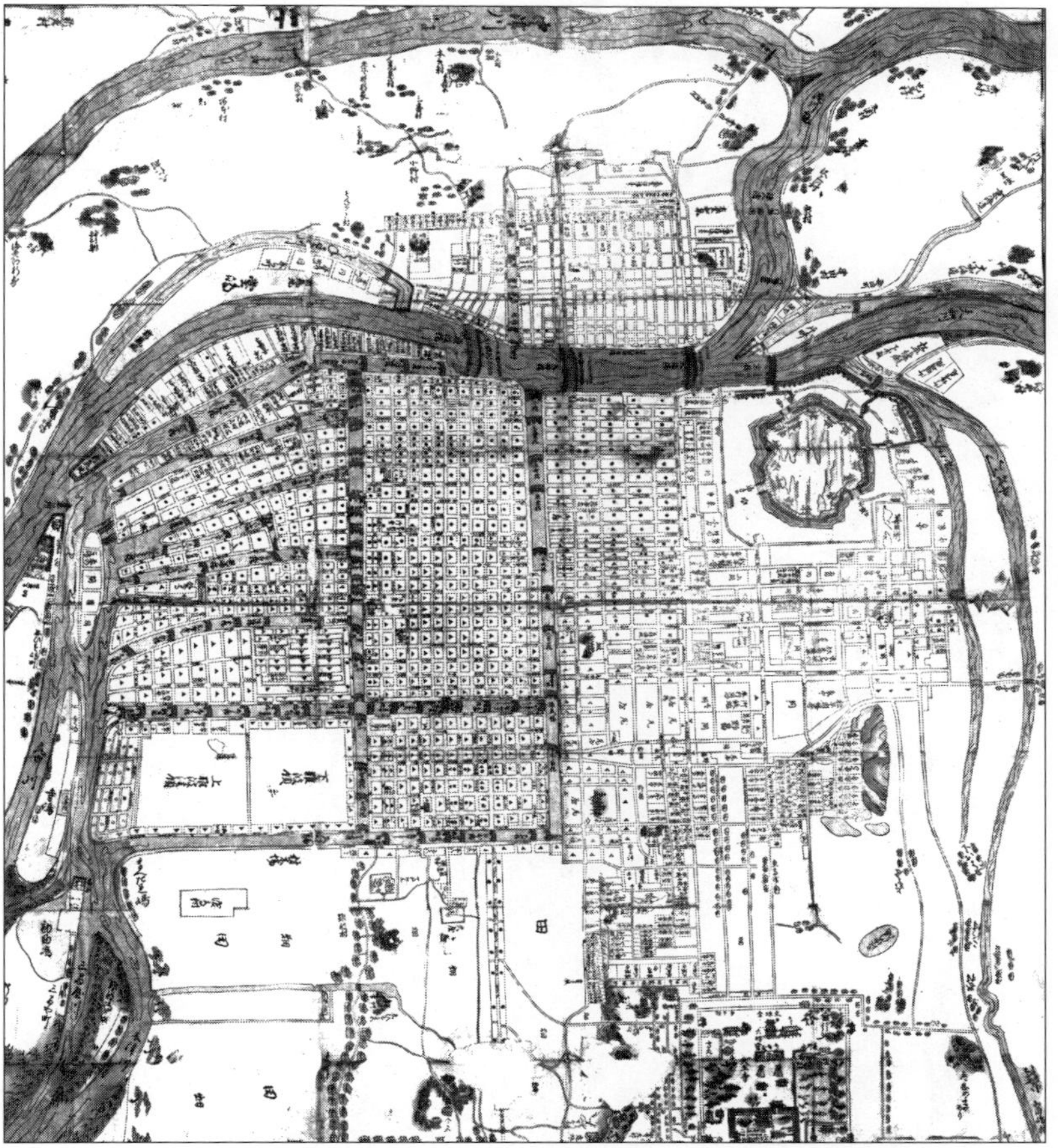

図２　「新撰増補大坂大絵図」貞享４(1687)年（大阪歴史博物館蔵）

図３　「増修改正摂州大阪地図　全」天保15(1844)年（大阪歴史博物館蔵）

堀江をはじめとする新地の開発が行われ、一九世紀には、図3のような状況になっていった。

以下、本章では、道頓堀開発に功績のあった安井九兵衛家の史料を読み直し、道頓堀周辺の限られた局面からではあるが、一七世紀の大坂の都市開発の一断面を開示するという手法で見ていくこととする。

一　道頓堀の開発

慶長一七（一六一二）年、成安道頓、安井治兵衛・九兵衛兄弟、平野藤次郎は共同で道頓堀の開削に着手した。ところが、治兵衛は翌年病死し、道頓は慶長一九年大坂冬の陣で豊臣方として籠城し、討ち死にした。安井九兵衛と平野藤次郎は徳川方に属し、夏の陣後、道頓堀を完成させた。内田氏は、慶長一七年に全長二八町・幅八〇間の土地を与えられ、幅二〇間の堀の両側に一〇間の浜地と道、さらにその外側に奥行二〇間の町屋敷を造成する予定であったこと、早期に町の開発が実現した東側半分について言うと、宅地造成者である安井家から、一定範囲を町開発者が買い取り、町人を誘致し町を開発したと想定している〔内田一九九〇〕。

以下、この時期に関する二、三の留意点をあげる。内田氏は、通説では元和一～五（一六一五～九）年の松平忠明期に行われたとされてきた大坂の再開発は、多くが直轄期以降のことであることを論証した〔内田一九八二〕。しかし、このことによって、豊臣期の大坂と徳川期の大坂の都市発展のイメージが断絶しているように思われる。道頓堀周辺の町開発については、内田氏も元和元年九月に松平忠明家老中から平野藤次郎と安井九兵衛に「家を立させ」るよう命じた折紙に言及しているが〔内田一九九〇〕、このことを念頭に置けば、大坂の都市開発は豊臣期から一七世紀にかけて一連の流れの中で再把握する必要があろう。

その際注目されるのは、安井家由緒書（『安井家文書』〈大阪市史史料二〇、大阪市史編纂所〉七・八号文書など）

で、慶長一七年に土地を「従御公儀様申請」、自分の費用で開発したと述べていることである。この時期、大坂城には豊臣秀頼がいたが、ここでの公儀が江戸幕府を指すとすれば、豊臣の城下町であるにも拘らず、幕府の直接的な介入が行われていたことになり、興味深い。秀頼を指すとしても、その滅亡後に道頓堀開発の正当性を主張するところで秀頼に対して「公儀」という表現をすることは注目されよう。何れにしても、道頓堀周辺の開発は慶長一七年から連続的に進められていくのである。

次に、安井九兵衛と平野藤次郎の関り方の差異である。元和元年に松平忠明家老中から、家建てと道頓堀関係の肝煎を命じられた折紙の宛先は、平野藤次郎と安井九兵衛の二人である（『安井家文書』二二号文書）。ここでは、道頓堀周辺の開発について二人は同じ立場と理解できる。ところが、平野藤次郎は元和二年に幕領の「御代官」に任じられ、彼が道頓堀に与えられていた屋敷は弟次郎兵衛に譲られた（以下は、『安井家文書』七・八号文書による）。一方、安井九兵衛は久宝寺村など松平忠明領の代官を兼ねた（久宝寺村は彼の出身地）。平野藤次郎の管轄地域は未確認であるが（出身地の平野郷は含まない）、そちらに拠点が移されたと言えよう。こうした状況で、元和五年に松平忠明が大和郡山へ転封され、直轄化された時、安井九兵衛は代官としての側面を失い、元和七年に大坂・南組の惣年寄になった。こうして、安井九兵衛は大坂の都市に拠点を置くことになった。道頓堀の開発に直接関った平野藤次郎の立場は弟次郎兵衛が踏襲していくが、安井九兵衛の立場が一歩優越していくこととなった。

二　開発の進展と安井家

明暦三（一六五七）年の「新板大坂之図」の道頓堀周辺を見ると、道頓堀の西横堀より東側は既に町場化

（黒塗り）しているが、南岸は大きく芝居小屋が描かれ、町家部分は他と違い白抜きとなっている（図4）。一方、西側の北岸は堀沿いに三分の二ほどの町場が展開し、南岸は開発が進んでいない。この状況を念頭において、安井家の土地所持を示す史料を見てみよう（参考図、参照）。

1　由緒書上から

延宝五（一六七七）年閏一二月一二日に安井九兵衛・平野次郎兵衛が連名で幕府巡見使に提出した由緒書上（『安井家文書』八号文書）には、次のような記述がある。

①　道頓堀二八町を自分の資金で掘り、裏行二〇間宛の屋敷を申し請け、家を立て町屋とした。

②　その後、道頓堀北側は残らず町屋になったが、南側西の方では表口六〇〇間・裏行二〇間ほどが現在も明屋敷のままで、九兵衛・次郎兵衛両人が所持している。

③　先代の安井九兵衛は、道頓堀周辺・玉造森町などで、四万三〇〇〇坪の明屋敷を松平忠明から下された。そのうち一万三〇〇〇石が焔硝場・定番米津出羽守下屋敷（寛文六［一六六六］年）として召し上げられ、さらに延宝元（一六七三）年より定番となった保科弾正の家来屋敷とされた分を失ったが、それ以外は現在も所持している。

④　松平忠明の時代には明屋敷に年貢は課されなかったが、直轄化以後は、初めは町奉行に、その後は代官に年貢を上納している。その年貢額は、明屋敷が御用地化したり、町屋化したため、変動（減少）している。

⑤　道頓堀南側の明屋敷に家を立てることを、曽我丹波守・松平隼人正が町奉行だった時に出願したが、認められず、その後寛文六（一六六六）年に町奉行彦坂壱岐守の許可を得て材木屋に材木置場として貸して

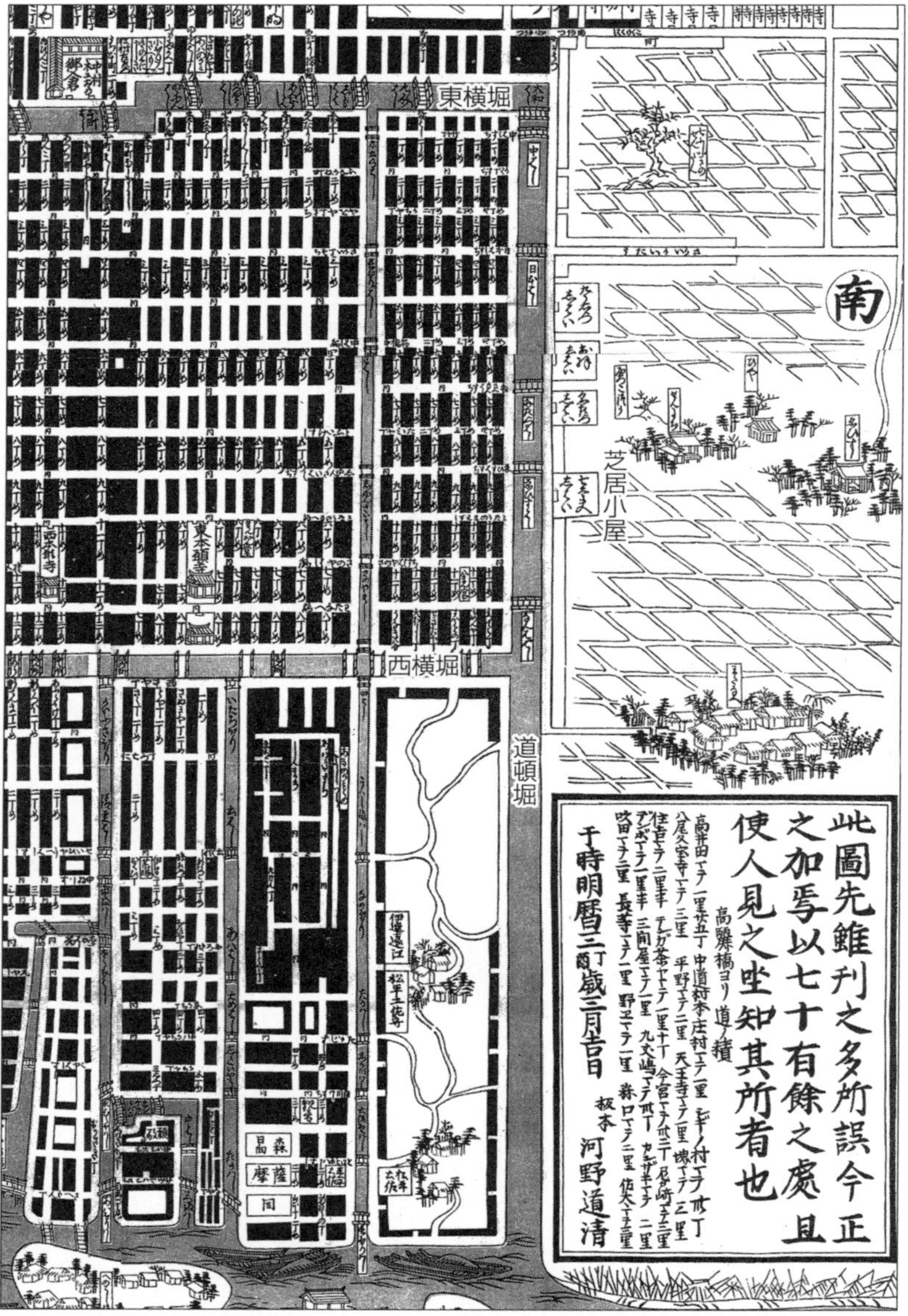

図４　「新板大坂之図」明暦３(1657)年（『古板大坂地図集成』清文堂出版刊より）

いる。

この由緒書上は、安井九兵衛と平野次郎兵衛の連名であるが、内容的には安井九兵衛が主導していることが明瞭である（例えば③の記述）。これは、道頓堀周辺地域への関り方の実態と照応している。後述するように、道頓堀西半南側の明屋敷は小作に出されているが、その小作証文の宛先はすべて安井九兵衛一人宛である。平野次郎兵衛から安井九兵衛に宛てて、そこから上がる収益の半分の受取証文が残されており（『安井家文書』一七六・八号文書）、実際に土地を掌握していたのは安井九兵衛だったことがわかる。これは、先に触れた開発の経緯とつながっている。

ここで所持している明屋敷は、請所とも呼ばれるが、そこは年貢が課される空間であった。しかし、そこが町屋に変わると、年貢は課されなくなったことが記されているが、それはそこが彼らの請所でなくなることをも意味した。慶長一七年に渡された全長二八町・幅八〇間の土地は、全体がこの請所の性格を持つものだったのではなかろうか[3]。

表1は、寛文七年の安井九兵衛の所持「家屋敷田地」をまとめたものである（『安井家文書』一二〇号文書）。そこには、

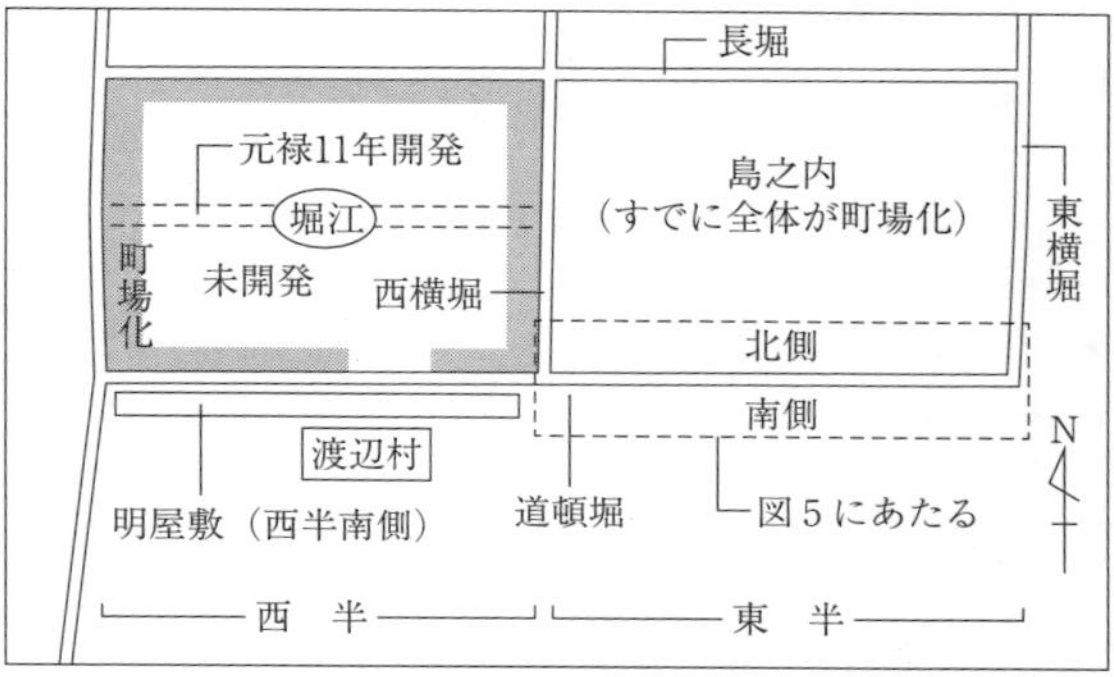

参考図

表1　安井九兵衛所持の「家屋敷田地」

No.	地目	広　さ	所在地
①	居屋敷	表42間×裏行20間	日本橋北東角
②	家屋敷	55間×　20間	日本橋北の方並び
③	家屋敷	21間×　20間	日本橋北西角
④	家屋敷	15間×　20間	（宗右衛門町）東角
⑤	家屋敷	10間×　20間	道頓堀五右衛門橋の南西角
⑥	家屋敷	12間×　20間	道頓堀えびす町
⑦	明屋敷	310間×　20間	道頓堀南側
⑧	田　地	高58石	河内久宝寺村

居屋敷一カ所、家屋敷五カ所、明屋敷一カ所（表口三一〇間とあるのは平野次郎兵衛と半分宛のためか）、久宝寺村田地が記されている。居屋敷（居宅）・家屋敷（それ以外）と明屋敷ははっきり区別されている。①〜⑥は、すでに町場化されたところに所持する家屋敷である。

2　道頓堀東半の町の開発

道頓堀東半分の両側の町場化について、内田氏は明暦元（一六五五）年の「北南道頓堀水帳」写の記載から、立慶町年寄―芝居立慶、吉左衛門町年寄―堺屋吉左衛門、九郎右衛門町年寄―塩屋九郎右衛門、宗右衛門町―山ノ口屋宗右衛門、久左衛門町―播磨屋久左衛門であることを確認し、彼らが安井久兵衛らから各町域を買い取って町人を誘致した町開発者であると結論づけた〔内田一九九〇〕。そして、その地域の概念図を示された（図5）。

延宝七（一六七九）年の「道頓堀吉左衛門町水帳絵図」（『安井家文書』一四六号文書）の記載と比べると、この「北南道頓堀水帳」[4]写の基本的部分は各町内の家屋敷を東から順に書き上げていることがわかる。この水帳の記載から町割りの状況を見よう。

北岸は、東から宗右衛門町と久左衛門町がならぶ（範囲不明の裏町部分は除く）。安井九兵衛は、宗右衛門町の東側に間口一五間・四一間半・二〇間（これは安井道卜名義）（奥行は何れも二〇間）の三つの連続した家屋敷を所持していた。同町内にはもう一カ所間口一七間の家屋敷を持っていた。山ノ口屋宗右衛門は、同町内西側に間口一四間・一三間の家屋敷を持ち、安井九兵衛と間口五五間の家持たばこ屋六左衛門に次ぐ大家持であった。一方、久左衛門町の年寄播磨屋久左衛門は表一五間・裏行二六間と表一〇間・裏行二〇間の二カ所の家屋敷を所持し、最大の家持であった。

南岸は東から立慶町・吉左衛門町・九郎右衛門町・木津組と並んでいる。立慶町には平野次郎兵衛の二カ所の家屋敷（二〇間・二〇間―徳寿名義／一三間・二〇間）があった。芝居立慶は間口五間と四間半の二カ所の家屋敷を持っていたが、同町内には、片桐石見守（貞昌）名代河内屋六右衛門（三〇間）、芝居太左衛門（三〇間）、阿波屋次郎右衛門（二〇間半）を始め、平野次郎兵衛以外にも立慶をしのぐ家持が多くいた。吉左衛門町の年寄堺屋吉左衛門は一〇間・五間の家屋敷を持っていたが、延宝七（一六七九）年には間口三間の家屋敷だけになっていた。九郎右衛門町の場合、年寄塩屋九郎右衛門は間口四間・奥行三〇間の家屋敷一カ所だけしか持っていない。しかし、彼は立慶町に間口一三間・奥行二〇間の家屋敷を所持していた。

南北両側にともに東側に、安井九兵衛と平野次郎兵衛の突出した家屋敷所持が見られ（特に安井九兵衛は広大）、彼ら以外にも一〇間以上の間口を持つ大規模家屋敷が多い。また、西側になる程、間口三～五間程度の小規模な家屋敷が多く見られる。特に九郎右衛門町の場合、間口一〇間の塩屋助左衛門は三軒、間口九間半の油屋与八郎は二軒、間口九間の茗荷屋竹蔵は二軒の家屋敷を併合した結果であった[5]。吉左衛門町では、これ以後延宝七年までに四カ所で家屋敷の併合がみられている（『安井家文書』一四六号文書）。すなわち、西側では細分化された家屋敷の状況が見られ、その併合の傾向が部分的に見られたのである。東西で町場化のあり方に違

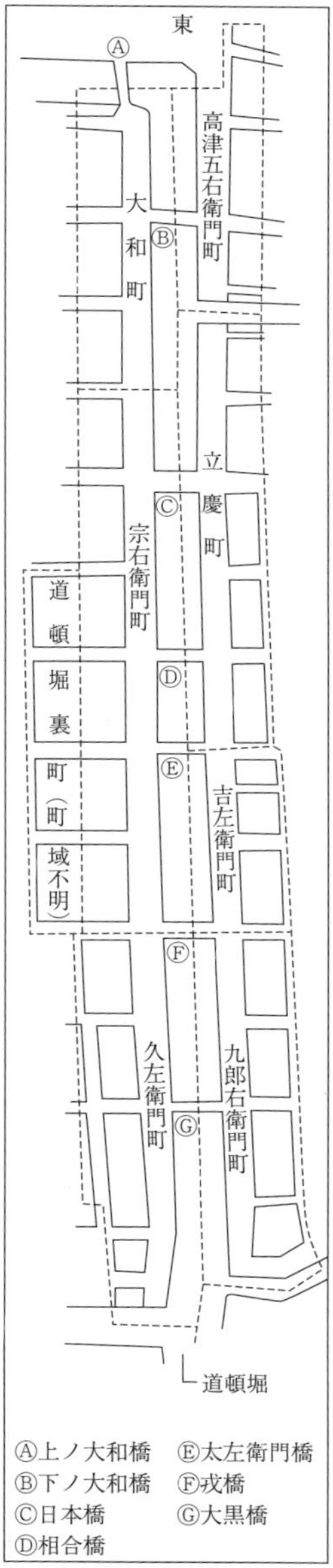

図５　道頓堀東半の町の概念図
（〔内田1990〕より）

いがあったことが想定される。

また、道頓堀の北岸と南岸でも違いが見える。北岸の宗右衛門町や久左衛門町では年寄は最大規模の家持であった。しかし、南岸の立慶町や九郎右衛門町では年寄は必ずしも最大規模の家持ではなかったし、塩屋九郎右衛門は立慶町により大きな家屋敷を所持していた。他の家持でも別の町に複数の家屋敷を持つ者を多く見出しうる。これらのことは、町年寄が、町域を買い取り、そこに町人＝家持を誘致して町の開発を行ったという内田氏の理解に疑問を抱かせる。むしろ、安井九兵衛らのイニシアチブで町屋敷の開発が行われ、そこでは東の方で大規模な屋敷割が行われ、西に行くほど細分化されたが、そこに定着した家持の中から各町内の下年寄となる者が現れ、その年寄の名が町名になったと考えられるのではなかろうか。

なお、先の五町と裏町部分の再編された御前町・布袋町、木津組を再編した湊町を合わせた八町の組合は、安井九兵衛と平野次郎兵衛の支配とされ、水帳にも、他の町のように町年寄・月行司だけでなく、安井・平野も連署した。しかし、これらの町の年寄は、一七世紀後半には下年寄とも称し、着任に当たって安井九兵衛に諸事差図を受ける旨の一札を差し出している（『安井家文書』一一五号文書）。ここにも実質的な統括は安井九兵衛によって行われていることが示されている。安井家にはこれら組合町の水帳が備えられ、帳切の際には張紙が行われ、また諸祝儀が安井家に差し出されるなど、後々までこれらの町との特別な関係が維持された。

本来、請所として開発をゆだねられた全長二八町・八〇間の土地の内、ここまで見てきた東側半分は早期に町場化が進展した。そこに対しては、安井家も平野家も自己の家屋敷にのみ所有権を持ち、それ以外からは地代を徴収することはできない。そこを譲り渡す時、まとまった売代銀を獲得することができたと思われるが、それ以後そこは所有地ではなくなるのである。その結果が、先の表1に記された①〜⑥の家屋敷であったと言えよう。こうして、その地域は、水帳管理や祝儀受け取りに見られるような一定の行政的な関係を残すのみとなったのである（この段階では、平野次郎兵衛も形式的に名を連ねるが、一八世紀以降は安井九兵衛だけとなる）。

3　道頓堀西半南側の請所の状況

道頓堀西半の南側は、開発が進展しなかった。先の由緒書上の②に見える表口六〇〇間・裏行二〇間の明屋敷である。図2では、材木場と書かれている。一七世紀後半にはここが渡辺村（かわた〈＝えた〉身分の村）をはじめとする近隣の者たちに小作されていた状況を八木滋氏が明らかにされている〔八木二〇〇二〕。これらを踏まえて、この空間の特質を整理しておきたい。

延宝五（一六七七）年四月二五日、平野次郎兵衛・安井九兵衛は代官宛に「大坂町之内明屋敷道頓堀南側幷玉造森町所々」の石高・面積などを記した覚書を提出している（『安井家文書』一四四号文書）。道頓堀西半南側の明屋敷に相当する部分は、安井九兵衛・平野次郎兵衛両人の名義で五筆三町七反一畝三歩、高三二石七斗七升六合が列記され、玉造森町関係は、安井九兵衛一人の名義で四筆七反二畝、高五石七斗六升が記されている。これは、延宝検地を前にした事前調査として行われたものであるが、道頓堀西半南側の明屋敷は、検地では上畑・中畑・下畑の地目であったことがわかる。そこは由緒書上にもあったように年貢を負担しなければならない土地であった。

寛文五（一六六五）年一二月二三日付の代官から安井九兵衛・平野二《次》郎兵衛宛の年貢請取状では、その額は銀一貫一一六匁四分七厘であった（『安井家文書』一八〇号文書）。寛文五年段階では、これらの土地はすべて小作に供されていた。その全容の窺える「道頓堀南側年貢覚帳」（寛文五年一〇月一一日）が残されている（『安井家文書』一七七号文書）。ここで年貢とあるのは、安井・平野が受け取る小作料のことであるが、その総額は銀三貫四二七匁五厘である。このうち公儀への年貢銀一貫一〇〇目余を上納して、残り銀二貫三〇〇目余が両人の純益となる。明屋敷（請所）はこうした収益を生む空間であった。

この土地の性格を、小作証文の内容から窺っておこう。寛文七年一〇月一五日付の渡辺吉兵衛・同太郎兵衛から安井九兵衛に宛てた小作証文（『安井家文書』一二二号文書）は、一年契約で長辺三八間余・短辺二〇間余の土地二反六畝を年貢銀（小作料）二四九匁六分（一反当り九六匁）で請け負ったものであるが、次のような条件が付記されている。この田地が御用地として必要とされれば（「此田地御用ニ御座候は」）、それが翌年二、三月の麦収穫以前であれば安井九兵衛から一反当り一五匁を支払い、麦収穫後であれば吉兵衛らが一反当り三二匁の年貢を払い、七、八月ごろであれば吉兵衛らが一反当り一五匁の年貢を払ったうえで、土地を取り上げるというのである。麦収穫前であれば、そこに投入した労働が無駄になるため、貸し手である安井九兵衛のほうが一五匁を支払い、麦収穫後であればそれで得られる収入の一部（三二匁）を年貢として払い、その後稲作労働が無駄になることを加味して年貢を一五匁に減らす条件にしているのである。この条件には一定の合理性が認められるが、こうした条件を付記しなければならないところに、いつ御用地として収容されるかわからないこの土地の性格が端的に示されている。

安井九兵衛・平野次郎兵衛がここを町立てしたいという要望を持っていなかったわけではない。慶安二・三（一六五〇・一）年頃、町奉行曽我丹波守・松平隼人正に対して、この明屋敷の西端に家を建てたいと願い出た（『安井家文書』一一九号文書）。しかし、町奉行の判断は、町場から離れた（遠い）所にある川端西の方の明屋敷は公儀御用の材木置場に必要になることもあろうから許可できないということであった。この当時、東の方は家を建てても借り手がないと思われ、それ以上願わなかったと言う。

注目点の第一は、明屋敷の開発に許可が必要になっていることである。元和頃から町立てが進められていき、東半区域から町屋敷となっていった。これも徐々に進んでいったはずであるが、その一々の場合に許可が必要とされることはなかったと思われる。こうして、請所は徐々に減少していったのであるが、西半は開発が遅れ、明屋敷のまま取り残された。一定の時間の経過の後、この明屋敷を町立てしようとする際、改めて許可を得ることが必要になっていたことがわかる。

第二は、町屋の開発は安井九兵衛らに利益をもたらすものであったことである。しかし、それは借り手があった場合である。そのため、西の方の町立てを出願したが、東の方は願わなかったのである。なお、ここでは、借り手と表現されているが、買い手とは書かれていない。実際は、家屋敷として売却されていくこともあったであろうが、まずは借屋経営として想定されているのである。これも開発の段階性を示すものとして注意しておきたい。

第三は、ここが公儀の材木置場として必要とされることが想定されていたことである。これが、先の小作証文で御用地として求められる場合の条件を付記していたこととつながっていることは言うまでもない。

この後、寛文六年一〇月二一日、安井九兵衛と平野次郎兵衛は、町奉行彦坂壱岐守に、材木置場の御用地にならない東の方二五〇間程に家を立てたいと願い出た。これまで通り年貢も払い、町役も務めるので、自分たちへの助成として借屋を立てることを認めて欲しいとある（『安井家文書』一一九号文書）。彦坂からは、江戸の判断を受けて、現在新屋敷は不用であるとして願いは却下された。彼らは、明屋敷の町立てを望み続けているが、一七世紀後半には実現していなかったのである。

ここでも想定されているのは借屋経営である。また、年貢と町役を二重に負担することを申し出ていることも注目される。先述のように、道頓堀東半などの早くに町立てが行われた地域では、基本的に年貢が課されていない（明暦元年の水帳写では一部に年貢負担の部分がある）。ここにも町屋開発の段階性が表われている。

材木置場とされた事例として、寛文元（一六六一）年に一町二反八畝が提供され、寛文三年に戻されたことが確認される（『安井家文書』一七三号文書）。また、延宝四（一六七六）年の小作証文（一四三号文書）、天和二（一六八二）年の小作証文（『安井家文書』一五一号文書）では、材木場の跡のため再耕地化の必要がある空間を含むため年貢を割り引く条件が記されている。これらから、材木置場は一時的に徴用されるものだったことがわかる。また、先の由緒書上では、材木屋に貸しているともあるが、詳細はわからない。

おわりに

以上、安井家文書の検討から、道頓堀の周辺の開発の進展の状況を見てきた。ここでその後の展開を少しだけ触れておこう。

元禄一一（一六九八）年の堀江新地の開発に際して、前節で見た道頓堀西半南側の明屋敷の状況に大きな変化が起こった。幕府は、淀川・大和川流域と大坂周辺の洪水対策のため、河村瑞賢を用いて貞享年間に大規模な治水工事を行った。その時、九条島を貫通する新川（のち安治川と改称）を通し、元禄元（一六八八）年に堂島・安治川新地が開発された。続いて元禄一一年から、河村瑞賢を用いた二度目の治水工事が行われるが、この時、堀江川を開削し、堀江新地三三町が開発されるのである。寛文年間には安井九兵衛らの町屋取立て願いに対して新屋敷は不用であるとしていたが、幕府主導で新地（町屋敷）を開発していく方向に転換しているのである。

堀江新地の開発は、道頓堀西半南側の明屋敷があったところも含めて行われた。そこには、幸町一丁目から五丁目が置かれたが、奥行二〇間だったこの明屋敷に加えて下難波村の耕地を二〇間分徴用して、奥行四〇間の町が作られたのである。この明屋敷の南には渡辺村が隣接していたが、渡辺村が元禄一一年に移転を命じられ、木津村領内に移ることになったのも、この幸町一～五丁目の開発を契機としていたのである。幕府の治水対策、新地開発、渡辺村の移転などはすべて関連しあっていたのである。それはまた、安井九兵衛らのこの地域への関り方の変化とも連動していた。

この時、安井九兵衛・平野次郎兵衛には安治川付近に材木置場の替地を与えられている。明屋敷の一部に材木置場の機能が含まれていたはずなのに、ここではあたかもその空間全体が両人所持の材木置場という性格であったかのように扱われたものといえるのではなかろうか。本来、道頓堀周辺の全長二八町・幅八〇間の土地は町屋が作られれば、安井九兵衛や平野次郎兵衛の手から離れる請所として出発した。ところが、開発が進まない部分は、明屋敷として年貢を納入することを求められ、町屋開発には改めて許可が必要とされるようになっていった。その場合、御用地として徴用される可能性を常に秘めており不安定さを免れなかった。一面で彼らはそこを小作に供し、収益を上げていたのである。安井九兵衛らは、常に条件があれば町屋開発を狙っていたが、堀江の新地開発はその条件を最終的に奪ったのである。その見返りが、安治川付近の材木置場だったのである。

近世都市大坂の形成は一五八〇年代の豊臣秀吉による大坂城下町建設から始まるが、一七世紀半ばまでにはほぼ三郷の骨格を整える。その間の大坂の都市建設に特徴的なのは、有力町人の資力に依拠した堀の開削と結びついた都市開発であった。安井九兵衛らの道頓堀周辺の開発はその一典型である。しかし、注意しなければいけないのは、彼らのその空間への関与のあり方は、本文で述べたように時期と場所によって変化していったことである。

一七世紀末には幕府主導の新地開発が大規模に行われるようになり、新たな状況が出現する。その新地開発も一八世紀半ばになると、代官支配の年貢地を年貢負担はそのままに、さらに地代金を納入することを条件に町人が出願するようになる〔塚田一九九六ａ〕。一七世紀半ばから後半にかけて、安井九兵衛らが願った明屋敷での家立ては実現しなかったが、これは一八世紀半ばの新地開発と共通する方向性を持っていたと言えるのではなかろうか。

〔注〕

（1）吉田伸之氏によれば、「前売」はもともとは本町二丁目の庇下で小規模に行われていた町内聖商＝振売による小売の形式（零細で非常設的）であったが、三井による「前売」とは、聖商の小売独占を打破して、その小売の形式を店舗内の売場のシステムに取り込み、手代による常設的な小売の場として拡大・強化されたものである（〔吉田一九九〇〕七一～三頁）。

（2）吉田伸之氏によれば、一七世紀の江戸の呉服店などは卸売に特化しており、武家や町方得意以外への小売は、「売子」（聖商＝振売）に依存していた。「売子」とは、これら呉服商と専属契約を結んだ聖商のことである（〔吉田一九九〇〕六四～六頁）。

（3）この土地はもともと下難波村領内の土地であった。慶長一七年段階で、年貢が課されたかどうかは不明である。

（4）この水帳写は、木村彦右衛門「道頓堀を中心としての町名について　附　明暦元年北南道頓堀水帳の発見」（『大大阪』三巻六号、一九二七年）に全体が紹介されている。

（5）木村彦右衛門「道頓堀塩屋町（現今の九郎右衛門町）五人組帳に就いて」（『大阪史談会報』五、一九三〇年）。

〔付記〕二〇一二年に新出の「安井家文書」（遠藤亮平氏・安井洋一氏所蔵、大阪歴史博物館寄託）が発見された。これは、本章で使用した『安井家文書』に収録された「安井家文書」（大阪歴史博物館所蔵）と元は一体の史料群だったと考えられるもので、一七世紀の道頓堀周辺の町の水帳や明暦元年の「道頓堀川大絵図」など、この地域の特に一七世紀の開発過程を解明することのできる史料を豊富に含んでいる。

　本章は、『安井家文書』のみを利用して一七世紀の道頓堀周辺の開発過程を素描したものであり、多くの補足が必要である。すでに新出「安井家文書」を利用して八木滋氏が、「近世前期道頓堀の開発過程」（『大阪歴史博物館研究紀要』一二、二〇一四年）・「一七世紀道頓堀の開発と芝居地」（塚田孝・佐賀朝・八木滋編『近世身分社会の比較史―法と社会の視点から―』清文堂出版、二〇一四年）を発表し、道頓堀東側の開発過程が詳細に解明されつつある。八木氏の論文をあわせて参照いただきたい。

第二章　一七世紀の大坂・三津寺町

はじめに

本章では、一七世紀半ばの大坂・三津寺町を総合的に捉えることを課題としたい。

筆者は、先に近世大坂の勧進宗教者の競合と併存の状況を素描することで、身分的周縁論の深化を試みた〔塚田二〇〇五b〕。そこでは、吉田伸之氏の願人坊主の研究に示唆を受けながら〔吉田一九九四b・二〇〇〇b〕、大坂に多様に展開する山伏（修験）、陰陽師、願人坊主、六斎念仏、熊野比丘尼、神道者、道心者（狭義）などの勧進宗教者（広義の道心者）たちが、さまざまな権威を頂点に組織化を遂げ、勧進をめぐって競合しているが、同時に社会的実態としては近似しており、相互に流動的であることを指摘した。また、一七世紀に中心であった山伏は、近世後期にも多数存在し、大きな比重を占めていたものの、神道者（特に吉田家配下）が多数を占めていくなど、時期的な変化もあった。こうして、大坂という都市的な場において、勧進宗教者の単独の集団の解明だけではなく、それぞれの集団のあり方と相互関係（競合と流動）の分析を行ったのである。

こうした勧進宗教者は、裏店居住の都市下層民衆の一部であることを指摘したが、その町という場での実態についてはまったく触れることができなかった。本章では、三津寺町という「町」の側から見ることで、その一端に触れることをめざしたい。その際、一七世紀半ばは、近世大坂における寺社と宗教者の存在形態の枠組みが形成される時期であり、この時期を取り上げることは重要だと考える。

町の中での勧進宗教者の位置を見定めるには、「町」の全体の構成を見通すことが不可欠であろう。その意味で、本章では、三津寺町の概略を見渡したいと考えるが、それは、身分的周縁論の発展方向として模索している、一つの場で諸存在・諸集団がどのように複合しているかを見通す「最小の」全体史としての意味も持つであろう。あわせて、大坂の都市社会の展開の把握における一七世紀の空白を埋める意味を持つであろう。一七世紀の都市社会の展開については、吉田伸之氏が京都や江戸の研究をベースにして、大坂をも視野に入れながら示された三段階の展開モデルが現在でも出発点をなす〔吉田一九八五〕。しかし、大坂については菊屋町についての事例から見通されているだけなので、さらに豊富化して把握する必要があろう。本章は、その一環をもなしている。

一　道心者改めと借屋

1　寛文六年の町触

江戸で〝在家を借り、仏壇を構え、利用を求めてはならない〟と諸大名に触れられたのを受けて、寛文六（一六六六）年一一月一五日、大坂においても、市中の寺社や宗教者のあり方を基本的に規定する町触が出された〔塚田二〇〇五b〕。それにより、在来の妻帯道場（＝浄土真宗の寺）以外の寺の市中での所在禁止（神社は別）、清僧の市中居住の禁止、「非清僧」の借宅は可能というあり方が確定する。

「非清僧」という言い方をしたのは、この町触では、清僧の市中居住禁止に関して、道心者であっても一旦寺にはいった経験がある者の借宅は認めないとされたことから、市中での借宅を認められた者に対して「道心者」という語が避けられているからであり、実質的には道心者と言い換えても構わない。その市中居住を認められた「道心者」には二つのタイプがうかがえる。一つは、暮らしていけず髪を剃り、乞食をしている者（鉢ひらき）であり、もう一つは、隠居したり、身内の不幸に際会し、髪を下ろした者である。これら二つは市中に居住していた者が道心者になる場合として想定されており、外から入ってくる者としては、鉢ひらきだけが言及されている。

この町触は、以後繰り返し言及され、近世を通じた枠組みとなっていくが、こうした枠組みは江戸からの指示を受けて、ここではじめて作られたものではなかった。これ以前に、こうした大枠はすでにできあがっており、清僧や非清僧（道心者）を再定義することで、その規制強化をはかったものであった。

2　明暦三年の町触

その枠組みの形成に大きな意味を持ったのが、明暦三（一六五七）年八月二七日に出された次の町触である（『御津八幡宮・三津家文書』〈上・下〉大阪市史史料一七・一八〉五一。〔五一〕は同書の通し番号。以下、同史料からの引用は同様。なお、この町触の発布の月日は「せん年より御ふれふみ」大阪市立大学学術情報総合センター蔵による）。

【史料1】

覚

一本願寺門徒之外、町屋出家致住宅、旦那を集中義、此以前ゟ停止之事、一只今迄町中ニ有之道心者、男女共ニ其侭可差置、但、其道心者不届之義於有之は、家主ハ勿論、年寄・五人組可為曲事也、常々心ニ付、不審成義有之ハ、其町ゟ申来、様子聞届、可申付事、

一今度穿鑿以後、他所ゟ道心者於来ニハ、能々遂吟味、誠之道心者無紛ハ、可宿借、不念之義有之ハ、其町可為曲事事、

この三カ条は、第一に、本願寺門徒以外の出家が町屋に住み、旦那を集めることの禁止、第二に、これまで町中にいた男女の道心者はそのまま居住を認めるが、彼らに不届きがあれば宿主はもちろん年寄・五人組も処罰するので、不審があれば町中から町奉行所に申し出ること、第三に、他所から来た道心者はよく吟味して「誠之道心者」に紛れなければ宿を貸すこと、という内容であり、寛文六年令と実質的にはまったく同じであることが明白である。ここでは、寛文六年令では避けられていた「道心者」という語が用いられていることに注意しておきたい。

3　道心者調査

ここで注目したいのは、第三条目に「今度穿鑿以後」とある点である。すなわち、この町触の発布に際して、市中に居住する道心者の調査が行われたと思われるからである。事実、三津寺町にはこれに関連すると思われる書付が残されている。

まず、この町触に先立つ八月一四日付の書付（『御津八幡宮・三津家文書』三二）と、町触通達後の九月二日付の手形を引用する（同三三）。

【史料2】

三津寺町

一大福院　　　　行円㊞
此僧、真言宗生玉之下、則先師ゟ三津寺町ニ罷有候、
一五兵衛借屋　　　　ごんさい㊞
此者、生国ハ当地津村之者、親ゟこんやニて御座候ニ付、此者もこんや仕居申候、此拾九年以前ニ佐渡嶋町善蔵と申者、我等子にて御座候ニ付、彼者ニやしなわれ居候か、拾年以前ニ道心をおこし、上寺町高善寺にてかミをおろし、三津寺町ニ屋敷を借り、いほりをたて居申候、則年ハ六拾四ニ罷成候、
一太郎右衛門借屋ニ　　　　浄念㊞
此者、生国あわの者、拾八之年大坂へ参、勘四郎町ニ而四年之間こんやヲ仕、其後は古手屋を仕、八年以前ニ上寺町清庵寺ニ而かミをそり、八年このかた夫婦ともニ三津寺町ニ而はちをひらき居申候、年ハ六拾二ニ罷成候、
一彦兵衛借屋　　　　尼妙円㊞
此者、生国ハなら之者、拾八之年生国を罷出、大坂博労町加兵衛と申我等之兄之所へ参、其後壱年余奉公を仕、其後に博労町六右衛門と申者之所へゑんニつき、道頓堀ニて所帯を仕、七年以前ニ後家に罷成、其時かミをそり、三年以前ニ三津寺町ニてはちをひらき居申候、年ハ六拾一に罷成候、
一同人借屋ニ　　　　遊玄㊞
此者ハ生国当地平野町之者、九ツ之時かぢき町辻茂兵衛所へ奉公ニ参、廿五之年隙をもらい、平野町《炭や町》ニ而魚うりを仕、其後は方々と奉公仕、此五年以前ニ吉野屋町へ参、其後三年以前ニ炭や町へ参、其時はつちほうす庵西と申《ふるいや庄吉かしや》者《を頼》の方ニて、かミをそり、去年二月ニ三津寺町へ参、はちをひらき居申候、年ハ五拾三に罷成候、

右之外ニ坊主ハ壱人ニ無御座候、為後日仍而如件、

明暦三年

酉ノ八月十四日

三津寺町年寄　勘右衛門㊞

同　月行事　太郎右衛門㊞

同　次郎右衛門㊞

【史料3】

指上ケ申手形之事

一町内ニこんさいと申道心者、浄念と申はちひらき、遊玄と申はちひらき、妙円と申尼四人居申候、此者後生一へんにてふしきなる体も見及不申候ニ付、宿かし置申候御事、

一彼道心者、以来不届成様子御座候ハヽ、其段可申上候御事、

一人集なと仕、其外何事ニよらす、不作法成道心者を丁内ニ置候而、自然悪事出来仕候ハヽ、此連判之もの共曲事ニ可被仰付候、為後日如此御座候、以上、

明暦三年

酉ノ九月二日

三津寺町こんさい地主　五兵衛㊞

（五人組四名略）

同町浄念家主　太郎右衛門㊞

（五人組四名略）

同町遊玄・尼妙円家主　彦兵衛㊞

（五人組四名略）
同町年寄　勘右衛門
同月行事　市左衛門㊞
同　甚右衛門㊞
御奉行様

【史料2】には、五名の宗教者が記され、これ以外には「坊主」は一人もいないことを町の年寄と月行事が確認している。宛先は記されていないが、【史料3】の宛先が「御奉行様」とあることから、これも町奉行所宛であろう。【史料3】には、行円を除く四名を記して、その地主・家主と五人組、町年寄と月行事の連印で提出している。

【史料2】【史料3】をあわせて考えれば、先の町触が出される前に市中居住の宗教者の調査が行われたこと、その上で、町触が出され、それを踏まえて道心者だけを確認して、人を集めた宗教行為などの不届きを町と地主・家主の責任として監督させる措置が取られたことがわかる。つまり、市中の宗教者に関する明暦三年令は、大規模な調査を行い、現状を把握した上で出されたものであり、その記録の一部が三津寺町に残されていたことで、一七世紀半ばの借屋層と勧進宗教者に関する稀有な史料を得ることになったのである。

4　三津寺町の道心者

この時点で、三津寺町には、宗教者として大福院行円と道心者のごんさい・浄念・遊玄・尼妙円の五人が居住していた。行円には、地主・家主が記されていないが、後述のように彼自身が家持であった。行円は道心者ではなかったため、調査では書き上げられたが、道心者に対する監督を請け負う手形では除かれたのであろう。

残る四人は、【史料3】では一括して道心者と呼ばれるとともに、その第一条においては、ごんさいは道心者、浄念・遊玄ははちひらき、妙円は尼と呼び分けられている。これは、【史料2】におけるそれぞれの存在形態に関する説明と照応している。浄念・遊玄・妙円は鉢を開いているとあるが、ごんさいは道心を起こし、髪を下ろし庵を建てているとだけあり、鉢を開いてはいないのである。ここからは、寛文六年令第三条で示された道心者の二タイプを念頭におくと、浄念・遊玄・妙円は生活困難から鉢開きとなった者であり、ごんさいは隠居や身内の不幸による道心者であることが明白である。ごんさいが地借であり、浄念・遊玄・妙円が借屋人であることも、二つのタイプの違いを表しているといえよう。

道心者四人の経歴もそれぞれに興味深い。以下、確認しておこう。

【ごんさい】六四歳、五兵衛地借。

文禄三（一五九四）年に大坂津村で生れる。親の代からの紺屋に従事。一九年前（寛永一六［一六三九］年）より佐渡嶋町に住む息子の善蔵に養われていたが、一〇年前（慶安元［一六四八］年）に道心を起こし、上寺町高善寺で剃髪、三津寺町の五兵衛の家屋敷を地借し、庵を建てて居住。

【浄念】六二歳、太郎右衛門借屋。

慶長元（一五九六）年に阿波で生れる。一八歳の時（慶長一八［一六一三］年）大坂に来て、勘四郎町で四年間紺屋に従事。その後古手屋（古着商売）を営み、八年前（慶安三［一六五〇］年）に上寺町清庵寺で剃髪し、三津寺町に来住。それ以来鉢を開いて生活。元は夫婦であったが、現在は一人か。

【尼妙円】六一歳、彦兵衛借屋。

慶長二（一五九七）年に奈良で生れる。一八歳の時（慶長一九［一六一四］年）大坂博労町にいた兄加兵衛のところに来て、奉公。一年後同町の六右衛門と結婚し、道頓堀で所帯を持つ。七年前（慶安四［一六五一］年）に夫と死別した時に剃髪。三年前（明暦元［一六五五］年）より三津寺町に来住。それ以来鉢を開いて生活。

【遊玄】五三歳、彦兵衛借屋。

慶長一〇（一六〇五）年に大坂平野町で生れる。九歳の時（慶長一八［一六一三］年）に梶木町辻茂兵衛の所に奉公に行く。二五歳の時（寛永六［一六二九］年）暇を貰い、平野町で魚売りに従事。その後あちこちで奉公。五年前（承応二［一六五三］年）に吉野屋町に移り、三年前（明暦元［一六五五］年）に炭屋町に移る。その時、同町古井屋庄吉借屋にいた道心者（鉢開き坊主）庵西を頼んで剃髪。明暦二（一六五六）年二月に三津寺町に来住。それ以来鉢を開いて生活。

四人それぞれの経歴は固有であり、社会的な違いも見てとれるが、共通する点も多い。彼らは、大坂の近辺や周辺の国々で生まれ、大坂の形成期である慶長一〇年代後半頃に大坂に来て、働き始めている。いまだ大坂の陣で豊臣氏が亡びる以前である。大坂に人々が集まってきている状況が背景にあるのであろう。

彼らはもともと道心者だったのではなく、紺屋や古手屋、魚売りを行ったり、各所で奉公勤めで働いていたのだった。そして最近一〇年ほどの内（一〇年前から二年前まで）に、さまざまな理由で道心者になっているのである。ごんさいの場合は、必ずしも借屋だったとはいえないが、他の三人は借屋層として諸営業で暮らしていた者から道心者になったのであり、借屋で暮らす諸営業者と道心者の間には大きな隔たりはなかったといえよう。寛文六年令の第三条に「当地住宅之町人」が道心者になることを想定する文言となっていたことの具体的な表現をここに見ることができよう。

四人の中にもニュアンスの違いがある。そのことの持つ意味も大きい。

ごんさいは、後には三郷のうちに含まれる津村の生まれであり、親の代から紺屋を営んでおり、また養ってもらう息子もいた。三津寺町では地借であるが、もともとは土着の家持であった可能性もあろう。そのようなごんさいは上寺町高善寺において剃髪しており、鉢開きではない。

浄念は、元は紺屋や古手屋を営んでいたとあり、零細ながら自立的な営業者であった可能性がある。剃髪した理由は不明だが、その時には夫婦とも健在だったのであり、「渡世難成」剃髪した可能性も高い。それ故、鉢を開くことになったのであろう。しかし、彼は上寺町清庵寺で剃髪しており、最初から鉢を開いていたかは考慮の余地があろう。

尼妙円は、夫と死別して剃髪したが、それが渡世成り難いことにつながり、鉢を開くことになったのだろう。身内の不幸と生活困難とは一致することもあったといえよう。彼女は寺で剃髪したとは書かれておらず、「自佽」の剃髪だったのであろう。

遊玄は奉公を繰り返した上で（一時期従事した魚売りもおそらく零細な振売りであろう）、三年前に剃髪している。自らが居住していた炭屋町の借屋に居住していた鉢坊主庵西を頼んで剃髪したというから、最初から鉢開きを目的とした剃髪といえよう。また、三津寺町に来住したのは前年であり、一、二年で借屋を転々としていたことも注目される。

先に指摘したように、明暦三（一六五七）年時点では、これら四人は道心者の二タイプに照応していた。しかし、両者の間は画然と区別されるものではなく、連続的であった。ごんさいと浄念は寺院で剃髪し、妙円は自ら剃髪し、遊玄は鉢坊主を頼んで剃髪した。生活や居住のあり方からしても、やや安定した者から困窮者まで連続的であった。妙円の場合に見られたように、剃髪理由においても身内の不幸と生活困難とは重なることも多かったのである。

なお、寛文六年令においては、道心者であっても一旦寺にはいった経歴のある者は市中居住を禁じられた。ここに見られた寺院で出家したというような事情が入寺経験とみなされるものかどうか断定できないが、寛文六年令はそうしたことに抑制効果を持ったであろうことは推測に難くない。

ここまで明暦三年令の意味とそこで行われた調査から道心者の実態について見てきた。道心者に二タイプを指摘できるが、それは画然と区別されるものではなく、連続的であったことを確認しておきたい。

ところで、明暦三年令に先立って三津寺町に居住していた宗教者五人を書き上げた書付の中に含まれていた行円は、発布後の道心者に対する監督を請け負う手形からは名前が除かれていた。だが、それは行円が道心者とは隔絶した存在だったからであろうか。次に、この行円という存在に注目して考えてみよう。

二　大福院行円

1　観音巡りの霊場・三津寺

西国三十三所観音順礼は中世以来定着していたが、近世大坂には、大坂周辺だけの三十三カ所の観音順礼が展開する。近松門左衛門の「曽根崎心中」の冒頭には、おはつがこの三十三カ所の観音を巡る場面が配されているが、その中の三〇番に三津寺が含まれている。「曽根崎心中」が発表された元禄一六（一七〇三）年には、三津寺は確実に観音巡りの霊場として定着していたことがわかる。この三津寺は、三津寺町内に所在した古義真言宗の寺であり、「町奉行所旧記」では大坂町中へ宗旨手形を出す寺の書付の内に「仁和寺末寺三津寺町大福院」と表記されている（『大坂町奉行所旧記（上）』大阪市史史料四一、九八頁）。

三津寺（大福院）は、一七世紀末には古義真言宗の寺として定着していたのである。しかし、大坂市中には浄土真宗以外の寺は所在を認められていなかったのではなかったか。その例外的な市中所在の理由を理解する手がかりは、三津寺（大福院）の三津寺町への定着の経緯の中にあるのではなかろうか。

2　御津八幡宮の管理をめぐる紛争

一七世紀半ばに、三津寺町内で御津八幡宮の管理をめぐる激しい紛争が繰り返される。この紛争の一方の当事者が大福院行円であった。以下、八幡宮の管理・運営のあり方の変遷を簡単にまとめた上で、この紛争を見ていくことにしよう（『御津八幡宮・三津家文書』一など）。

【中世以来】三津八幡宮は、もともと三津寺村惣百姓持ちの神社であり、社家はいなかった。

【元和六（一六二〇）年】三津寺村領は町屋敷に開発される。三津寺村住民の構成は、三津寺町に引き継がれ、町年寄には庄屋だった左兵衛が就任する。その時、八幡宮の敷地は南木綿町域に含まれた。三津寺村領内に含まれていた地域に町建てされた木挽町・宗右衛門町・九郎右衛門町・久左衛門町・南木綿町・松原町・雪踏屋町・柳町・菊屋町・大宝寺町・鰻谷町も氏子域に含まれていた。

【寛永五（一六二八）年】三津寺町中から銀一三〇目を出して、八幡宮屋敷を南木綿町から買い取った。宮の鍵（内陣・塀地の二つ）は年寄左兵衛が預かり、散銭は年寄左兵衛と月行司が立合いで改め、左兵衛が預かり、神事・宮修復費と町の入用に用いる。

【明暦元（一六五五）年】左兵衛が老令のため、息子勘右衛門が年寄となる。内陣の鍵は年寄勘右衛門が預かるが、塀地の鍵は月行司が預かることになる。神事・散銭の受払いは月行司が行う。

《この間に源兵衛一件・大福院一件あり》

【万治二（一六五九）年】宮の鍵（内陣・塀地とも）は年寄役として勘右衛門が預かる。散銭は毎月晦日に月行司と年寄が立合いで改め、宮関係入用（燈明油代・鳩の飼料など）だけに用い、町の入用には用いず。残金は勘右衛門が預かり、宮殿の修理などの入用は年寄・月行司・町中が立合い、払日記に記帳する。

【寛文七（一六六七）年】勘右衛門が年寄を退く。宮の鍵の管理、神事・散銭・修理などの支配も月行司が行う。

《寛文一一（一六七一）年に勘右衛門が宮の管理を求めて町と対立》

以上が、一七世紀後半までの御津八幡宮の管理をめぐる変遷である。寛永五（一六二八）年に八幡宮敷地を町中の出銀で買い取ったところから、散銭（賽銭）を町入用にも支出することになる。運営の中心には、町年寄左兵衛がいた。明暦元（一六五五）年に体制が変わるのは、年寄がいまだ若年の勘右衛門に代わったからである。これにより町の関与が強まる。しかし、これにも反発する者が存在した。それが源兵衛一件である。引き続いて大福院一件が起こり、万治二（一六五九）年の変更につながる。この結果、一面では町の論理が強化されるとともに、他面では散銭（賽銭）の支出は宮関係に限定される（この点、詳細は後述）。これが、年寄勘右衛門にどのような意味を持ったのか不明であるが、寛文七（一六六七）年に年寄を退く。これは勘右衛門にとって不本意な選択だったようで、寛文一一（一六七一）年に町中と対立するにいたったのである。

源兵衛一件は、勘右衛門が年寄に就任したのと同時に起こった。三津寺町の家持源兵衛は、明暦元（一六五五）年二月二九日に勘右衛門が年寄に就任することになった時、「私《勘右衛門》儀ハ当分之かり年寄ニ御座候間、私申付候儀ハ何事によらす承引仕間敷」（この文言は勘右衛門の立場からの表現）と宣言し、以後八幡宮の管理をはじめとした諸事について対立していった。年寄勘右衛門は、明暦三（一六五七）年正月にこの源兵衛の行為を訴えようと文書を用意し（『御津八幡宮・三津家文書』五・六）、翌万治元（一六五八）年八月に南組惣会所惣代に宛てて源兵衛の行状を詳細に記した目安（訴状）を提出するにいたる（『御津八幡宮・三津家文書』七）。

勘右衛門はその目安の書留において、親左兵衛の代にも自分の代にも町奉行所に願い出たことはないので、惣年寄たちに願い出るのであり、源兵衛に対し先例の如く仰せ付けてほしいと結んでいる。ここから、南組惣代が直接の宛先になっているが、実際の宛先は惣年寄であること、さらに明暦三年正月には実際には願い出ていないことがうかがえる。但し、この時は、源兵衛が町中を頼んで詫びたので、目安は取り下げられたようである。

こうした源兵衛の動きとは直結しないと思われるが、翌万治二年一〇月一二日にいたり、大福寺（＝大福院）が八幡宮の管理の権限をめぐって町奉行所に出訴した（『御津八幡宮・三津家文書』一〇）。それによると、自らを「三津寺八幡宮之別当観音堂之坊大福寺と申者」だと称し、八幡宮が大破しているので氏子の奉加を受け、上葺き修理をして遷宮したいと依頼したところ、三津寺町の者たちから修理は無用と妨害されていると訴えている。そして、現状について、八幡宮は「三津寺之坊主」が社役を勤め支配してきたが、先師が亡くなった時自分はまだ幼少だったためか、その頃から三津寺町の衆が俗体で八幡宮の神前の勤めを行うようになったと説明している。すなわち、自らが本来八幡宮の社役を勤める立場であることを主張しているのである。

大福院は町奉行所に出訴したが、町奉行所から「宮之儀」なので南組惣年寄中が様子を聞き届け、報告するようにとの指示があり、惣年寄が担当することとなる（『御津八幡宮・三津家文書』一一）。大福院の訴えに対し、まず一〇月に年寄勘右衛門が惣年寄宛に返答しようとし（『御津八幡宮・三津家文書』九、実際に提出したかは不明）、続いて一一月二〇日には年寄勘右衛門と町中の連名で惣年寄宛に返答書を提出した（『御津八幡宮・三津家文書』七）。

両返答書はともに八幡宮の管理のあり方の来歴を記した上で、明暦元（一六五五）年以後の現状を述べ、次いで大福院が八幡宮別当などではないことを書き上げている。一〇月の返答書案では、源兵衛一件にも言及しているが、一一月二〇日の返答書ではその点は除かれている。この一件は、南組惣年寄が担当したが、氏子各町の年寄たちが扱いに立ち、一二月一一日に一札が作成され、落着する。その結果が、先に【万治二（一六五九）年】段階として記した体制である。

その一札では、①大福院は別当ではなく、年寄勘右衛門が「宮之儀」を支配してきたことを確認し、②今後、帳箱・銭箱とも勘右衛門が預かるが、町中から家並みに二人が当番に出て、一人が箱に封をし、一人が鍵を預かり、受払いは町中立合いの上で行う、③散銭の使途は「宮之入用」に限る、④もちろん大福院も家並みの当番には加わる、という条件が記されている。この結論は、大福院の八幡宮別当であるという主張を退け、町中の管理としたことでは、年寄勘右衛門や町中の主張が貫徹したといえる。しかし、散銭（賽銭）が八幡宮関係の支出に限定されたのは、大福院の主張を考慮したからであり、家並みの当番に大福院も加わること（あくまで別当としてではなく、家持としてだが）を確認しているのも、大福院の主張への配慮が働いているものと考えられる。すなわち、この結果は、町中の立場に立ちつつ、両者の折り合いを付けたものと評価できよう。

3　返答書にみえる大福院

次に、両返答書の記載から大福院の性格を検討しよう。まず、両返答書の関係部分を引用する。

【史料4—①】一〇月付年寄勘右衛門返答書（下書き）

一行円坊先祖之坊主ハ難波村と申所ニ居申候を、私親左兵衛村中ニ物書申者無御座候故、手ならいの師匠ニ可仕と申、此何拾年以前に呼取、則左兵衛屋敷ノはつれニ家を立置申候、只今行円坊居申屋敷ハ御水帳ニも申上候通、町之道場屋敷ニ而御座候を、行円先師ニ借シ置申候御事、一行円先師、彼道場屋敷我等ニくれ候へと度々望被申候へ共、町中各・私親左兵衛も合点(不脱カ)被仕候所、此何年以前たれ〳〵を頼み、達而被申候故、無是非とらせ申候、……

【史料4―②】一一月二〇日付年寄勘右衛門・町中返答書

一大福寺先祖之坊主ハ二位と申、下難波村ニ罷在候を、私(勘右衛門)祖父新助と申者、村中ニ物書申者無御座候ニ付、我等方へ呼取、則新助屋敷之内ニこやをかけ置申候、其以後町之道場屋敷をかし置申所ニ、此廿壱年以前ニ大福寺兄坊主空円と申者、下難波村二郎兵衛・同村たいや新左衛門・やくなし甚兵衛両三人を、彼屋敷町中へもらひ申候ニ付、坊主之儀ニ御座候得ハ、町中相談仕とらせ申候、か様之筋目之坊主ニ而御座候へハ、二位ゟ大福寺迄八幡之御社へハ、一度も出シ不申候所、八幡之別当ニ而御座候なと、、御前様(町奉行)えは申上候儀、町中何もふしきニ奉存候御事、

両者の内容は細部の違いはあるが、ほぼ符合している。ただ、前者は下書きであり、あいまいな部分を残しているのに対し、実際に提出した文書の写である後者はより具体的であり、内容的に信頼できると思われる。それ故、以下では、後者【史料4―②】を軸にしつつ、前者【史料4―①】でニュアンスを補いながら考察を進めることにする。

内容にはいる前にあらかじめ注目しておきたいのは、大福院に対する呼び方である。大福院は、自分が提出した訴状においては自らを「大福寺」と称している。一方、年寄勘右衛門が最初に書いた返答書では「行円(坊)」と呼んでいる。おそらく、大福院は、自らを自立した寺院として表現するべく「大福寺」と称したのであろう。それとは逆に、勘右衛門は自立した寺院としての存在を認めないことの表現として「行円(坊)」と呼んだものと思われる。この返答書は下書きと思われ、勘右衛門の気持ちが直截に表現されているのであろう。年寄勘右衛門と町中が連名で実際に提出した返答書では、「大福寺」と呼んでいるが、これは大福院の訴状の

表現とそろえる配慮が働いたものと考えられる。しかし、氏子各町の町年寄たちの扱いによる一札においては「大福院」と呼ばれており、両者の中間的な表現になっているのである。

こうした呼び方の違いは、それぞれの立場からの思惑と位置づけが表現されているといえよう。後述するように、時間的な経過の中では、当初行円と呼ばれていたのが、のちには大福院として定着していく。つまり、この時点は宗教者個人の名前としての行円から、人は変わっても大福院の住職を大福院と呼ぶことになっていくあり方への転換点でもある。言い換えれば、真言宗の寺院としての三津寺大福院としての確立へ向けた大きなステップであったといえよう。

4　三津寺大福院の確立過程

大福院の来歴について、【史料4―②】では次のように述べている。大福院の先祖（先師）に当たる二位は下難波村にいたが、勘右衛門の祖父新助が三津寺村に物書きがいなかったので、呼び寄せ、自らの屋敷内に小屋を作り住まわせたという。すなわち、その出来事は三津寺町が町立てされる以前（元和六年以前）のことであった。村の物書きとして抱えられたのであろうが、手習の師匠を兼ねたのかもしれない。それはまた、大福院は村寺として百姓たちの結集の中核をなすような存在ではなかったことを意味しよう。

そののち三津寺町となって以後は、町の道場屋敷を貸し置いたとある。これは、三津寺町に「道場屋敷」が設けられたことを意味し、集団的に道場が営まれていたことがうかがえる。町立ての際に、道場が突然作られるとは考えにくく、おそらくそれは三津寺村だった頃から営まれていたと想像される（三津寺村段階で「てらやしき」という土地が存在した〔『御津八幡宮・三津家文書』一二四・一二五〕）。だとすれば、二位は新助（勘右衛門祖父）―左兵衛（同父、元和六年時には庄屋）の屋敷に住まわされた存在（すなわち個人的に抱えられた存在）

から、町の道場屋敷に移ることで町全体に抱えられた存在へと一歩を踏み出したのではなかろうか。

寛永一六（一六三九）年の宗門改帳（『御津八幡宮・三津家文書』一六五・一六六）を見ると、そこに「真言寺大福寺　空円」の名前が見える（家族として、母・九蔵・権蔵がいる）。しかし、三津寺村からの構成を引き継ぐと考えられる家持たちの旦那寺はほとんどが浄土宗大宝寺（生玉所在）であり、大福院は家持たちの旦那寺ではない。つまり、町内は共同で大福院という道場を営んでいたが、それは旦那寺となることはできず、空円はそこに抱えられた存在という状況は変わらなかったのであろう。

二〇年前（寛永一七［一六四〇］年）に、行円の兄空円が下難波村の者三人を仲介者として、この道場屋敷を貰い受けたいと町中に対して願い出て認められたという。元和六年の「三津寺町屋敷ノ帳」（『御津八幡宮・三津家文書』二二七）に「たうてう（道場）」とのみあった区画が、承応四（一六五五）年の『水帳』（『御津八幡宮・三津家文書』一三〇）では「とうちやう（道場）行円」とあることから、このことは事実と考えられる。空円が道場屋敷の家持となったことは、大福院の定着の次の一歩といえよう。

そして、さらに一歩を踏み出そうとしたのが、万治二（一六五九）年の御津八幡宮別当としての地位を求めた出訴だったのではなかろうか。その前提に、同年の「三津寺町五人組之帳」作成に際し、行円が町奉行所に願い出て、町奉行所から「出家之義ニ候間、五人組はづし候へ」と認められたことがあったと思われる（『御津八幡宮・三津家文書』一七三）。この行円の屋敷について問題が生じれば、「生玉法印御さはき可有」とされており、行円の出家としての地位は生玉社の社僧との関りの中で築かれてきたものといえよう。御津八幡宮の遷宮などに際しては生玉社の社僧を頼んでいる。町の道場大福院は生玉社の社僧寺院に依存した側面を持っていたのであろう。生玉社の社僧の寺院は古義真言宗であり、それが大福院が古義真言宗となる理由ではなかろうか。そして、行円が八幡宮別当という地位を主張するのも同様のことの一面であろう。

この万治二年の行円の一歩は、年寄勘右衛門や町中の反対にあってそのままは実現できず、万治二年段階の八幡宮管理の体制に移行するのである。行円の八幡宮管理については家持の一員としての関与であったものの、一方で、家持の五人組から抜けたことは彼の出家としての立場（＝大福院の住職としての立場）を確固としたであろう。それは、一七世紀後半の観音順礼の寺として確立していくことにつながっていった。

一節で検討した明暦三（一六五七）年の町内の「坊主」の書上げは、万治二年の前段階に当たる。行円は、すでに道場屋敷の家持になっていて、他の道心者とは立場を異にする。しかし、ここまでの経緯を踏まえると、大福院行円の先祖（先師）ももともとは村の庄屋に抱えられた道心者と同質の存在だったのではなかろうか。しかし、その後四〇年以上にわたる村＝町への定着が寺院としての地位の確立へとつながったのであろう。その意味で、初発の段階においては道心者と寺院に拠る僧侶との間は隔絶していなかったのである。

なお、付言すれば、大坂において浄土真宗以外の寺が市中に所在することは禁じられていたにもかかわらず、古義真言宗の大福院が市中に所在することになったのは、三津寺町の道場として出発し、定着したという経緯が存在したからではなかろうか。

三　三津寺町の構成と借屋

1　近世都市と「町」の展開

一七世紀半ばの大坂の都市社会のあり方を、都市住民論の視点から解明することはきわめて遅れている。それは、大坂だけでなく江戸や京都など近世の巨大都市についても共通であるが、そうした視点から近世都市の

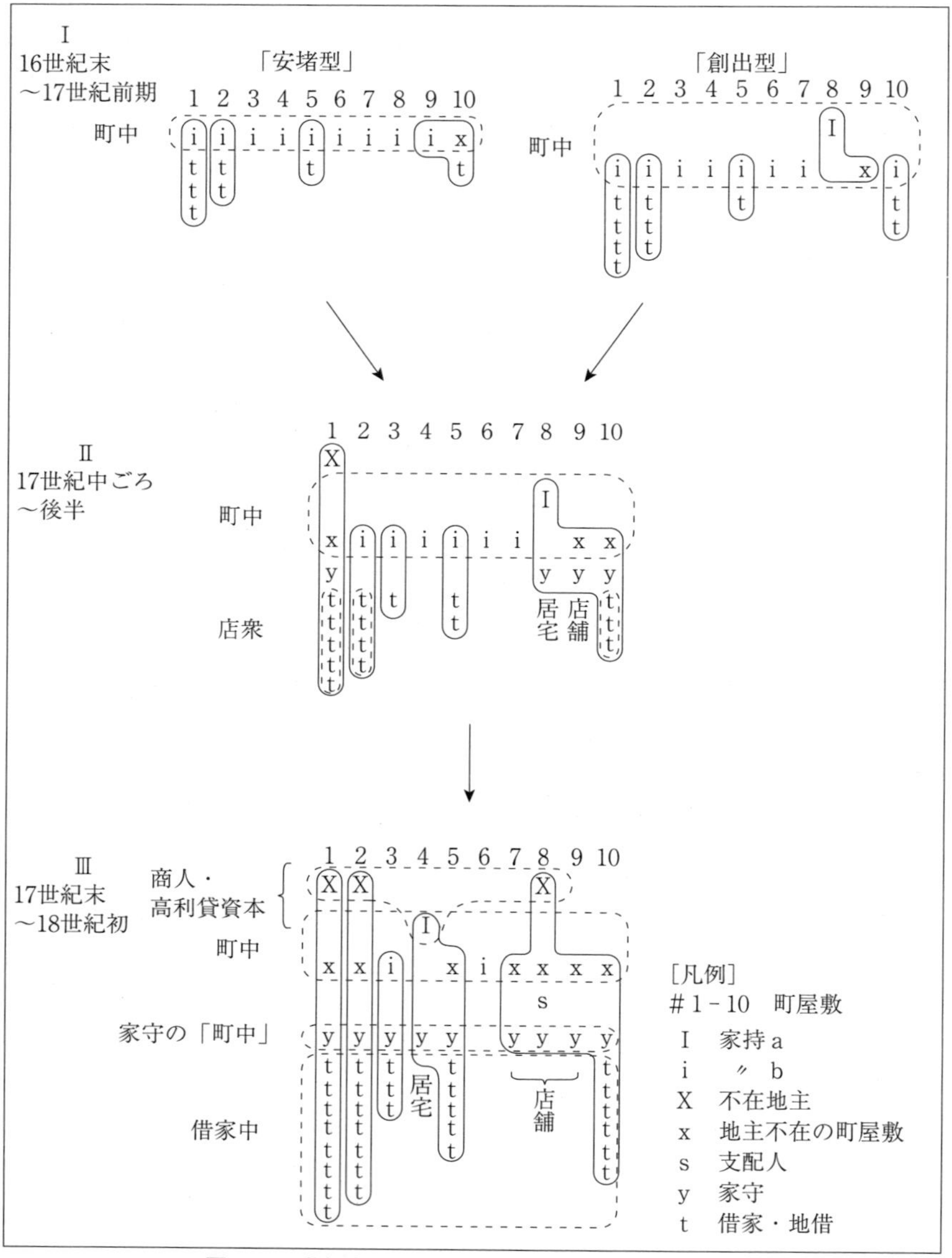

図1　16世紀末—18世紀初における町の展開モデル（〔吉田1985〕より）

成立と展開を考えようとする時、その大枠を提示しているのは、吉田伸之氏が一九八五年に「町人と町」という論文で提出された三段階の展開モデルである（図1、〔吉田一九八五〕）。

そこでは、自生的に生成しつつあった「町」が再編・安堵された京都や堺などの安堵型の都市と、そうした前提なしに政治的に建設された江戸や大坂のような創出型の都市というタイプを区別され、出発の時点（一六世紀末から一七世紀前期＝第一段階）では、安堵型の都市は商工未分離の小経営の町人たちのフラットな結合体としての町であったのに対し、創出型の都市においては町年寄などが突出した門閥的な性格を持つと対比されている。

しかし、一七世紀半ば（第二段階）には、両者はともに徐々に借家人が増えてくる一方で、大きく成長していく家持（Ｉ）も存在する。また一方で、不在の家持なども登場してきて部分的に家守（ｙ）が発生してくる。そこでは、創出型における突出した門閥の町人はそうした構成のうちに吸収され、安堵型・創出型ともにほぼ同じような構成に展開していく。

さらに一七世紀末から一八世紀初頭の頃（第三段階）には、不在家持が多数となり、そこにはほとんど家守がおかれる一方、それに数倍する店借（ｔ）が密集してくる。こうして近世中後期には巨大都市に共通に見られる町の構造が出来上がるというのが、吉田氏の提示された展開モデルである。その後の吉田氏自身の研究の発展の中で、店借の中でも表店借と裏店借を区別しなくてはいけないという発見があり、この表店借の階層と「家守の町中」というものが階層的にほぼ重なっており、町中の実質を表店借層が担っていくのだというような理論的な発展があるが（〔吉田二〇〇〇ａ〕所収の諸論文）、そうした点を勘案して考えれば、現在でもこの展開モデルが我々の出発点として存在していることは間違いない。

大坂におけるこの時期の町については、三津寺町の史料を用いて内田九州男氏や乾宏己氏が先駆的に検討されているが（内田一九八五）・（乾一九九二・一九九三））、それを画期的に発展させたのが、上畑治司氏の「近世初期の三津寺町」（上畑一九九九）という論文である。上畑論文の意義は、吉田氏が提起された都市の住民生活の基礎である「町」における細胞としての町屋敷（家屋敷）の単位性に着目して分析を進めた点にある。そこでは、町内の屋敷割（＝空間構造）を復元し、その家持が誰で、それがどう変遷していくのかを細密に分析している。つまり、一七世紀の三津寺町の社会＝空間構造の把握を行ったのである。

先ほどの吉田氏の展開モデルは大坂の事例も念頭に置かれているが、それは菊屋町の限られた事実から見通したものであった。上畑論文によって、この展開モデルの第一段階から第二段階へ向かう大坂の状況が、家屋敷を細胞としながらできあがっている町の姿を伴って実体として立ち上がってきたといえよう。

しかし、上畑氏の研究はいまだ家持の分析にとどまっており、借屋の分析については課題として残されている。その借屋人の登場について考える際に注意しておきたいのは、先に吉田氏が表店借と裏店借を区別された点である。すなわち、借屋層と都市下層とを等置して考えていいかという問題である。その点で、慶長期の家貸借についての八木滋氏の指摘が注目される。

八木氏は、姫路の町人那波屋宗軒が所持する大坂・南本町一丁目の川端の「御家」を万屋又左衛門が借りる際の証文（慶長一八〔一六一三〕年）に関して、後の借屋とは異なり、家屋敷全体を借りるもので、家持とも匹敵するものではないかとの見解を提出している〔八木二〇〇五〕。この証文は、五年季の契約で、宿賃は一年に銀子三五〇目とし、その地がいくら寂れても栄えても宿賃は不変であることを決めている。さらに、町振舞、家修理、橋掛銭、その他町への多額の出費については家持の那波屋の負担とし、町儀に関わる「町役」や「公儀役」については借主万屋又左衛門の負担とすると取り決めている。

この家屋敷に建てられた家の建築費は家持那波屋が負担しており、万屋は借屋人ということになろう。しかし、この地域が寂れても栄えても宿賃は不変と取り決めているのは、万屋が商家経営を行うことを目的とした借屋であることが予想される。さらに、町役・公儀役は万屋が勤めるのである。つまり、借屋人万屋は町内の家持たちと変わらずに、町儀に関わるのである。こうしたことから考えると、万屋は後の借屋人とは異なり、家屋敷全体を借り受けて、一定規模の商家経営を行い、家持と並んで町を構成する存在だったといえよう。

近世初期には、こうした存在がいたことを想定して借屋人の展開を考える必要があろう。先の吉田氏の町の展開モデルの第一段階の町に見える少数の借屋人（t）を、零細で不安定な借屋人とのみ想定し、第二段階、第三段階へとそれが徐々に増えていくと考えてよいのだろうか。近世初期には、先の万屋のような存在がいたのであり、表店借と裏店借の異なる展開も想定する必要があるのである。

こうしたことを念頭に置きながら、上畑論文〔上畑一九九九〕を参照しつつ、以下、三津寺町の一七世紀を見ていくことにしよう。

2　寛永一六年の家持と借屋人

三津寺町は、元和六（一六二〇）年に三津寺村領が町立てされて成立した。その町立てされた領域は、島之内の西側一帯であったが、三津寺町は三津寺筋に沿った両側町で、町内に御堂筋・佐野屋橋筋の二本の道路が通っていた（町の空間構成は後掲図2参照）。上畑氏は、元和六（一六二〇）年の水帳と承応四（一六五五）年の水帳を比較分析して、三津寺村の「百姓の居所」として成立した三津寺町の構成が大きな変化をみずに、比較的安定していたことを明らかにした。さらに、上畑氏は、寛文元（一六六一）年前後に、家屋敷所持者（家持の変化、借屋人の増加、五人組編成の変化、支配銀の負担制度の変化など、町の構造や町政に関わる変化が集中的に起こっていることを解明している。

表1　寛永十六年の三津寺町の構成

	家持	水帳の記載	旦那寺	借屋人	家主	家族数
北側	空円	名前人と一致	(真言寺 大福寺)			3
		(一家屋敷)	本願寺下 了安	善七後家	久五郎	1
	清左衛門	名前人と一致	浄土宗 大宝寺			5
	彦左衛門後家	〃	〃			0
	忠三郎	(二家屋敷)	〃			2
	甚左衛門	名前人と一致	〃			4
	彦右衛門	〃	〃			3
	左兵衛	〃	〃			8
	与左衛門	〃	〃			1
	久二郎	(一家屋敷)	本願寺下 誓得寺			2
	甚三郎		〃			2
	与三左衛門	名前人と一致	浄土宗 大宝寺			2
		(一家屋敷)	浄土宗 宗慶寺	新左衛門後家	与三左衛門	1
	源左衛門後家	名前人と一致	浄土宗 大宝寺			0
	孫左衛門	〃	〃			2
	庄二郎	(この部分で四家屋敷に対応)	〃			2
	新兵衛		〃			5
	善太郎		〃			3
南側	久五郎	(一家屋敷)	浄土宗 大宝寺			3
	善四郎		〃			2
	善左衛門	名前人と一致	〃			2
	弥右衛門	(一家屋敷)	〃			4
	九右衛門	名前人と一致	〃			2
		(一家屋敷)	浄土宗 西方寺	次右衛門	弥右衛門	1
			浄土宗 大宝寺	こや	〃	0

家持	水帳の記載	旦那寺	借屋人	家主	家族数
南側					
長二郎	（一家屋敷）	〃			2
源　蔵	名前人と一致	〃			2
源兵衛	〃	〃			5
惣右衛門	〃	〃			2
勘三郎後家	（一家屋敷）	〃			2
善　七	（一家屋敷）	〃			3
勘十郎後家	名前人と一致	〃			2
市左衛門	〃	〃			5
又市郎	？	〃			3
市右衛門後家	名前人と一致	〃			0
半三郎	（一家屋敷）	〃			2
又右衛門	（一家屋敷）	〃			3
四郎兵衛※1	名前人と一致	本願寺下　長久寺			0
	（一家屋敷）	本願寺下　明円寺	彦右衛門後家	四郎兵衛	0
	（一家屋敷）	本願寺下　浄徳	甚九郎後家	清左衛門	0
孫左衛門後家	（一家屋敷）	真言宗　大福寺			2
孫衛門	名前人と一致	浄土宗　大宝寺			2
甚四郎	？	〃			3
太郎右衛門	（一家屋敷）	〃			5
彦兵衛	名前人と一致	〃			4
	（一家屋敷）	仏光寺下　道円	道玄※2	源兵衛	1

表は、「南組三津寺町北側宗門改帳」および「南組三津寺町南側宗門改帳」の記載順。

「水帳の記載」と名前人の一致が確認されない部分については家屋敷との対応を推定して（一家屋敷）などと記した。
※1　四郎兵衛は「道頓堀ニ居住申候」との記載あり。
※2　道玄の女房は「本願寺下　了順」の檀家である。
（出典）〔上畑一九九九〕所収の表を加工。

表1は、寛永一六（一六三九）年の宗門人別帳の内容をまとめたものである。この宗門人別帳は、北側と南側が別帳で作られ、両帳とも家持・借屋人の区別なく東から西に向けて記載されている（『御津八幡宮・三津家文書』一六五・一六六）。上畑氏が、元和六年・承応四年の水帳の記載と対比した結果では、表1の「水帳の記載」欄に記した者は、水帳に土地所持者として名前が確認される。借屋人は、善七後家、新左衛門後家、次右衛門、こや、彦右衛門後家、甚九郎後家、道玄の七軒である。地主と確認される者と借屋人以外の者が、どういう者かよくわからないが、宗門人別帳に家持という肩書があることから、すべて家持と考えておきたい。

家持は、ほぼ一つの家屋敷に一人であるが、一人の家持が水帳における二区画と対応していると思われるのが、忠三郎（北の四人目）と善太郎（北の末尾）の二人である。また、水帳の一区画に複数（二人）の家持が対応している区画が四つあるが、その理由は不明である。さて、これらの家持の旦那寺は、ほとんどが浄土宗大宝寺である。大宝寺は、三津寺村時代から村内に一つだけあった寺であり、町立てとほぼ同時に生玉寺町に移転した寺であった。このことは、三津寺町の町人のほとんどが三津寺村の百姓に系譜をもつ者であったことを示すであろう〔上畑一九九九〕。

ここに名前が見える空円は、前節で見た大福院行円の兄であり、町内の道場屋敷を譲り受けたという点と符合している。三津寺町の家持たちが大福院の檀家でないという点も、二節で見た行円の来歴についての町人たちの主張が事実であったことを示すものであろう。

借屋人たちは、いずれも大宝寺の檀家ではない。それは家持たちと系譜が異なることを示していよう。また、借屋人には後家が多く、その家族員数も少ないため、どれほどの安定した家といえるかは不明だが、一家屋敷にほぼ一軒の借屋である。弥右衛門借屋の次右衛門とこやは一家屋敷に二軒の借屋があった。与三右衛門借屋の新左衛門後家は、与三右衛門の居住する家屋敷に含まれている。四郎兵衛は「道頓堀に居住」と記されているので、他町持であり、四郎兵衛借屋の彦右衛門後家は一つの家屋敷に一軒である。これ以外の借屋も一家屋敷に一軒である。

以上のように、寛永一六（一六三九）年段階の三津寺町は、家持・借屋を含めて、ほぼ一家屋敷に一軒であり、わずかに二軒の場合もあったのであるが、このような状況は、吉田氏が参照した寛永一六年の菊屋町の状況とほぼ同一であったといえよう〔吉田一九八五〕。

3　寛文元年前後の状況

寛文元年（一六六一）には、宗門人別帳（「吉利支丹御改之帳」『御津八幡宮・三津家文書』一六七）と水帳写が残されている（『御津八幡宮・三津家文書』一三一）。宗門人別帳の家持の部分を表2に、借屋部分を表3に示した。水帳写から上畑氏が復元した町内図に表2・3の情報を合わせて図2を作成した。

この段階でも、家持は大半が浄土宗大宝寺の檀家であり、三津寺村の構成を引き継いだ性格はいまだ続いていたといえよう。但し、家持のうち治右衛門と市右衛門が大福寺（大福院）の檀家となっていることにも注意しておこう。

人別帳の記載順から、各家持がどの家屋敷に居住しているかを判断して、図2に○数字を入れた。人別帳の名前人と水帳の名前人が異なるケースがあるが、これは家族や関係者であることが確認されるものである。この数字が入っていない家屋敷は、町内持（町内居住の家持が居所以外に所持している家屋敷のこと）、もしくは他町持である。

年寄勘右衛門とその一族の隠居浄清・長右衛門が並び、その後は町内の東側から南北をいっしょにして順に記載されている。町内の北側東端の家持である行円は、先に触れたように、万治二（一六五九）年に〝出家な

表2　寛文元年の三津寺町の家持

No.	家持	旦那寺	家族数	肩書	備考
①	勘右衛門	浄土宗生玉　大宝寺	6	年寄	
①′	隠居　浄清	〃	4		
①″	長右衛門	〃	5		
②	善右衛門	〃	5		
③	次郎兵衛	〃	4		次郎兵衛ばゞ弥右衛門後家の旦那寺は西本願寺下万福寺
④	友　拳	〃	2	医者	下女1人
⑤	久兵衛	〃	2		
⑥	清兵衛	〃	2		
⑦	九右衛門	〃	4		子に九郎兵衛がいる
⑧	彦左衛門	〃	6		
⑨	長兵衛	〃	7		
⑩	勘兵衛	〃	2	木屋	下人1人
⑪	五兵衛	〃	3		
⑫	理兵衛	〃	2		
⑫′	理兵衛母	西本願寺下　浄照坊	1		
⑬	源兵衛	浄土宗　大宝寺	5		
⑭	治右衛門	真言宗　三津寺　大福寺	3		
⑮	甚左衛門	浄土宗　大宝寺	4		子に庄九郎がいる
⑯	九兵衛	〃	1		

⑰	忠兵衛	〃	6		
⑱	又左衛門	〃	4		
⑲	市右衛門	真言宗　三津寺　大福寺	2		
⑳	甚右衛門	浄土宗　大宝寺	1		
㉑	市左衛門	〃	3		
㉑′	市左衛門内	法花宗　本照寺	0		
	岩松か、				
㉒	市兵衛	浄土宗　大宝寺	4		
㉓	次郎右衛門	〃	3	松屋	
㉔	清右衛門	〃	2		
㉕	太郎右衛門	〃	5		
㉖	太郎兵衛	本願寺下白銀町　誓得寺	5		
㉗	作兵衛	浄土宗　大宝寺	6		
㉘	吉右衛門後家	〃	3		
㉙	加兵衛	〃	5		
㉚	庄兵衛	〃	4		
㉛	茂兵衛	〃	5		
㉜	四郎左衛門	〃	5		下女1人
㉝	新兵衛	〃	5		
㉞	又兵衛	〃	4		
㉟	彦兵衛	〃	1		

表は、「三津寺町　吉利支丹御改之帳」のうち、「家持之分」記載順。
（出典）〔上畑一九九九〕所収の表を加工。

表3　寛文元年の三津寺町の借屋

	家主	借屋人	旦那寺	家族数	肩書
a	長兵衛	長兵衛	浄土宗　願生寺	2	たはこや
	〃	庄左衛門後家	浄土宗　幸念寺	2	
b	彦左衛門	喜兵衛後家	西本願寺下　万福寺	1	
c	市右衛門	与介	真言宗　三津寺　大福寺	2	
d	松屋次郎右衛門	妙　信	東本願寺下　浄源寺	0	
	〃	久兵衛	浄土宗　恵念寺	0	樽屋
	〃	浄　念	浄土宗　誓安寺	0	
	〃	吉右衛門	浄土宗　大宝寺	1	町代
	〃	市兵衛後家	西本願寺下　万福寺	2	
	〃	市兵衛後家	東本願寺下　南栖寺	0	
	〃	八　母	東本願寺下　唯専寺	1	
	〃	宝常院	天台宗　東学院	3	山伏
e	太郎右衛門	久三郎後家	東本願寺下　誓得寺	1	
	〃	茂左衛門後家	浄土宗　大雲寺	0	
	〃	妙　正	浄土宗　誓願寺	0	
	〃	忠兵衛	浄土宗　大宝寺	1	
	〃	市郎右衛門	浄土宗　西蓮寺	2	
	〃	甚四郎	下難波大念仏末寺　法照寺	3	
f	彦兵衛	妙　慶	西本願寺下　万福寺	0	
	〃	裕　玄	〃	0	
g	わたや四郎兵衛	清兵衛	浄土宗　清恩寺	3	
	〃	庄兵衛	浄土宗　大宝寺	6	魚屋
	〃	三右衛門※1	西本願寺下　万福寺	3	

h	作兵衛	是閑後家	法花宗　雲雷寺	1	
i	加兵衛	長兵衛	浄土宗　八丁目組　法善寺	3	
j	茂兵衛	七兵衛	東本願寺下　浄源寺	1	たはこや
k	九郎右衛門	弥兵衛	西本願寺下　万福寺	7	
	〃	小左衛門後家	浄土宗　蓮生寺	0	
l	四郎左衛門	茂兵衛	浄土宗　心光寺	1	ぬしや
m	九右衛門	長右衛門	浄土宗　大宝寺	2	
n	庄兵衛	妙円	西本願寺下　万福寺	0	
	〃	おやあ	浄土宗　隆泉寺	0	
o	太郎右衛門	長吉　母	西本願寺下　万福寺	0	
	〃	仁兵衛　ばゞ	下難波仏光寺下　宗意	0	
	〃	つる	東本願寺下すミや町　応円寺	0	
	〃	長兵衛	浄土宗　天満西寺町　西福寺	1	
p	源兵衛	久三郎	今宮仏光寺門徒　光明寺	3	
	〃	仁兵衛	〃	1	
q	吉兵衛	五左衛門	浄土宗　伝長寺	2	木引
	〃	吉右衛門後家	東本願寺下　光円寺	1	
	〃	善右衛門後家	今宮仏光寺門徒　光明寺	1	

表は「三津寺町　吉利支丹御改之帳」のうち、「借家之分」記載順。
※1　家族以外に下人1人、下女3人がいる。
〔上畑一九九九〕所収の表をもとに作成。

佐野屋橋筋　　御堂筋

①	⑲		⑮	⑭	⑪	⑧	⑥	⑤	③	
年寄 勘右衛門	市右衛門 c [1]	又右衛門	庄九郎	次右衛門	五兵衛	彦左衛門 b [1]	清兵衛	久兵衛	次郎兵衛	行円

三津寺通

d [8] 次郎右衛門	市兵衛	市左衛門	甚右衛門	又左衛門	忠兵衛	九兵衛	源兵衛	理兵衛	長兵衛	勘兵衛	九郎兵衛	友拳	a [2] (長兵衛)	善右衛門
㉓	㉒	㉑	⑳	⑱	⑰	⑯	⑬	⑫	⑨	⑩	⑦	④		②

敷にそれぞれ対応)

勘右衛門	市右衛門	又右衛門	庄九郎	次右衛門	五兵衛	彦左衛門	清兵衛	久兵衛	次郎兵衛	行円
	1				2					
	1									
	2					1				
	1					0—1				
	1					1				
	1					1				
						1				
		1				1				
		1				1				

次郎右衛門	市兵衛	市左衛門	甚右衛門	又左衛門	忠兵衛	九兵衛	源兵衛	理兵衛	長兵衛	勘兵衛	九郎兵衛	友拳	(長兵衛)	善右衛門
4											1		2	
5											1		2	
6											1		2	1
※2											1		2	1
8													2	
11												1	2	1
11										7	6		2	
14										7	6		2	
17		1							1	6	5		2	1

は5であることを示している。

ので五人組から外す〟という措置がとられており、宗門人別帳に行円の名前が見えないのは、出家だからだと考えられる。また、南側佐野屋橋筋から四軒目の四郎兵衛は、南鍛冶屋町居住の他町持なので、人別帳には名前が見えない。

南側二軒目の地主である長兵衛は、人別帳の⑨番目に名前があり、長兵衛は南側二軒目の家屋敷には住んでおらず、図2で南側の御堂筋から二軒目に見える長兵衛所持の家屋敷に住んでいるものと判断される。その他、地主名を括弧で括った家屋敷は、町内居住者であるが、その家屋敷には居住していない者と判断される。

図2　寛文元年の三津寺町の家屋敷

〔上畑1999〕所収の図をもとに作成。

図3　家屋敷ごとの借屋軒数（図2の三津寺町の家屋

明暦3	2			1						
万治元	2			1						
〃 2	2			1	1	1				
〃 3	3			2	2	1				
寛文元	3				1	1		1		
（〃 2）				1						
〃 3	3				1	2		2		
〃 4	2					2				
〃 5	2					2	1			
〃 6	3				2	1	1			7

明暦3	1	4		2	3	4	4		4
万治元	1	5		1	2	3	4		4
〃 2	1	4		1	2	3	4		2
〃 3	2	4—5		2	2	3	※1		5
寛文元	2	4		1	3	3	2		6
（〃 2）									
〃 3	2			2	2	4	4		6
〃 4	3			1	2	4	2		9
〃 5	2			1	2	5	2		12
〃 6	2			1	2	5	2		11

図中の0—1、4—5の表記はその年の借屋軒数が0または1、4また

※1　借屋軒数2または3。

※2　借屋軒数4または5。

次に、借屋分を表示した表3を見よう。これを、家主毎に区切り、図2と対応させると、借屋分も町内の東側から、ほぼ居住する家屋敷順に記載されている。その借屋が所在すると考えられる家屋敷にa～qの記号をいれ（図2の九郎兵衛・四郎左衛門の部分は推測を含む）、あわせて借屋の軒数を記入した。

表4　三津寺町の家主・借屋数の変化

	明暦三	万治元	万治二	万治三	寛文元	寛文三	寛文四	寛文五	寛文六
家主	13	13	17	17	16	17	13	15	20
借屋軒数	34	32	35	40	41	46	53	59	72
借屋人数					102			164	

「家主」欄の数は、借屋を置いている家主の人数。町内の家持数ではない。

寛文元年には、借屋戸数は四一軒で、家族数を含む人数は一〇二人であり、寛永一六（一六三九）年と比べるとほぼ六倍に増えている。但し、その増加は町内で一律に増えているのではなく、特徴的なあり方を示している。

図2を見ると、次のような特徴が見てとれる。

①借屋の存在する家屋敷は、佐野屋橋筋から西側に集中している。

②佐野屋橋筋に面する次郎右衛門と太郎右衛門の家屋敷に八軒・六軒と多くの借屋が集中しているが、それ以外は、一～三軒程度で少数である。

③他町持や町内持の家屋敷にはすべて借屋がいる。佐野屋橋筋より西側に借屋が集中しているのは、他町持・町内持の家屋敷が集中しているからでもある。

三津寺町には、明暦三（一六五七）年から寛文六（一六六六）年の間の借屋五人組帳六冊（『御津八幡宮・三津家文書』一七一・一七二・一七四・一七五・一七六・一七七）、寛文四年の「三津寺町借屋中集銭日記」（『御津八幡宮・三津家文書』一一四）、および寛文五（一六六五）年の宗門人別帳（『御津八幡宮・三津家文書』一六八）が

残っている。寛文元年の宗門人別帳も合わせて、借屋の軒数を一覧にしたのが表4である。明暦三年から寛文元年までは三〇数軒から四〇軒ほどで微増だが、寛文元年から寛文六年にかけては四〇軒余から七〇軒以上へと激増している。

これを家屋敷ごとに見るために、図3を作成した。この一〇年間に家持が替わったり、家屋敷が分割されたと思われる部分があるが、寛文元年の図2を基準に、各家屋敷にその年に何軒の借屋があったかを示している。

これを見ると、寛文元年について指摘した三点の特徴は、寛文六年までの時期についてはほぼ当てはまる。加えて、次の点が指摘できる。

④借屋のある家屋敷にはずっと借屋が存在し、借屋のない家屋敷には一貫して借屋が存在しない傾向がある。

⑤寛文年間にはいると、特に御堂筋・佐野屋橋筋に面した家屋敷で借屋が激増する。

寛文年間以前にも借屋の多かった佐野屋橋筋両側の次郎右衛門と太郎右衛門の家屋敷（以下、各家屋敷は寛文元年の家持名で表示する）は、寛文三年以降一〇軒を越え、特に次郎右衛門の家屋敷は寛文六年には一七軒に激増している。また、寛文元年まではまったく借屋のなかった御堂筋沿いの勘兵衛の家屋敷には、寛文四年に突然七軒の借屋が現れ、万治三年まで一軒の借屋しかなく、寛文一～三年は皆無だった九郎兵衛の家屋敷には、寛文四年に突然六軒の借屋が現れてくる。また、佐野屋橋筋の清右衛門の家屋敷には、寛文六年に突然七軒の借屋が置かれることになる。すなわち、寛文年間にはいって、借屋が激増してくることの内実には、三津寺町内を南北に通っている道路沿いの家屋敷における借屋の激増があったことがわかる。

4　借屋の推移

こうした全体的動向の背後にあるものを考えるために、個々の借屋の推移を見ることにしよう。本来、その検討のために作成した表を掲げるべきだが、紙幅の関係で結論のみを述べることにする。

まず、第一節で見た四人の道心者の動向を見る。五兵衛地借の「ごんさい」は明暦三年の五人組帳にだけ名前が見える。明暦三（一六五七）年の五兵衛の家屋敷には、「ごんさい」と「しのぶ」の二軒の借屋が見えるが、万治元（一六五八）年以降には二軒ともいなくなる。ごんさいは一〇年余り三津寺町で地借していた比較的安定していただろうと予想される存在であるが、その行方は不明である。

明暦三年に太郎右衛門借屋にいた道心者浄念（善念・常念とも表現）は、万治二年には佐野屋橋筋を挟んだ（松屋）次郎右衛門の借屋に移り、少なくとも寛文五（一六六五）年まではそこに居住していた。一〇数年、三津寺町に居り、その間に町内で借屋を移動しているのである。

明暦三年に彦兵衛借屋にいた尼妙円と道心者遊玄の場合、妙円（五人組帳では妙玄と表現か）は翌年には彦兵衛借屋に確認されるが、それ以降見えなくなる。但し、妙玄という名前だけで同一人だとすれば、寛文三年には四郎左衛門借屋に、寛文五年には太郎右衛門借屋に確認される。しかし、その前後の年には名前がないので、三津寺町以外の近隣町を含めて借屋を転々としていたことになる。なお、寛文元年の庄兵衛借屋に妙円の名前が見える。寛文元年の妙円と寛文五年の妙玄とは旦那寺が異なるので、同一人物ではない。どちらかが明暦三年の妙円（＝妙玄）とつながれば、結論は同じことになる。

遊玄（祐玄・友玄とも表現）はいろんな町の借屋を転々として、明暦二（一六五六）年に三津寺町にやってきたが、少なくとも寛文五（一六六五）年までは彦兵衛借屋に居住しつづけた。道心者の場合、一〇年近く同じ借屋に居住する場合も見られたが、同じ町内も含めて借屋を転々としている不安定な存在といえよう。但し、その場合にも彼らはもともと道心者だったとは限らず、家持あるいは借屋として、さまざまな生業を営んでいた者が道心者になっていくケースが多かったことに注意しておきたい。

明暦三（一六五七）年から寛文六（一六六六）年までの借屋を追跡すると、短期間で入れ替わる者と継続的に居住し続ける者がいることがわかる。他町持である四郎兵衛借屋の庄兵衛・清兵衛は一〇年間一貫して居住している。同借屋の三右衛門は、万治元（一六五八）年から寛文元（一六六一）年まで名前が見えるが、万治元年の五人組帳では鴻池という肩書があり、寛文元年の宗門人別帳では、家族以外に下人一人・下女三人がいたことがわかる。この場合は、何らかの商売をしていることが想定され、不安定で転出していったというようなことではなかろう。他町持である四郎兵衛の家屋敷では、家持が表に居宅をおいていることはないので、庄兵衛や清兵衛も裏借屋とは想定できず、表店借であろう。

町内持である長兵衛借屋のたばこや長兵衛と庄左衛門後家の二軒も一〇年間一貫して居住し続けている。彼らも、表店借で一定の経営を行っていた存在と考えるのが妥当であろう。これ以外にも、源兵衛借屋の久三郎は明暦三年より以前から居住しており（寛文三年まで）、仁兵衛は万治三年に登場してから寛文六年までは居住している。寛文四年から見える五左衛門も寛文六年以後まで居住している。これらも共通する者とみなせるのではなかろうか。

三津寺町のこの時期の借屋請状が何通か残っているが（『御津八幡宮・三津家文書』一八二）、それらは請人が町中ないし家主に宛てて、確かな人物であると保証する内容である。それとは別に、承応元（一六五二）年一〇月八日の「かり申候やしきノ請状事」（『御津八幡宮・三津家文書』一八三）が残されている。それは、「上せん」が三津寺町の清右衛門屋敷の表三間半に四間四尺分を五年の年限で借用する契約証文である。地代は一年当り一〇匁であり、先に見た那波屋宗軒宛の屋敷借受状と比べると低額である。しかし、これは借屋請状ではなく、屋敷地の貸借である。三津寺町の場合に、先のごんさい以外にも地借が存在していたことがわかる。

5　家屋敷ごとの借屋の類型

さて、ここまで借屋人の中に一定の安定性を持つ者と、不安定で流動的な者がいたことを見てきた。これを、家屋敷のほうから見るとどうなるだろうか。寛文年間以前から借屋が存在していた家屋敷については、①継続型、②半数交替型、③非継続型の三つに分けられるように思われる。

①継続型は、先に見た長期に継続する借屋が所在する家屋敷であり、他町持の四郎兵衛、町内持の長兵衛・源兵衛の家屋敷がこれに当たる。

②半数交替型とは、借屋の軒数は変わらないが、次の年には借屋人は半数程度が入れ替わっているというタイプである。その中には、一貫して継続する借屋は見当たらない。つまり、借屋人は一年内にいなくなる者は多くないが、二〜三年程度の継続性しか持たず、流動性が見られるといえよう。このタイプには、佐野屋橋筋に面する太郎右衛門・次郎右衛門の家屋敷、加兵衛の家屋敷がはいろう。

水帳から復元した図2の㉟彦兵衛の家屋敷には、寛文元年の宗門人別帳の記載順から家持彦兵衛が居住していたと考えて間違いない。ところが、明暦三年から寛文元年までこの家屋敷に居住していた借屋人は、二郎右衛門借屋・太郎右衛門借屋と表記されている。寛文元年の宗門人別帳でも、太郎右衛門借屋（表3のo）とされている。しかし、同年一一月一五日に、この家屋敷が「彦兵衛屋敷」であることを確認する一札を、太郎右衛門が年寄勘右衛門と町中に対して提出している（『御津八幡宮・三津家文書』一二〇）。この間の経緯の詳細は不明であるが、この家屋敷に対する家主の関わり方が変化したことは確実であろう。この家屋敷は、家主のあり方が変化して以降、借屋はまったく見られなくなるが、寛文元年までは半数交替型であった。

③非継続型とは、居住する借屋人は次の年には入れ替わっているタイプである。これには、四郎左衛門、善

右衛門、吉兵衛、庄兵衛、茂兵衛などの家屋敷が含まれる。この場合にも、全体として見ると、一定数の借屋が見られるが、借屋が皆無の年もしばしば見られることになる。また、彦兵衛借屋（f）においては、遊玄が明暦三年から寛文五年まで継続するのを例外として、他は一～二年で入れ替わっており、③非継続型に含まれると考えてよかろう。

彦左衛門の家屋敷には、万治二年から寛文元年まで一軒づつ入れ替わる形で借屋人がいたが、寛文三年から寛文六年まで一貫して善兵衛が借屋人であった。①継続型と③非継続型の中間形態といえようか。

これらに新しい動向をもたらしたのが、寛文年間に御堂筋・佐野屋橋筋に面した家屋敷に激増した借屋である。それ以前に名前の見られなかった借屋人が突然多数登場してくるのである。太郎右衛門の家屋敷では、寛文三年以降、毎年新しい借屋人が四～五人増えて、減少数はそれより少ない。次郎右衛門の家屋敷も同様であるが、寛文六年には八軒も増えている。御堂筋沿いの勘兵衛の家屋敷に登場した借屋は寛文四年と同五年はまったく同じであり、同六年にも四軒は継続し、二軒が加わる。これは一定の継続性を持っているのではないかと思われる。一方、九郎兵衛の家屋敷には、寛文四年と同五年には継続性が強く、同六年には半分以上が変わっている。清右衛門の家屋敷には寛文六年に突然七軒の借屋人が登場してきたので、その後の傾向を推し量ることはできない。

このような多数の借屋人が居住しうる前提には、家屋を建てて借屋人を受け入れる条件が整えられていなければならないであろう。逆に言うと、借屋の建物があれば、そこに居住する人が入れ替わることも可能なのである。特に、佐野屋橋筋沿いの太郎右衛門・次郎右衛門の家屋敷は三津寺通の間口は三間半ほどであり、南北の通りに沿って多数の長屋が建てられていたものと想定される。清右衛門、勘兵衛、九郎兵衛の家屋敷についても同様であろう。

もともと、①継続型の借屋が表店借として先行していたのではないかと思われるが、寛文四年以降に借屋が激増した清右衛門、勘兵衛、九郎兵衛の家屋敷に比較的継続性が見られるとしたら、それに続く表店借の展開が予想されよう。③非継続型の場合は、裏借屋とは限らないが、不安定で流動的な借屋であり、②半数交替型の場合は中間的な借屋が存在していたといえよう。太郎右衛門・次郎右衛門の家屋敷は、不安定で流動的な要素を含んでおり、表店借的な要素を併せ持っていたのではなかろうか。

こうして見てくると、吉田氏が提起された近世都市における町の展開モデルの第一段階から第二段階の内実に多様な借屋の展開を想定しておく必要があることがわかる。

おわりに

第一節で見た道心者のあり方も、第三節で見たような借屋の展開の一部をなしていたのである。(1) 宗門人別帳や五人組帳でも、道心者と思われる名前の者が一定数見られる。その全体を見ることはできないが、そのうち山伏について見ておくことにしよう。

明暦三（一六五七）年の町触において、本願寺門徒以外の出家が町屋に住み、旦那を集めることが禁止される一方で、男女の道心者の市中居住は認められていた。三津寺町の道心者と思われる借屋人の存在は、その枠組みの現実性をうかがわせるものといえよう。

寛文元（一六六一）年の宗門人別帳には、山伏宝常院が含まれていた（表3参照）。宝常院は万治二（一六五九）年から寛文六年まで一貫して次郎右衛門借屋に居住していた。この他、三津寺町には、勘兵衛借屋に山伏明覚が寛文四〜六年に居住していた。山伏（＝修験）は、天台系（本山派）・真言系（当山派）に属するが、市中の借屋居住を認められていたのである。そのことから、まずは山伏は「清僧」（寛文六年令の表現）ではなく、町中居住を認められた道心者の一部に含められていることが注目される。しかし、他の多くの道心者より、町内での一定の定着性を示していると思われることも注意しておきたい。

寛文元年の宗門人別帳では、宝常院は天台宗東学院が宗旨を請け合う形となっている。この宝常院については、三津寺町に来住した万治二年九月六日付の「宗旨請状之事」（『御津八幡宮・三津家文書』一七八）が残されている。そこでは「本山聖護院下組頭　道修町東学院」が家主嶋屋次郎右衛門に宛てて、同人の「借やニ居申候宝寿（常）院と申山伏、同女房、子ニ真三郎、同甚之助以上四人、従先年天台宗ニ而拙僧組下ニて御座候」と保証している。宝常院は本山派の山伏であったが、彼らは大坂で組を形成しており、宝常院は東学院の組下に属していた。組頭である東学院も道修町に居住しているのであり、組頭も市中に居住する存在であったことがわかる。その市中居住の組頭が宗旨の請判をしているのであり、寛文元年の宗門改めでもその請判が効力を有していた。

ところが、寛文五年の宗門人別帳においては、次郎右衛門借屋の宝常院の旦那寺は「生玉真言宗　曼荼羅院」であり、玄明院組下とされ、女房と子供市郎兵衛（真三郎改め）・庄左衛門（甚之助改め）の旦那寺は浄土宗黒谷派の西方寺とされている。おそらく修験の組頭の宗旨請判の権限が認められなくなり、修験（＝山伏）も独自に旦那寺が必要になったのであろう。それが生玉社の社僧である真言宗曼荼羅院となったのは、御津八幡宮を介して三津寺町と生玉社社僧寺院が密接に結びついていたことによるのであろう。しかし、それは天台系の本山派山伏だった宝常院にとっては当山派に移ることをもたらしたと思われる。おそらく宝常院の属する玄明院の組下は当山派の組であろう。

宝常院の家族は、万治二年の宗旨請状でも、寛文元年の宗門人別帳でも修験組頭東学院が旦那寺とされていた。しかし、寛文五年の宗門人別帳では、家族は浄土宗西方寺の檀家とされている。これは、修験が清僧とは区別された道心者としての扱いが定着した結果であろう。

なお、寛文五年の宗門人別帳には、山伏明覚の旦那寺は「真言宗生玉正智院」とあり、「当山尊乗院組下」とある。明覚の場合は、女房も正智院が旦那寺であるが、宝常院の場合と基本的に同じ位置づけである。「当山」の二文字は消されているが、当山派山伏であることは確実であり、ここでも生玉社僧寺院である正智院が旦那寺とされている。正智院は近世後期の社僧寺院の中には名前が見えないが、万治三（一六六〇）年に御津八幡宮の上葺きを行うため、仮屋へ移すべく「生玉正知院を頼」んだところ、正智院に不都合がありトラブルが生じており（『御津八幡宮・三津家文書』一二）、この時期、生玉社僧として存在していたことは間違いない。三津寺町の借屋に居住する山伏明覚の旦那寺が生玉社僧となることの背景には、御津八幡宮を介する関係があったことも同様であろう。

延宝七年刊行の『難波鶴』（塩村耕『古版大阪案内記集成』和泉書院、一九九九年所収）には、本山派の山伏七五人、その組頭として大学院（立売ぼり帯や町）・寿福院（心斎町）・理性院（道空町）・明学院（新泉町）・自宝院（卜半町）の名前が見え、また当山派の山伏一六〇人、その組頭として大福院（しらが町）・延寿院（おくび町）・増常院（上槫屋町）の名前が見える。両派合わせて二三五人という多数の山伏が大坂の市中に暮らしていたのである。延宝七年段階で、本山派四組、当山派三組の組合を形成していたのであり、組頭も市中居住であった。先に万治二年〜寛文六年の三津寺町の山伏に関わって名前の見えた東学院・玄明院・尊乗院は、一〇年余りの隔たりがあるためか、その名前を見出すことはできない。しかし、宝常院も明覚もこれら山伏の組織の一員であったことは確実である。それと同時に、宝常院の本山派から当山派への移動に見られるように、それは固定したものではなかったように思われる。

筆者は「はじめに」で触れたように、大坂の都市社会でさまざまな勧進宗教者（広義の道心者）が競合しながら併存している状況を抽出し、一七世紀におけるその主流が山伏だったことを指摘した。ここにその一端が表現されているといえよう。また、同時にそうした山伏や道心者（狭義）のあり方は町の借屋の展開の中にその一翼を占めていたことを忘れてはいけないであろう。

〔注〕

（1）一七世紀の三津寺町における借屋の実態については、安部圭助氏により、家屋敷を越えて借屋五人組を形成していることや、三津寺町全体での借屋中というような結集の見られたこと、借屋の発生と家持の特殊な条件がどのように結びついているかなど、興味深い検討が行われている。詳細は、安部圭助「近世初期三津寺町における借屋の展開」〔安部二〇〇七〕を参照されたい。

第三章　近世後期・大坂の髪結に関する一考察

はじめに

江戸の髪結については、吉田伸之氏や須藤和美氏による研究の蓄積がある。江戸では、髪結株を持つ多数の髪結たちが、地域的な四八の小組を基礎に全体が一つの仲間（物仲間）を形成していた。一九八〇年代に吉田氏は、町に抱えられた髪結たちが髪結株を物権化して町の進退を脱していく動向を指摘されていた〔吉田一九八七〕。

一九九〇年代に大阪市大・福田文庫に含まれる江戸の髪結仲間の史料が利用されるようになり、須藤氏は一七世紀から一九世紀にわたる髪結仲間の展開過程を整理された〔須藤一九九四〕。吉田氏は、髪結株は町域程度を範囲として床と丁場（廻り場）をセットとしていたこと、髪結株主と実際の髪結に従事するものが分離し、株主は実際の髪結から上げ銭を徴収する存在となっていったこと、髪結親方のもとで雇用される手間取り職人が展開し、彼らを口入れする手間宿も存在していたことなど広範な事実を明らかにされている〔吉田一九九四a〕。またそこでは、髪結株の売買値段は一八世紀にはせいぜい数十両程度であったが、一九世紀には数百両を越えるまでになっていったことを指摘され、髪結仲間は髪結株主の共同組織になっていたことを解明されている。

以上のような江戸の髪結の存在形態の解明は、地位や職分の株＝物権化や仲間組織の重層と複合など近世身分社会の特質を表現するものとしてきわめて興味深いものである。

一方、大坂の髪結については、岡本浩氏がその概要を明らかにされているが、詳細は未解明といっても良い状況である。それでも岡本氏の研究を参照すれば、江戸と大坂では髪結とその仲間のあり方が大きく異なることが知られ、その解明が待たれるところであった。ところが最近、三津寺町の史料の中に町の髪結に関するものが含まれることに気づいた。きわめて興味深いものであり、その紹介もかねて若干の考察を加えてみたい。

一　床髪結と町髪結

まず岡本氏の研究によりながら、大坂の髪結についてわかっていることを確認しておこう〔岡本一九九六〕(1)。江戸の髪結は全体が一つの髪結仲間を形成していたが、大坂では床髪結と町抱の髪結とが区別されていた。

床髪結とは、橋台・辻・浜地などに髪結床を設置して、不特定の顧客を対象に営業する存在であった。床の所在する町との関係では、床設置に際しての証文に「橋懸り丁々ゟ被仰出候儀、相背キ申間敷候」とか、「御町差障り之筋有之ハ、右床取除可申候」などとあるように制約下に置かれる側面を持っていたが、彼らは牢番役を勤めることで自らの地位を床髪結仲間として公定されていた。明和元（一七六四）年段階で二〇五人が一〇組に分かれていた。この人数＝床数は、事実上株となっており、一八世紀半ばには確実に（床の）所有と（髪結の）経営の分離が見出されることが明らかにされている。

一方、町髪結（町抱髪結）は、抱えられた町内の顧客を対象に、廻り髪結の営業をしており、床設置は認められていなかった（床を設置して商うのを内仕事と呼ぶ）。菊屋町他の「通達組合拾三町髪結名前帳」（天明三〔一七八三〕年）が残されている（内容は本書20頁序章表3を参照）。町髪結が通達組合という枠組みで仲間を作らされたことがわかり、興味深いが、彼らは、同町内もしくは近隣町の借屋人である。

町髪結は、髪結営業をしているだけではなかった。安永二（一七七三）年四月一〇日に北久宝寺町一丁目など六町より西町奉行所に宛てた返答書に、「私共町内髪結之儀は、是迄丁代ゟ身元疾と相糺、実体成者を見定候上、丁代手前え召抱、丁内え差出し、無滞勝手宜御座候間、髪結共奉願上候通御差置、勿論是迄之通被為成下度」とあり、町髪結の身元確認から雇用中の監督まで、すべて丁代が行っていることがわかる。町髪結は丁代の下で町用をも勤める存在だったのである。

町髪結の抱入れには、口入業者が存在していた。天満助成地楢村屋敷の借屋人大和屋喜右衛門他一四名が髪結口入の独占を出願したことに対して、これに反対する返答書が、宝暦九（一七五九）年閏七月三日に北久宝寺町一丁目など六町の丁代より惣会所宛に提出された。そこには、「右髪結口入之儀は、私共数拾ケ年口入致させ来候而、丁内之格・働方之勝手等能存知、勿論髪結之身上確成者吟味仕差入候而」とあり、恒常的な口入の存在が知られるのである。

このように、床髪結と町髪結は、大坂においては存在形態を異にし、併存していたのであるが、牢番役を勤め、髪結渡世の独占の方向を志向する床髪結仲間は、町髪結たちをその影響下に置いていく。明和元（一七六四）年、内仕事（町屋敷内に床を設置する営業形態）を自分たちの権限を侵すものとして、床髪結仲間はその禁止を願ったが、その経緯の中で、これまでの口入業者が否定され、町髪結はすべて床髪結から供給されることとされた。また、床髪結が牢番に当っている床は、手下（町抱）髪結が無賃で留守番を勤めることとされたのである。安永二～五年には、町抱髪結に札を出し、その留守勤めを代銭化する措置が取られた。

一九世紀に入って、文政年間には床髪結仲間は多額の借銀を抱え、その低利のものへの借り換えが問題になる。文政四（一八二一）年、高利の銀五〇貫目を、播磨屋利助・和泉屋伊兵衛の二口に分けて低利に借り替えるとともに、組頭一〇名から「仲間諸出入勘定帳面」を「組下」に引き渡すことになった。つまり、これまで仲間財政を管理してきた組頭の責任が問われ、その権限を「組下」に委ねることになったのである。この時、組頭一〇人が立て替えていた銀（取替銀）二五貫目については、無利息でそのまま残された。それゆえ組頭が交代する時は、前任者が出銀していた分を後任者が引き継ぎ負担しないといけないが、その調達のため他からの高利の借銀が嵩むことになった。そのため文政一二（一八二九）年になって、大和屋与兵衛の資金で仲間全体の借銀に切り替え、組頭の取替銀をなくすことにしたのであった。これによって、床髪結仲間として三人に対する三口銀七五貫目の借銀を負うことになったのである。

ここで第一に注目されるのは、「組下」が実質的に何を意味するかである。一連の経過の中で、組下勘定役一〇人の存在が確認され、そのうち三人が組下惣代という立場にあったことがわかる。銀主である播磨屋・和泉屋・大和屋は、いずれも床持主であり、組下勘定役と重なる。つまり、「所有と経営の分離」した髪結仲間のうちには、大店が含まれ、彼らが資金を用立て、仲間財政を全面的に管理することとなったのである。彼らが実質的な「組下」であった。

第二には、他借の二口銀五〇貫目の引当に「三郷町々髪結出銀」を当てていることである。三郷の町髪結は、床髪結仲間に出銀を求められていたのである。これは、一八世紀後半に町髪結が床髪結仲間の支配下に組み込まれたことの結果であろう。

第三には、組頭たちは一年に三郷髪結入口の者より銀五〇〇目、「摂河両国髪結共」から銀一貫目を受け取ってきたが、仲間としての借用銀の利息に当てることにしたことである。組頭たちが摂河の髪結たちから出銀を受け取ることになったのは、文政六（一八二三）年に手下にすることを願い、文政八年に認められたからであった。[2]組頭たちは「組下」に権限を委ねた時も、その取替銀は維持されることになったが、多額の借銀の責任を問われ、取替銀については無利息とされたのであった。それ故、取替銀は組頭たちにとって資産であったが、利銀は入らなかったのである。ところが、組頭の交替の際には、先任の組頭の持分を新任の組頭が支払う必要があり、それを他からの借銀で賄うために、高利の借銀に苦しむようになったのである。このため文政一二年、組頭たちは取替銀を一括して受け取り、借銀を負うことになった床髪結仲間に対して、彼らが受け取ることができた二種類の出銀を譲ることになったのである。

この一件からは、一九世紀前半の床髪結仲間の実態と、三郷の町髪結および摂河在方の髪結との関係を集約して窺がうことができるのである。

以上、岡本氏の研究から明らかになっている床髪結と町髪結についてまとめてみた。岡本論文の主な対象は床髪結とその仲間であり、町髪結については部分的に触れるにとどまっている。以下では、町髪結について少しだけ補足しておくこととする。

二　町髪結の日常

大坂では、一八世紀末から孝子褒賞がさかんに行われるようになる〔塚田二〇〇五a〕。その中には髪結渡世だった者も含まれていた。文化五（一八〇八）年五月八日に褒賞された油町三丁目の布屋徳兵衛借屋に住む丹波屋与八は髪結渡世であった。こうした褒賞は、親孝行を奨励する意味で大坂市中に広く伝えられた。まず、それを引用しよう。[3]

口達触

油町三丁目布屋徳兵衛借屋
丹波屋与八

右与八儀前名与吉と申候節、亡父与八儀同所壱丁目ニ致住居、同町髪結渡世いたし、女房らく・同人母とめ・娘つね・忰与吉・寅吉六人相暮候処、与八儀七年以前戌年九月ゟ病気差発、其節ハ与吉十三才ニ罷成、其以前ゟ父之職方見習居候ニ付、乍幼年父之代り髪結働ニ罷出、母らく倶々致介抱候処、翌亥年正月与八致病死候後、与八と致改名、跡髪結渡世いたし、家内相育罷在候内、又々同人姉つね病気差発、右介抱をも無手抜いたし遣候得共、是又養生不叶、同年九月相果、右之通父幷姉引続不幸之砌、葬送万端跡々弔をも行届念頃ニ相営、五年以前子年当時之借屋え変宅いたし、其節は祖母とめ七十才余之盲人ニ而致同居候処、万事之世話いたし、与八心妙ニ取扱居候処、母らく儀四年以前丑年ゟ惣身不叶ニ相成、追々重病ニ罷成候付、医師掛ケ、服薬ハ勿論、功能有之由及承候程之売薬をも相用、毎朝早く起候而食事万端煮焚いたし、弟寅吉え夫々申付、職業ニ罷出、尤らく寝返りも難致、両便自由不相成候付、程を考折々罷帰り、両便為調、両便したしニ取候布切等ハ、夜中隣家を忍ひ致洗濯、夜分も硝子細工物商ニ辻見せ差出候儀も有之、夜昼無油断致出情、祖母とめ儀兼而酒を好候付、困窮之中ゟ夜分は少々ツヽ酒肴取拵相進、諸事心ニ応候様取斗居候処、去卯年七十九才ニ相成、次第ニ相弱、同年八月致病死候処、葬送弔等もいたし、夜中透を見合、母病気全快之祈願、氏神其余信仰之神仏え致参詣、日々母之好候品を相尋取拵為給候、深切ニ介抱いたし候由、与八儀日々家業致出情、右重病之介抱物入も有之内ゟ、家賃銀等をも無滞相払、心妙之者故歟、母らく格別之大病ニ候処、去卯六月頃ゟ段々全快ニ趣、当時ニ而ハ家内之世話も出来候様相成候付、一入相悦、家業致出情候趣ニ相聞、幼年之頃ゟ孝心を尽、家業出情いたし、右体之行状、下賤之もの

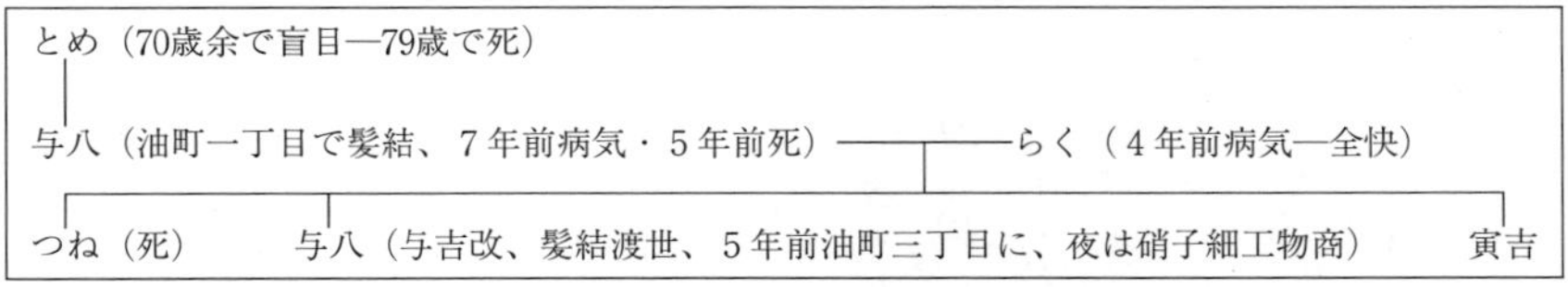

図１

ニは、別而心妙寄特成者ニ付、其段江戸表え申上候処、此度依御下知ニ、御褒美として白銀七枚被下候、

右之趣三郷町中不孝不実之もの共教戒ニも可相成間、一同え可申聞置候事、

ここで褒賞を受けた丹波屋与八の家族関係は、図1の如くである。この家族関係図を参照しながら、与八の履歴を見ておこう。

○父の与八は、油町一丁目に住み、髪結渡世をして、図1に見える六人で暮らしていた。七年前（享和二年）病気となったが、その時一三歳だった与吉は以前から父の職業を見習っていたので、幼年ではあったが、代わりに髪結働きに出た。

○翌年正月に父与八が病死した後、与吉を与八と改名して、髪結渡世の跡を継いだ。この頃、姉つねが病気となり、九月に死亡。

○五年前（文化元年）、油町三丁目の現在の借屋に転宅する。祖母のとめは七〇歳を越えた盲人だったが、母らくが四年前に重病で寝たきりになる。与八は、弟寅吉にも協力させ、看病や身の回りの世話などを行き届かせ、職業（髪結）に出かけ、夜には「硝子細工物商い」の辻店を出すこともあった。

○祖母とめは昨年七九歳で亡くなったが、母のらくはこの年六月頃から孝行の甲斐あって全快した。

この説明では、看病や世話の細部はすべて省略した。父の病死、続く祖母・母の病気で幼い与八は過酷な状況に陥ったが、必死の努力で一家を支えたのである。褒賞の理由は、①そうした過酷な状況の中で、②幼少にもかかわらず、③稼業に精を出し、家計を支え、

④病老の者を手厚く看病・世話し、⑤その者が亡くなると懇ろに弔ったことにあった。こうしたことは、孝子褒賞を考える上で極めて興味深いが、ここではこれ以上触れない。

この事例で注目したいのは、「亡父与八儀、同所《油町》壱丁目ニ致住居、同町髪結渡世いたし」という表現である。単に、〃油町一丁目に住み、髪結渡世をしていた〃と言うだけなら、「同所壱丁目ニ致住居、髪結渡世いたし」という表現になると思われ、ここの意味は、〃油町一丁目に住み、油町一丁目の「町髪結」渡世をしていた〃と理解すべきであろう。

父の死後、与吉は与八と改名して「跡髪結渡世」をしたというのも、油町一丁目の町髪結の地位を受け継いだということであろう。父の髪結稼業を見習っていたといっても、一三歳の与吉でも髪結稼業ができたことからは、髪結稼業がさほど熟練を要さなかったことが窺える。

丹波屋与八は、親の代から引き続き油町一丁目の髪結をしており、その親の代以前には口入されたかもしれないが、それはここではわからない。また本書20頁の序章表3に見られた町髪結の存在形態からすると、油町三丁目の借屋に転宅した後も油町一丁目の髪結であったと想定される。そうだとすると、町の雇用の権限は根底では存在していても、町髪結の地位はそれ自体固定性を帯びつつあったということになろう。あるいはそれは床髪結の統制下に置かれることとも関わっていたかもしれない。

〃町髪結である丹波屋与八〃が、硝子細工物を商う辻店を出すなど複合的な稼ぎで家計を支える様子や看病・介護など、都市下層民衆の日常生活は褒賞の理由書の中に窺がうことができるが、固定性を帯びていたと思われる〃町髪結としての与八〃の実態は、具体的には示されていない。次節では、その一端を窺がうことにしよう。

三　三津寺町の町髪結

三津寺町については、御津八幡宮文書、三津家文書が残されており、これまで大坂三郷の中でも研究の蓄積の分厚い町である。(4) しかし、そのうち寛文年間以前の一七世紀後半までの史料が『御津八幡宮・三津家文書（上・下）』（大阪市史史料一七・一八）として刊行され、一七世紀の町の実態を示す稀有な史料でもあるため、研究はほとんどが一七世紀に集中している。しかし、三津家文書の中に幕末の町髪結の実態を示す興味深い証文が五通含まれている。(5) まずこれを引用しよう。

①安政四年三月
　髪結職請状之事
一御町内西半町髪結職御得意廻り場所銭屋治兵衛所持ニ御座候処、此度勝手ニ付相退キ被申、私へ永々譲り受候ニ付、御頼申上候通御承知被下候上、則譲り一札表へ奥書御調被成下、猶又相改、右職相働可申様御召抱被成下忝奉存候、然ル上は御町内御作法通堅相守、御旦那様借家御得意衆中御子達幷奉公人衆中ニ至迄、大切ニ仕相勤可申候、且又於会所御公用又は御寄会等御座候節は、倶心を用ひ御差支無之様可仕候、将又御心安く相成候迚奉公人衆中之内用向又は質物出し入之世話等一切仕間鋪候、自然右体之世話仕候歟、又は御丁内之御気ニ入不申儀と御座候ハヽ、何時ニ而も御暇可被下候、其節一言之無申分、早速相退キ、跡代り相納候迄は幾人ニ而も入替、御町内御手支ニ相成候儀仕間鋪候、右御定之外何事ニよらす、御法度之儀は不及申、諸事堅相守可申候、為後日之差入申請状、仍而如件、

但、髪結賃銭先借幷於御丁内諸買掛り等一切仕間鋪候、

安政四巳年三月

髪結 山本屋幸助
親類受人（空白）
入口 （空白）

三津寺町
御町代
播磨屋孝七殿

②安政四年三月

髪結職ニ付差入申一札之事

一私儀御町内西半町髪結職働場所持罷在候処、此度勝手ニ付当巳三月ゟ河内屋甚吉と申者実体之ものニ付、定助ケ日雇として差出申度御頼申上候処、御承知被下忝奉存候、依之御得意御旦那様方は勿論御子達奉公人衆中ニ至迄、大切ニ為相働可申候、尤心安達等仕内用事幷質物出し入等為致申間鋪候、猶又博奕諸勝負事且御町内諸買掛り等仕間鋪様、兼而申付置候得共、万一左様之儀相用不申、不埒之儀有之候歟、又は御町内之御気ニ入不申候得は、何時ニ而も此もの為退、早速跡代り之者差入、御町内へ少しも御手支為致間鋪候、且又御会所へ御役人御出役等之節幷御寄会等御座候砌は、我等同様心を用ひ為手伝可申候間、御召使ひ可被下候、為後日之差入申一札、仍而如件、

但、右御定之外何事ニ不寄、御法度之儀は不及申、諸事堅為相守可申候、猶又御会所ニ日々台箱為差入可申候、若諸掛り合等出来候ハヽ、本人不抱我々より急度相弁へ可申事、

安政四巳年三月　　　　　　　　　　（名前、切取り）

手代人　河内屋甚吉　㊞

入口　（名前、切取り）

三津寺町
御丁代
播磨屋孝七殿

③安政五年三月

一札

一私儀御町内西半町髪結職働場所所持仕罷在候処、此度勝手ニ付、木挽町中之丁大和屋国三郎殿え、右場所銀弐貫五百目ニ永代売渡申、相対行届申候、依之右譲り渡一札え奥印形之儀御頼申上候、尤右場所譲り渡之儀は、親類一同得心之儀ニ候得は、外ゟ違乱妨申者壱人も無御座候、万一故障ヶ間鋪儀申者有之候ハヽ、我々何方迄も罷出、急度埒明、少しも御難儀相掛ケ申間鋪候、為後日之奥印御頼一札、仍而如件、

安政五午年三月　　　　　　山本屋幸助　㊞

親類　京屋重兵衛　㊞

三津寺町
御丁代　播磨屋孝七殿

④安政五年三月

髪結職ニ付差入申一札之事

一私儀御町内西半町髪結職働場所持仕罷在候処、此度勝手ニ付当午三月ゟ北国屋常七と申者実体成ものニ付、定助ケ日雇として差出申度御頼申上候処、御承知被下忝奉存候、依之御得意御旦那様方は勿論御子達奉公人衆中ニ至迄、大切ニ為相働可申候、尤心安達等仕内用事幷ニ質物之出し入等為致申間鋪候、猶又博奕諸勝負事且於御町内諸買掛り等仕間鋪様、兼而申付置候得共、万一左様之儀相用不申、不埒之儀有之候歟、又は御町内之御気ニ入不申候得は、何時ニ而も此者為退、早速跡代り之者差入、御町内へ少しも御手支為致間鋪候、且亦御会所へ御役人御出役等之節幷御寄会等御座候砌は、我等同様心を用ひ為手伝可申候間、御召使ひ可被下候、為後日之差入申一札、仍而如件、

但、右御定之外何事ニよらす、御法度之儀は不及申、諸事堅相守可申候、猶又日々御会所へ台箱為差入可申候、尤諸掛り合等出来候ハヽ、本人ニ不抱我等ゟ急度相弁へ可申候、

安政五午年三月　　大和屋国三郎　㊞

手代り　北国屋常七　㊞

三津寺町
御丁代
播磨屋孝七殿

⑤文久元年四月

髪結職請状之事

一私儀従来御召抱ニ而、御町内北側は丸屋与兵衛殿居宅ゟ、南側は泉屋嘉蔵代判嘉兵衛殿居宅ゟ、東半町

不残髪結働場所所持仕罷在候処、実正也、然ル上は御町内御作法通堅相守、御旦那様方借屋御得意衆中幷奉公人衆中ニ至迄、大切ニ相勤可申候、且亦於会所御公用又は御寄会等御座候節は、倶ニ心を用ひ御差支無之様可仕候、将亦御丁内御気ニ入不申儀御座候ハヽ、何時ニ而も御暇可被下候、其節一言之申分無御座、早速退、跡代り相納候迄は幾人ニ而も、御丁内御手支ニ相成候儀無之様入替可申候、右之外何事ニ不寄、御法度之儀は不及申、諸事堅相守可申候、為後日之請状、仍而如件、

文久元酉年四月　　三田屋弥助　㊞

三津寺町
御丁代
播磨屋孝七殿

これら五点の史料は、安政四（一八五七）年三月に作成された①②がセットであり、同五年三月に作成された③④がセットである。この二組は三津寺町内西半町の髪結職に関するものであり、文久元（一八六一）年四月の⑤は同町内東半町の髪結職に関するものである。三津寺町の髪結は町内を東西に区分して働き場としていたことをまず確認しておこう。

1　山本屋幸助と手代人河内屋甚吉

①「髪結職請状之事」は、髪結の山本屋幸助と親類請人・入口から三津寺町の町代播磨屋孝七に宛てて出されたものである。親類請人・入口とも空白であり、下書きであろうか。ただし、髪結職に関して、入口（＝口入）の存在が窺がわれ、一八世紀半ばの口入の存在と符合し、興味深い。

内容を見よう。まず、これまで町内西半町の「髪結職御得意廻り場」を所持していた銭屋治兵衛から私（＝

山本屋幸助）に譲り受けたので、譲り一札に奥印をお願いしたところご承知いただき、髪結職として召抱え下さり、忝く思いますとある。ここからは第一に、町による召抱え以前に、前任の銭屋治兵衛から山本屋幸助が譲り受ける（売買）という行為があり、「髪結職御得意廻り場所」は株として物権化していることがわかる。第二には、町の側でこれに対応しているのが町代の播磨屋孝七であり、ここでも髪結を管轄しているのが町代であることがわかり、興味深い。

さらに続けて、町髪結としての召抱えの上は、町内作法を守り、「御旦那様」（＝家持）や借屋の「御得意衆」の子供たちや奉公人たちまで大切に勤める（髪を結う）と約束するとともに、会所での公用や寄合がある時は、（町代と）共に心を配り差支えが生じないようにすると述べている。ここからは、髪結が町代の下で町用を勤める存在であることが確認される。一方、個人的に親しくなった奉公人たちから頼まれても私的な用事や質物出入れの世話等は決してしないと誓っている。おそらくこうした私的用事を頼むことも間々見られたのであろう。

そして町内の気に入らなければ、いつでも暇を出されても構わない、後に代人を手配すると約束している。この他、「御法度」を守り、髪結賃銭の前借りや町内での買掛り（付け買い）などをしないことを約束している。

以上の①の内容からは、髪結職が株となっているものの、山本屋幸助が実際に町内の髪結いを行い、町用を勤めるように見える。しかし、同時に作成された②「髪結職ニ付差入申一札之事」を見ると、事情はもっと複雑である。

この証文②は、差出人山本屋幸助から三津寺町町代播磨屋孝七に宛てて出されたもので、手代人河内屋甚吉と入口が連印している。河内屋甚吉は押印しており、正式のものと思われるが、差出人と入口の名前が切り取られている。切り取りの理由はわからない。

内容を見よう。まず、私（＝山本屋幸助）は丁内西半町の「髪結職働場所」を所持しているが、都合により、河内屋甚吉は実体な者なので、今年三月より「定助ケ日雇」として差し出したいと願ったところ、ご承知くだされありがたく思いますとある。今年三月よりとあるが、証文①により、山本屋幸助が「髪結職働場所」を所持するようになったのと同時であり、最初から河内屋甚吉を「定助ケ日雇」（＝手代人）としていることがわかる。

以下、町内の御得意の旦那様はもちろん子供・奉公人までの髪結を大切に勤めさせ、内用事や質物の出入れなどをさせず、博奕や町内での買掛けをしないよう申し付けるとある。これは言うまでもなく、差出人である町髪結山本屋幸助が手代人甚吉にそのようにさせるということであり、山本屋幸助がその責任を負っているのである。そして、河内屋甚吉がこれらのことを守らず、町内の気に入らなければ、別の者に交替させると約束している。この後、会所に役人の出役がある時や寄合がある時は、自分同様手伝わせるので、召し使ってくださいとあり、証文①で町髪結山本屋幸助が誓約していたのとまったく同内容を手代人にも求めていることがわかるが、注意したいのはその列記される順番が異なることである。

証文①の町髪結株主の場合は、髪結働きと町用勤めをまず記し、私的用事を足さないことを記して、不都合の場合には代人を差し出すという順番である。そして、最後に但書きで、髪結賃の前借と買掛けの禁止が来ている。一方、証文②の手代人の場合には、髪結働きをきちんとすること、私的用達の禁止と博奕や買掛けの禁止があり、不都合の場合には別人に交替させるという順番である。この後に、町用も手伝わせることが来る。前者が髪結働きと町用がセットで前面に出ているのに対し、後者は髪結働きと禁止事項が前面に出ており、町用は付随的に見える。これは、両者の表向きの立場を表現するものといえるであろう。

それでは、髪結株主は町用補助を勤め、髪結仕事は手代人に行わせ、その責任は株主にあるというふうに実態を想定できるであろうか。証文②では、但書きに会所に台箱（髪結仕事の道具箱）を日々持ち込むとある。これは、髪結仕事は手代人が行うことはもちろん、会所での町用補助も手代人が行っていたと想定する方が自然ではなかろうか。

以上の「髪結職働場所」株を所持する町髪結と手代人の関係は、江戸における髪結株主とその下で上銭を納めることで髪結働きに従事する髪結職人の関係とほぼ同様のものと考えられよう。

2　大和屋国三郎と手代人北国屋常七

③「一札」と④「髪結職ニ付差入申一札之事」は、証文①・②のちょうど一年後に作成されたもので、「髪結職働場所」株（町髪結株）が山本屋幸助から大和屋国三郎に譲られ（売り渡され）、同時に手代人が北国屋常七に代わる際のものである。

③「一札」は、株主山本屋幸助と親類京屋重兵衛から三津寺町町代播磨屋孝七に宛てたものであり、押印された正規のものである。これは、前年のケースで、①請状が作成される前段階の譲り一札への奥印願いに当たる。山本屋幸助は、自らの所持する町内西半町の「髪結職働場所」を都合で木挽町中之丁の大和屋国三郎に代銀二貫五〇〇目で永代売渡の契約が整ったので、「譲り渡一札」に奥印してほしいと願っている。相手は町代播磨屋孝七なので、証文①の内容とも符合し、町髪結を管轄し雇用の実権を握っているのが町代であることが確認される。

このケースでは、「髪結職働場所」株（町髪結株）の売買代銀が二貫五〇〇目とわかり、おおよその株売買の相場が窺がえる。髪結株の代金が数百両に達する一九世紀の江戸と比べると十分の一程度であるが、それでも数十両という高額で売買されたのである。以前に江戸の木戸番の職務が株となり数十両で売買されていたことを紹介したことがあるが、それに近い値段である〔塚田一九九二b〕。

ここで譲り一札に町代の奥印を頼んでいることは重要な意味がある。山本屋幸助が譲り受けた証文①の場合も、売却する証文③の場合も、ともに売主と買主の当事者同士で事前に合意がされていた。第一次的には、誰が売主で、誰が買主となるかは、当事者間の合意で決まるのであった。しかし、売主から買主に宛てた売買証文（譲り一札）に町代の奥印が求められたのは、町髪結に対する最終的な町の進退権が存在したからであろう。町髪結株を買い取った者も、やはり町から雇用される必要があった。もし、高額の代銀を支払ったにもかかわらず、町の承認を得られなかったら堪ったものではない。譲り一札に町代が奥印することは、あらかじめ町の承認を得る意味を持ったのであろう。

この後、大和屋国三郎の髪結職請状が作成されたはずであるが、株主となった大和屋国三郎は、山本屋幸助と同じく手代人を置いた。それを示すのが、④「髪結職ニ付差入申一札之事」である。これは、大和屋国三郎が町代播磨屋孝七に宛てて差し出したもので手代り北国屋常七が連印している。内容は、証文②とまったく同じであり、内容の分析は省略するが、（少なくとも西半町においては）定形化していることに注意しておきたい。手代人が置かれることが一般的だったことが窺がえるからである。

3　三田屋弥助

⑤「髪結職請状之事」は、三津寺町東半町の髪結職三田屋弥助の請状である。ここでは、証文①のように、親類請人や入口は見えておらず、同町内でも必ずしも形式は固定していない。宛先はここでも三津寺町の町代播磨屋孝七である。

内容を見よう。私（＝三田屋弥助）は、「従来」町内から召抱えられ、町内北側は丸屋与兵衛の家屋敷から東、南側は泉屋嘉蔵代判嘉兵衛の家屋敷から東の半町の「髪結働場所」を所持してきた事は間違いない。そうである上は、町内作法を守り、髪結仕事を大切に勤め、また会所において「御公用又は御寄会」がある時は（町代と）共に心を配り差支えが生じないようにする（町用を勤める）。もし町内の気に入らなければ、いつでも暇を出されても構わない、その際は代人を差し出し、町内の差支えが生じないようにする。おおよそ、以上のような内容である。

ここには、西半町の髪結職請状に見られるような私的用事を足すことの禁止や髪結賃前借・買掛けの禁止などの文言は見られない。しかし、髪結働きと町用を勤めるという町髪結の根幹となる二つのことは明確に記されており、文言は異なるが、本質的な部分では変わらない。

証文⑤で第一に注目されるのは、町内で東西二分された髪結働き場の境界は家屋敷を単位としていたことである。第二には、この請状は何故作成されたかという点である。文字通りでは、以前から三津寺町の東半町の髪結働き場所を所持していたのであり、それが事実だとすれば、最初の時点で請状は作成されていたはずである。だとすると、三田屋弥助はこの時新たに髪結働き場所を取得したと考えるのが自然ではなかろうか。山本屋幸助は、証文②が作成されたのと同時に「髪結職御得意廻り場所」を取得したにもかかわらず、証文②では、〝自分は西半町髪結職働き場所を所持しているが、「此度」都合により三月より手代人を置く〟という文言になっており、文字通りではあたかも山本屋幸助は以前から髪結働き場所を所持していたかのようになっている。このことも、三田屋弥助はこの時東半町の髪結働き場所を手に入れたと考えることの傍証になるのではなかろうか。

なお、このケースでは手代人が置かれたかどうか不明であるが、西半町の状況を勘案すると、東半町においても町髪結の地位は株化しており、株主と実際の髪結仕事を行うものが分離していることは当然考えておくべきであろう。

おわりに

本章では、大坂の町髪結の実態を知りうる三津寺町の史料を紹介して、床髪結だけでなく、町髪結も株化して、その所有と経営が分離していた状況を確認した。江戸の髪結株と比べると、売買価格は低かったが、それでも相当の値段で売買されており、本質的なところでは江戸の髪結株と共通していた。

これまで筆者は、さまざまな地位や役職が株や場として物権化していく状況に、近世身分社会の特質を見い出すことができると指摘してきたが、大坂の町髪結もその典型的な一例であると言えよう。

〔注〕

(1) 本節の内容は、すべて岡本浩「近世大坂における職と町」(岡本一九九六)による。岡本論文には、床髪結仲間の組頭の位置づけ、町髪結の起源と町代との関係について、あるいは内仕事と町髪結の位置づけなど部分的には疑問に思う点もあり、今後、再検討してみたいと考えているが、本節にまとめた範囲のことは妥当な理解であり、学ぶところが極めて大きいと考える。

(2) 床髪結仲間が在方の髪結を編成しようとしたことが、在方でどのような反応を生んだかについては、『本庄村史　歴史編―神戸市東灘区深江・青木・西青木のあゆみ―』本庄村史編纂委員会、四八四～六頁を参照。

(3) 『大阪市史』第四巻(上)、達一一二九〇。

(4) 三津寺町に関する研究については、本書第二部第二章を参照。

（5）「三津家文書」（同文書は大阪府立中之島図書館に寄託されている）。

第四章　近世大坂の都市社会と文化

はじめに

本章のもととなったシンポジウム[1]の準備ペーパーにおいて、筆者は次のように記した。

一八世紀日本の文化状況を集約する存在として木村蒹葭堂がいる。一昨年、中村真一郎氏の遺著『木村蒹葭堂のサロン』（新潮社）が刊行されたが、不思議な魅力を持ち、蒹葭堂とその時代を考えるのに示唆深い。

蒹葭堂（一七三六〜一八〇二）は、幼少時から本草学に興味を持ち、のちには小野蘭山に師事し、また絵画では大岡春卜（狩野派）・柳里恭（大和郡山藩高臣）に学び、のち南蘋派の僧鶴亭や池大雅に師事した。詩文では、片山北海の主催する混沌詩社に交わり、篆刻では高芙蓉に従った。儒学や蘭学にも興味を持ち、自ら一角獣の考証を行い、諸書の出版を行った。このように彼は多芸多才であったが、これに増して著名だったのは、古今東西の書籍・書画・金石碑本・地図、さらに草木金石珠玉・虫魚介鳥獣・古銭・古器物などなどを蒐集し、これを同好の人々に広く公開したことである。私設の図書館兼博物館である。これは、『甲子夜話』で著名な肥前平戸藩主松浦静山をうらやましがらせ、伊勢長島藩主増山雪斎との深い交友を生んだ。

蒹葭堂の交友範囲は、当時のあらゆる文化領域に及び、地域的にも大坂だけでなく、京・江戸を越え全国に及び、さらに海外にも広がった（朝鮮使節の来訪やオランダ人医師の面談もあった）。また身分的に、大名・武士から有力町人、僧侶・儒者・医師・絵師まで幅広い。中村氏は、蒹葭堂に集まる人々との交流を「木村蒹葭堂のサロン」と呼び、その著では、蒹葭堂だけでなく、彼と交流のあった多様な人々の群像を描き、一八世紀の社会と文化の状況を浮き彫りにした。

加藤周一氏は、そこに「時代の知識人たちの、共通の教養の基盤にもとづく、文化的理想を共有する、幸福な〈共和国〉」を見る中村氏の見解に賛同するとともに、一八世紀フランスの貴族的（かつ女性が主催）で国際的で「アヴァン・ギャルド」な「サロン」との違いにも注意を喚起している（『夕陽妄語』Ⅵ、朝日新聞社）。中村氏も、蒹葭堂は本質的に博物学者で、その、あらゆる物を既存の秩序の中に落ち着かせる分類的思考は保守的性向を持つことを指摘している（彼の心酔した池大雅と与謝蕪村を対比した件りで、「世粛の本質は創造者、新しい未知の世界の開拓者、価値の体系の組み換え者の側にはなく、一文明の最高の保守家の側にあった」と述べる―前掲書三四二頁）。

さて、木村蒹葭堂の家は、北堀江五丁目の家持で酒造業を営んでおり、彼はまた同町の年寄を勤めていたことはよく知られている。報告者は、こうした蒹葭堂という存在を念頭に置くと、近世大坂の都市社会をトータルに捉えるには、文人社会・伝統社会・下層社会の三つの位相の弁別とその連接のあり方を把握する必要があると考えている。しかし、これまでの研究では、先に触れたような文人たちの交流する文人社会にだけ注目が集まり、蒹葭堂の伝統社会・下層社会との関連は捨象されている。

本報告では、蒹葭堂の捨象された側面に光を当て、この三つの位相の弁別と連接のあり方を捉える視角の必要性と有効性を示すことを課題とする。

以上の通りである。しかし、与えられた時間に制約があり、木村蒹葭堂に即して、詳細に述べる余裕と準備がない。むしろ、ここでは都市社会での三つの位相を弁別し、その連接のあり方を問うという視角から、その全体像を把握しようとする方法的な意図を述べることとしたい。そのことにより、こうした視角から蒹葭堂を捉えることの意味も浮かび上がると考えるからである。

なお、本章の前提である木村蒹葭堂をめぐる三つの位相の存在について、あらかじめ確認しておきたい。蒹葭堂をめぐる文人社会の存在は、先に記したような研究を念頭に置けば自明のものとしてよかろう。次の伝統社会であるが、蒹葭堂が北堀江五丁目の年寄であったことや、酒造株を持つ存在（酒造家）で酒造仲間の一員であったことから伝統社会にも属していたことは明らかである。さらに下層社会との関係については、蒹葭堂の伊勢川尻村への引越し理由の中に、掛屋敷から店賃が滞っていることが述べられており（「居宅之外、懸屋敷四ケ所有之候得共、世上一等《(統)》近年之風ニテ家賃銀年々不納相成、町役出銀相弁カタク、家督ニモ可相成掛屋敷、当時ハ却テ年々損失而已ニテ有之候間」『甲子夜話』）、（おそらく裏）借屋人たち（下層社会）と町屋敷経営を介して接していたことがわかる。そして三つの位相は、蒹葭堂を通して見れば、連接していたことが容易に理解できるであろう。

一　文人社会（ネットワーク）

本節では、文人社会の持つ歴史的含意について考える。この点については、山口啓二氏の論稿「歴史と現在、そして未来―南紀栖原の豪商菊池家の文書整理を通じて見えてきたもの―」（山口一九九九）が示唆的である。

そこでは、菊池家文書の整理の中で浮かび上がってきた、近世初頭から近代にかけての菊池家の歴史展開が辿られている。以下、その要点を紹介する。

南紀の栖原村という小農漁村に本拠を置いた菊池（垣内）家は、「近世初頭、房総に出漁し鰯網漁と干鰯生産を営み、やがて江戸に干鰯問屋栖原屋三九郎店を出した垣内太郎兵衛家を本家とし、ついで薬種・砂糖問屋河内屋孫左衛門店を営んだ垣内孫左衛門家を新家として、江戸の名だたる豪商として栄えた家」である。菊池家本家・新家とも紀州藩の「栖原村百姓」であって、江戸では屈指の大店であってもあくまで「出店」であった。しかし、江戸店の屋敷地を所持している町内では家持＝町人として遇される。こうして町と村、町人と百姓を截然と分けることができないこと、これは近江商人や伊勢商人を念頭に置けば例外でないことがわかる。

また、菊池家の面々の学芸・文化活動を概括し、垣内忠質・孝友、新家の菊池海荘、別家の垣内霞峰らが江戸で文人社会に加わり、特に海荘は全国の学者・文人らと交流する一方で、海荘や霞峰をリーダーとする湯浅（栖原の隣接の在町）の文人サロン古碧吟社が組織されていたことを踏まえて、「三都あるいは中央の学芸・文化、城下町あるいは地方の学芸・文化、それらの都市の学芸・文化に対置する郷村の学芸・文化という把え方」の不十分さを指摘する。社会的に百姓と町人が分断できないのと同様に、文化においても、中央―地方、都市―農村の分断を相対化する視点を提示しているのである。

山口氏は、「在所に本拠を置いて『百姓』身分のまま三都に問屋商人として出店し、有力『町人』の地位を占めて、学芸・文化の面でも中央レベルの学者・文人として知られると同時に、在所の学芸・文化のリーダーとして活動する社会層」を「豪農問屋商人」という範疇で捉えることを提起する。(2)

山口氏は、こうした菊池家の事例から次のように一般化する。兵農分離を原則とする幕藩制社会では、主従制と軍団制によって編成された家格序列による世襲制で文武の官僚の地位が基本的に固定されており、中国や朝鮮のように科挙の試験によって文武の官僚に登用されることはなかった。近世社会では、菊池家のような豪農（「百姓」）の子弟が、「笈を負って」都に出て学問を修める者は多くいたが、それが政治ではなく文学に向かい、文人社会が発展する理由がそこにあった。

幕藩体制が倒れ、近代に入ると、豪農問屋商人たちは、①松方デフレ、さらに上からの資本主義化を乗り切れず、問屋商人の側面を喪失していく、②何とか問屋経営を継続する、③資本主義化の波に乗って企業として成長していく、などの道に分かれるが、いずれの場合も本籍地の「農」として存続し、「村方地主」の有力者としての地位を占めていく。明治政府による官吏や各界エリートの育成をめざす高等教育機関が整備されていくと、そこを目指すのが彼ら在方有力者の子弟であった。菊池家は第一一代晩香の時、明治一〇年代に出店を閉鎖したが、彼は東京専門学校（後の早稲田大学）を出て、母校の教壇に立つとともに、有田郡下の名望家としての地位は変わらなかった。

「明治新政府が近代的国家制度を創出するにあたって、洋学を身につけた旧幕吏・藩吏出身の軍・官のテクノクラートが果たした役割は大きなものがありましたが、それを仕上たのが新たな高等教育をうけたエリートたちで」あり、「在方有力層こそが、官僚、軍人、法律家、大学・高等専門学校教授、学者・文化人、医師、実業家等のエリート層の主要な基盤」だったが、そのような階層は「戦後の農地改革や『家』制度の解体を経験し、さらに一九六〇～七〇年代の高度成長によって階層として消滅する」こととなったと展望している。

以上のような山口啓二氏の議論は、都市の問題を考える上でも重要である。豪農問屋商人層の社会的・経済的活動は都市と農村に広がり、両者を分断して考える事はできない。また、彼らは学問・文化の担い手でもあったが、彼らを含む文人社会の広がりもまた、都市と農村が分断されることなく、あるいは武士や儒者・医師、宗教者などの諸階層に及ぶネットワークを形成していた。それが政治とは違う方向に向かったのは、山口氏が述べた通りである。

しかし、一方で、江戸や大坂の巨大都市は、経済的なものも、文化的なものもともに集中していて、在地一般とは異なる。文人社会のネットワークは全国に広がったとしても、都市はやはり結節点であったろう。また、豪農問屋商人は一面で、在地の伝統社会にも片足を置いていたことも忘れてはならないだろう。

山口氏の視野は、こうした在地有力者層が近代のエリート層の社会的基盤だったこと、その最終的消滅が高度成長だったことを展望している。この階層は、日本社会の近代化を主導していった。中村真一郎氏は、「木村蒹葭堂のサロン」＝文人社会の交流を〝先駆けた近代〟と評価していた。もっとも、日本の近代は、天皇制軍国主義の力によって窒息させられたと捉えられてはいるが……。

「木村蒹葭堂のサロン」の歴史的評価においても、菊池家を例に山口氏が提示した、豪農問屋商人層を社会的基盤とする文人社会という視野の中に位置づけるべきであろう。

二　伝統社会（共同組織）

第二の伝統社会の位相を考えるには、吉田伸之氏の伝統都市論を参照する必要がある。吉田氏は、都市の発展段階を伝統都市―近代都市―現代都市という三つの段階に分けて捉えることを提唱する〔吉田一九九二a・二〇〇二〕。伝統都市とは、前近代の世界各地の固有で様々な都市類型の総称であり、現代都市は、二〇世紀のアメリカに登場した超巨大都市群に代表される画一的で均質化した都市類型である。近代都市は、伝統都市のあり方に拘束されながら、資本主義化・産業社会化の過程で、それを破壊しながら画一的な現代都市へと向かう過渡期段階の都市類型である。

伝統都市は、世界各地で固有の類型をとるが、日本におけるそれ（日本型伝統都市）は、都城と城下町の二つに代表される。そのうち都城は、農村に返り、現代都市にはつながってこない。それに対して、現在のほとんどの都市は、城下町からその近代化を経てつながってきている。その城下町は、戦国末から近世初頭にかけて全国的に創出されてくる。

もちろん都市だけが伝統的なのではない。伝統都市は、社会全体が伝統社会であることを基盤として存立している。朝尾直弘氏は、中世末の惣村の中から、近世の成立期に村と町が一般的に成立してくると論じている〔朝尾一九八八〕。近世的な伝統社会の基盤は、都市における「町」共同体と在地における「村」共同体であると言えよう。

この「町」や「村」の基礎単位は小経営の家なのである。山口啓二氏は、一九七〇年頃、高度成長によって家と村が解体されつつある状況を目の当たりにして、戦国末から太閤検地を経て確立してくる小経営の《家》とその結合体である《村》の生成・展開・消滅の全サイクルを明らかにすることを近世史研究の課題として提起された〔山口一九七二〕。

高度成長まで歴史的意味を持ち続けた村と比べると、町はより早くにその意味を喪失したと思われるが、近世社会では小経営の《家》を基礎単位とする「町」や「村」などの共同体が社会の基盤にあった。総じて言えば、近世初頭から高度成長までを家と村を基盤とする共同体的社会が社会構成的に有意味な時代と見ることができる。このサイクルは、先に見た豪農問屋商人との関係で言えば、「豪農問屋商人」階層は一八世紀に社会的に確立し、高度成長によって最終的に消滅するというようにまったく同じではないが、近世から高度成長までという連続性では共通している。しかし、近代化へのベクトルの向きは逆である。前者は、近代へと向かう方向性を持つのに対し、伝統社会は粘着力と持続性を持ち、近代へ容易に向かうことを許容しない性格を持っている。しかし、それは変化のない非歴史的な存在ではないことにも注意しておきたい〔塚田二〇〇〇、第Ⅱ部〕。

以上のような伝統社会が、都市においてどのような位相をなしていたか。その中心は、地縁的共同体である「町」と諸営業者の共同組織である「株」仲間である。以下、蒹葭堂に関わるところで見ておこう。

まず、木村蒹葭堂がかつて住んでいた北堀江五丁目を例に「町」について見よう。

町は、近世都市の基礎単位であり、単なる空間的な地名表示ではなく、町人を成員とする団体の性格を持っていた。ここでの町人は、家屋敷の所有者＝家持のことである。家持とは、建物としての家の所有者のことではなく、多くは短冊形に地割された敷地（家屋敷）の所有者のことである。

町は、町式目・町掟・町内申合せなどと呼ばれる町独自の法を持ち、運営のための寄合を行った。その寄合の場として、町内共有の町会所が置かれることが普通であった。ここに、町の団体としての性格が窺える。

町の運営の中心には、町年寄がいた。家持の中から二人宛の月行司がそれを補佐した。家持は、月行司を勤めるなどの町への義務を果たさねばならなかったが、不在の家持はその代理である家守を置くことを求められた。町から賃金で雇用され、町の仕事を行ったのが、町代であった。

家持の所有権は、第一次的には町で作成される水帳に登録されて確認される。水帳とセットで水帳絵図が作られるが、本書第二部第五章に掲載の図2（298〜299頁）は安政三（一八五六）年の北堀江五丁目の水帳絵図（大阪歴史博物館蔵）の内容を表わしたものである。この町は、寛政二（一七九〇）年まで、木村蒹葭堂が居住し、町年寄を勤めていた町である。私見では、彼の家屋敷は、この絵図では東から二軒目の灘屋清兵衛・同清三郎名義になっている区画と、新築地でも東から二軒目の灘屋清兵衛名義の区画であったと考えている。木村蒹葭堂の家屋敷は、四代前の灘屋清兵衛が購入したものと思われる（小林家文書、大阪市立中央図書館蔵）。

この水帳絵図で見える区画が、家屋敷である。幕末期（子七月八日付）の史料であるが、北堀江五丁目年寄の名田（灘）屋清兵衛から惣年寄に宛てた「覚」（名田屋清兵衛文書、大阪市立大学学術情報総合センター蔵）では、家数三四軒、内新築地一五軒とある。この家数は、家屋敷数である。また、竈数二三五軒、内九軒家持、二二六件借屋、外に五〇軒明借屋とある。竈数は、町内居住戸数を意味し、家持のうち九軒のみが町内に住んでいる。新築地は、元々の町人地の家持が合わせて所持を認められたことが尾を引いて、この時期もほぼ道を隔てた北側の家持と同一人が家持である。このため、同町ではほぼ新築地の家数を除いた一九軒余が家持の実数に近い。だとすると半数以上の家持は、他所に居住する不在家持ということが言える。

借屋居住者が二二六軒に、明借屋が五〇軒あるということなので、二八〇軒余の借屋施設があったことがわかる。この借屋には、通りに面してお店を営める表借屋と、路地を入った居住専用の裏借屋が区別される。天保改革による物価引下げ令を受けて、どのように値下げするかを書き上げた帳面が残っている（名田屋清兵衛文書）。北堀江五丁目では、一一〇軒余の諸商人が書き上げられている。酒造家の灘屋清兵衛の他、問屋、衣食住に関わる小営業などが見られる。ここに書き上げられている者は、基本的に家持と表借屋と考えられるので、一〇〇軒余の表借屋があったと考えられる。借屋の三分の一以上が表借屋であった。

本来、団体としての町のメンバーは家持であり、家持たちの共同体だった[3]（以下の展開過程については、〔吉田一九九八〕）。一七世紀前半には、家屋敷に一人の家持に近い状態であったと思われる。そこでは、商人や手工業の小経営の家の地縁的共同体であった。一七世紀半ば過ぎには、借屋が増え始め、家守が出てくることになり、一八世紀には、不在家持が過半となるとともに、都市住民の七、八割以上が借屋人ということになる。町が家持（とその代理である家守）をメンバーとする枠組みは変わらなかったが、小経営の家の結合体としての町の実質的な共同性は、表店借の小経営（家）によって担われていくことになる。それらの表店借の小経営を含む諸営業者のもう一つの共同組織が株仲間であり、これも伝統社会の基盤である。

株仲間の一例として、木村蒹葭堂も加わっていた酒造仲間について見よう〔屋久二〇〇二〕。大坂三郷には、一七世紀末から一八世紀初めの頃には六〇〇～七〇〇軒の酒造家がおり、天保期には三〇〇軒余、幕末にも二百数十軒の酒造家が営業していた。大坂の酒造仲間は、三郷と対応して北組・南組・天満組の三組に分かれていたが、一九世紀には天満地域と堀江地域に集中していった。酒造は米を原料とするため、飯米確保や米価調節の必要から、幕藩領主の酒造業に対する統制は厳しく、酒造株は売買は認められていたが、貸借は禁じられていた。しかし、売買の形式を装って、貸借は広く行われていた。その際、酒造株と酒造場がセットで貸借されたことも注目される。

木村蒹葭堂の出身家は酒造家であった。天明二（一七八二）年に本家を継いでいた妹婿が病身のため、蒹葭堂が本家を相続したが、自分では酒造業を行わず、酒造株を貸し付けた（前掲『甲子夜話』所収の書状）。ところが、寛政元（一七八九）年に酒造株貸借厳禁の触れが出され、それまでの貸借と実質的に同じ状態だが、蒹葭堂は表向き自分名前で酒造を行うこととし、それまでの借主宮崎屋次右衛門を支配人として任せる形を取った。ところが、同年一一月に株高以上の酒造を行っていることを咎められて、酒造株・道具は欠所、宮崎屋次右衛門は大坂三郷払、蒹葭堂は二二年来勤めてきた町内年寄役を罷免されたのである。

蒹葭堂は、町共同体の一員であり、町年寄であって、酒造仲間という営業者の共同組織に属する存在だったのである。そのことは、蒹葭堂が伝統社会に片足を置いていることを意味するが、そこで蒹葭堂とつながる近隣の人たちが、蒹葭堂を訪れる文人たちの顔を見知っていることはあっても、個人的なつながりがあるわけではない。また逆に、蒹葭堂を訪れる文人たちも彼らを知らない。言い換えれば、文人社会と伝統社会は蒹葭堂を媒介として連接しているが、位相を異にしているのである。

北堀江五丁目には裏借屋が、少なくとも百二三十戸は居住していた。前述したように、蒹葭堂は、掛屋敷を四軒持ち、店賃を滞らせた多くの裏借屋人たちと対峙していた。吉田伸之氏は、都市下層社会の中心として店衆（裏店借）と日用層の二つを上げている〔吉田一九八四〕。これらは、不安定で流動的な存在であった。

三　下層社会（流動的かつ不安定）

ここでは、下層社会を裏借屋の世界に即して見ておくこととしたい。

大坂では、借屋を借りる際の請状に請け判することを稼業とする家請人が発生し、彼らは享保一七（一七三二）年に五三人で株仲間（家請人仲間）として公認され、家請商売を独占することとなった（以下、家請人と小屋入りに関わることは〔西村二〇〇二〕による）。これにより、彼らは表店・裏店を問わず、広く家請を展開し、家屋敷毎にそれを実質的に株化（家請判先）していった。この局面では、表店・裏店を問わなかったが、小屋入りの局面では、もっぱら裏借屋が関わってくると思われる。

家請人仲間が公認されたのは、家持が「家入用」・「借屋人不埒」などで「家明け」を求めたら、速やかに借屋人を立ち退かせ、町奉行所まで「家明願」が持ち込まれないようにすること、また仲間として小屋を設置し、借屋から立ち退かされた難渋者を一時的に収容することを提案して、認められたのであった。この小屋の設置は、家明けを求められて行き場を失った借屋人が無宿に転落することを避け、家明けをスムーズに行うための保証であった。それ故、こうした家請人小屋に入るのは、多くは裏借屋の者たちだと思われるのである。

小屋入りの事例は、例えば菊屋町の人別帳などで多数確認されるが（菊屋町では一二九件）、詳しい事情はわからない。しかし、寛政一二（一八〇〇）年に南新町二丁目袴屋勘兵衛借屋から夫尾張屋清兵衛が欠落して小屋入りとなった女房なおと母そのについては、三郷家請人南谷町豊嶋屋吉兵衛が菊屋町の「親類」高津屋文蔵（塩飽屋長三郎支配借屋）らに引取りを求めて町奉行所に訴えたことから、詳細な事情が判明することとなった。

寛政一〇年一〇月、その・なおは一旦、高津屋文蔵方に同家として引き取られるが、その際、その養子であった中塚屋常次郎（すなわちなおの弟という位置づけ）は幼少だったため、実親元に帰している。ここからは、それ以前は幼少の養子常次郎を名前人として店（上難波町油屋弥兵衛借屋）を借りていたことがわかる。そしてこの後すぐ、高津屋文蔵父嘉兵衛が周防町紀伊国屋喜六支配借屋に別宅し、なお・そのを同家とする。嘉兵衛は翌年三月文蔵方に戻ってくるが、これはなおが尾張屋清兵衛と結婚して南新町二丁目の借屋に引っ越したためである。しかし、それも一年足らずで夫清兵衛が欠落して、その・なおは小屋入りとなったのである。嘉兵衛が文蔵方に戻ってくる時、その・なおは名前人を貸してくれるまでの世話を受けながら、尾張屋清七（清兵衛と同一人か）の世話になり、そちらに引っ越すからには、以後迷惑をかけないとの一札を入れている。ここからは、嘉兵衛の別宅とその・なおの同家としての引取りの実態は「名前人」を貸すという行為であったことがわかる。

こうして見ると、そのとなおの親子にとって、〈常次郎を養子に迎える〉〈嘉兵衛の同家となる〉〈尾張屋清兵衛に縁付く〉というのは、借宅するのに必要な男の名前人を借りるという点で本質において共通する事柄だったのである。借宅するために色々な者の同家に加わり、擬制的な「家」の形を創り出して、三郷を転々と移動する様相からは、不安定な裏借屋人の状況が浮かび上がってくるのである。

こうした借宅のために名前人を借りるという事態は、決して例外的なものではなかった。一八世紀末頃より、孝子褒賞がしきりと行われるようになるが、それによって裏店借のリアルな生活の様子を窺うことができる（〔塚田二〇〇五 a〕。なお孝子褒賞に関する町触をはじめ、町触はすべて『大阪市史』第三・四巻による）。

文化九（一八一二）年七月に褒賞を受けた道修町四丁目綿屋弥左衛門支配借屋綿屋寅蔵同居くみは、次のような事情であった。くみは、讃岐屋町の借屋人だった高津屋新左衛門の娘で、二二才の時、新右衛門を婿養子とし、今橋二丁目塩屋三郎兵衛借屋に分家した。新右衛門は丈助と改名し、働き渡世で暮らしていたが、実父母が年を取ったため引取り、くみも縫い仕事で家計を助けた。父新左衛門は二八年前に死に、夫丈助も八年前に死んでしまったので、跡を相続した倅徳兵衛とくみ・母貞寿の三人で暮らし、四年前に現在の借屋に引っ越してきたのであった。ところが昨年徳兵衛も病死したので、「外ニ名前人無之候ニ付」、曽根崎村河内屋徳兵衛の倅寅蔵（八才）を養子とし、名前人とした。しかし、寅蔵は幼少なので、実父母方で育て、くみ・貞寿の二人で暮していた。くみは「縫仕事洗濯等之働賃銭」でもって、「極老」（百歳）の母貞寿を育み世話し、亡父夫の年回忌日には相応に弔うなど、奇特であるというのである。

この場合、くみと貞寿が迎えた養子寅蔵は「名前人」を借りたものであることは明白である。しかも幼少だからということで実父母が育てているというのであり、養子としての実態はまったくない。文化七（一八一〇）年に褒賞された谷町三丁目袴屋藤兵衛借屋のあさと妹せうは、多病の母りつと三人になったところで、六年以前、七才の清次郎をあさの養子に迎えた。これが現在の名前人大黒屋清次郎だという。この場合、清次郎は「日雇奉公」に出ているということなので、それなりの実態が伴っているが、最初の時点で名前人を借りるという側面を有していたことは明らかであろう。またこれらの事例において、表店で商いをしている様子が窺えないことから、おそらく彼らは裏借屋人と見て間違いあるまい。こうして、様々な形式で名前人を借りながら借屋を転々としていく裏借屋人の不安定なあり様はかなり一般的なものだったと見られるのである。

これらの孝子褒賞の事例からは、裏店借層の生活の特徴も窺える。まず、生業について。くみは、縫い仕事と洗濯働きで生活を支えていた。あさの場合も「縫仕事洗濯もの等いたし、纔之賃銭を儲、相凌候」と言われている。寛政八（一七九六）年に褒賞された南堀江三丁目鉄屋正蔵支配借屋のゆきは「昼之内ハ縫仕事或ハ洗濯ニ被雇、帰り候而は帆毛綿ヲ刺、夜更候迄無油断相稼」いでいた。これらを見れば、裏借屋人層の女性の最も一般的な生業は、縫い仕事と洗濯働きの二つであったと言えよう。

男性の仕事は、一律にいかないが、ゆきの父親は日雇働き渡世であった。くみの夫丈助も働き渡世、あさの養子清次郎も日雇奉公に出ていた。文化七（一八一〇）年に褒賞された天満七丁目池田屋三郎兵衛借屋綿屋市兵衛は、町内夜番人に雇われていたが、その見習いの頃から「昼は丁内会所屋敷掃除いたし、其外丁内用向小仕等いたし、又ハ丁人共他行之節供ニ出、其透ニハ籠細工又ハ下駄職いたし候もの之方え罷越教貰、両職とも仕覚」えたとある。男性の場合、様々な職稼ぎや振売りなどに従事し、中には町代や夜番人に雇われる者もいた。また、日雇働きに従事する者たちも多数いたが、単身者の労働力販売者層として概念化された「日用」層と共通する生業である。裏店借と日用層は、範疇的には峻別されるが、流動的かつ不安定な社会的実態としては共通しており、そこに都市下層社会の特質が見て取れる。

孝子褒賞で重要なのが、父母などの葬式や年忌に手厚く弔う行為であった。その際、注目されるのが、旦那寺とともに近所の道心者に依頼している点である。くみやあさの場合は具体的にわからないが、ゆきの場合、父源七の死に際して、八丁目寺町の実相寺に葬礼を頼むとともに、「逮夜ニハ心易キ道心者ヲ頼、回向いたし貰」ったとある。市兵衛の場合には、「亡父宗七年忌相当度毎志之品買調、相借屋幷近辺懇意之者へ相送り、旦那寺えも回向料斎米相送り、忌日ニハ道心者抔相頼、相借屋其外懇意之者相招、百万遍執行いたし、夜食等振舞」などとある。

大坂においては、近世初頭以来、市中に道心者が居住すること自体は許容されていた（以下については〔塚田二〇〇七、第三部〕参照）。しかし、清僧に紛らわしい行為は禁じられていた。寛政一〇（一七九八）年一一月には、「丁家仏事等ニ而も、清僧同様被相招、回向葬式之世話抔いたし候」者の増長を指摘する町触が出されている。にもかかわらず、親孝行な行為として年忌などに道心者に依頼することが、褒賞の対象になっているのである。ここからは、裏店借の者たちにとって、旦那寺と並んで、或はそれよりも身近な存在として、道心者があったことが窺われる。そして、道心者自体が裏店借として都市下層に生きていたものと言えるであろう。

市中に居住を認められた道心者とは、「当地住宅之町人、渡世依難成髪を剃、鉢ヲひらき、或ハ隠居之もの、或ハ親類ニわかれ、哀傷之余り落髪致シ、戒律たもち法衣を着し候共、前後寺中に居不申ものハ、丁中ニ住居不苦候」（寛文六年一一月一五日の町触）という存在である。

大坂の非人は、四ケ所垣外に集住していたが、中には町家（おそらく裏店）に出て鉢を開く者もいた〔塚田二〇〇一年〕。それは、ここでの道心者と何ほども違わないであろう。また、様々な宗教的勧進者も市中に居住していた。一九世紀初頭の状況を示す「町奉行所旧記」（『大坂町奉行所旧記』（上）大阪市史史料四一）には、本山派山伏五一人、当山派山伏一七人、土御門家下陰陽師六七人、鞍馬願人三七人、白川家神祇道六人、吉田家神道方六七人という数字が上がっている。

このうち、鞍馬願人というのは、京都の鞍馬寺大蔵院末の乞食坊主である。吉田伸之氏によると、大坂の願人仲間は本組・新組からなり、「正月の鞍馬寺の札配りをはじめとし、金毘羅社・住吉社・秋葉大権現への代参などを名義として、市中家々の軒先・門先を廻り、多少の施物乞う」存在であった〔吉田二〇〇〇b〕。本組の願人らは西高津新地四・五丁目などの借屋居住であった。新組には、東寺・竜光寺・壷坂寺などの勧進僧が大坂での勧進のために一時的に参加した者が含まれていた。

鞍馬寺配下の願人仲間は、修験系の勧進者との紛争が見られたり、六斎念仏系の乞食坊主・勧進者のグループと並んで見られていた。先に上げた「町奉行所旧記」に見える者たちは、このような形で勧進の局面で相互に競合・併存している存在であった。そして、彼らは競合状況を有利に導こうとして、それぞれに本寺・本所の権威を求めて組織化していたのである。町触に一通りの道心者と出てくるのは、こうした組織化されていない者を指している。これを狭義の道心者とすれば、先の宗教的勧進者を含めたものを広義の道心者ということができよう。裏店居住で、勧進で生活しているという社会的実態としてはほぼ共通だからである。

彼らの併存も、都市下層を特徴付ける一要素ということができよう。

四　連接のあり方

大坂の都市社会を、文人社会・伝統社会・下層社会という三つの位相に分けて、その持つ意味を考えてきた。しかし、それらが分断されていたわけではなく、密接に連接していたことは、木村蒹葭堂の例を考えれば明らかであろう。最後にまとめを兼ねて、連接のあり方について少しだけ考えておきたい。

この問題を考える上で示唆的なのが、吉田伸之氏による社会的権力論である〔吉田一九九五・二〇〇二〕。吉田氏は、巨大城下町江戸の都市社会を全体的に捉えるために、社会＝空間構造の分節的把握という視点を提示している。そこでは、藩邸社会や寺院社会、あるいは大店や市場社会のような異質な社会＝空間を包摂しながら、城郭を中核とした全体社会が構成されている様子が解明されている。それらの都市内に包摂された部分社会のうち、藩邸社会や寺院社会のような境界が明示的な社会＝空間を都市—内—社会（または分節構造α）とされ、大店や市場社会のような町人地における不定形なそれを単位社会構造（分節構造β）として区別されている。これらの社会＝空間を構造化する磁極のような存在が、藩邸や院内—寺中であり、また、大店や市場仲間である。

このような磁極のような存在は権力的性格を持つが、そのうち政治的権力そのものではない大店や市場仲間を社会的権力と呼んでいる。ここでは、先の三つの位相の連接のあり方に示唆を受けるという観点から、大店の社会＝空間構造に関する指摘を紹介する。

吉田氏は、三井越後屋が行った施行や火事見舞いなどを分析して、三井が形成する社会関係のあり方を分析した〔吉田一九八〇〕。施行の対象を表わす近世的な表現が「其日稼の者」であり、ここでの分析が社会的権力たる三井が主として都市下層とどのような社会関係を形成しているかを明らかにするものであることに注意しておきたい。

まず、施行の対象とはならず、火事の際の尽力への褒美などが与えられる存在として、①奉公人がいる。これには、営業に関わる店表の奉公人と、店の衣食住などを支える台所方の奉公人が区別され、このうち後者は「日用」層に含まれる。施行の対象としてまず上げられるのが、②多様な出入関係を形成していた者たちである。これにも、商品の仕上げ工程や真綿摘みなどの営業にかかわる店表の出入商職人と、日常生活の必需品調達にかかわる小商人や鳶・左官・大工など普請方＝駆付の職人、家守・非人などの町の機能につながる者からなる台所方出入に分けられる。仕上げ工程にかかわる商職人を除くと、これらは裏店層や鳶のような日用層が中心である。次に、③三井が所持する抱屋敷住民、すなわち店借人である。ここには、表店借も含まれるが、三井が町屋敷経営（貸家経営）を介して向きあう店衆との関係である。そこでは、表店と裏店が区別されていないが、最も施行を必要としていたのは裏店借の者たちであったと言えよう。さらに、④居町や周辺町々の住民（特にそのうちの其日稼の者）が施行の対象となる。これは地縁的関係である。

もちろん、以上の関係は施行を軸とする其日稼の者との関係であって、社会的権力としての三井の形成する社会関係はより多様である。営業上の取引関係や同業者との株仲間の関係、さらには御為替御用を請け負うような幕府など権力との関係もあった。しかし、特定の場所にある店舗を軸として形成される単位社会構造という点からすると、先の四つに整理された関係はとりわけ示唆的である。

以上のような、吉田氏の社会的権力論は、大店を磁極としながらその周辺社会がどのように構造化されているかを解明する視点を与えてくれるものである。[4] 特に都市下層社会との具体的な関係の抽出は重要である。

文人は一律に階層に還元できないが、文人社会の社会的基盤が大店層にあることは、先の菊池家の例を見ても明らかであろう。木村蒹葭堂の場合も大店と見なしてよいが、下層社会との関係は、四カ所の掛屋敷を持ち、貸家経営を行っているということしかわからなかった。しかし、吉田氏の議論を参照すれば、こういった階層が下層社会とどのような関係を形成していたかが想定される。

また一方で、吉田氏の議論では、菊池家で見られたような大店の主人が文人社会のネットワークに占める位置などは取り上げられていない。

このように考えると、社会的権力論と三つの位相論とは相互補完関係にあると言えるのではなかろうか。社会的権力論の連接の仕方に学びつつ、三つの位相（文人社会・伝統社会・下層社会）の関係を明らかにしていくことを今後の課題としたい。

なお、この三つの位相は先に記したように、歴史の展開方向において取るベクトルの向きは同じではなかった。しかし、同時に併存し、実体的社会関係を形成しているその全体構造を明らかにするのが連接の視点であることを付言しておきたい。

〔注〕

（1）ここでのシンポジウムとは、二〇〇二年九月二七～二九日の三日間、大阪市立大学大学院文学研究科の主催で開催された国際シンポジウム「アジア都市文化学の可能性―国際都市ＯＳＡＫＡの創造に向けて―」のことである。このシンポジウムは、文学研究科にアジア都市文化学専攻が開設されたのに伴って企画された。

（2）山口氏が明らかにされた菊池家の場合、四代目重胤の時（一七世紀後半）、経済的に大きく発展するが、その子供たちから分家が生み出される。しかし、本家・新家が確立するのは、その後、江戸で栖原屋三九郎店（享保四年）を出した六代目繁福と、河内屋孫左衛門店を出したその子繁安（七代目重恕の弟で、のち本家八代目を継ぐ）の時である。その繁安の子で、兄の忠質が本家九代目を、弟の孝友が新家を継承していく。そして忠質・孝友は、江戸での文人社会の交流に深く関わることになるという。ここには、経済的発展と家の展開、および文化的活動が深く関わり、就中、江戸への出店が一つの飛躍点だったことが窺える。そうした展開にとって一八世紀半ばから後半が、一つの重要な時期だったことが窺える。また、一九世紀半ばに発展する菊池海荘と古碧吟社などの活動は、その次の段階をなすのであろう。それは、宮地正人氏が明らかにされた幕末期豪農商層の情報ネットワークの展開と重なっている〔宮地一九九九〕。

（3）この点については、元禄一一（一六九八）年開発の堀江新地に含まれる北堀江五丁目は事情が異なる〔塚田二〇〇二〕。

（4）社会的権力論について、都市で言えば大店、在地社会でいけば豪農の性格規定、それも地域の代表か、地域支配の担い手かということのみに限定した理解しかされていないのが、学界の現状である。しかし、社会的権力論は社会関係論であることを見落としてはならない。この点を見落とすと、性格規定の点でも結論を見誤ることになる。

〔付記〕

①　二〇〇三年一月一五日から二月二四日まで、大阪歴史博物館において、特別展「没後二〇〇年記念　木村蒹葭堂―なにわの知の巨人―」が開催された。この展覧会により、木村蒹葭堂にさらに関心が高まり、研究の進展することが期待される。また、その際に刊行された図録には多数の関係資料を収載されており、

興味深い。

② 本章第一節で参照した山口啓二氏の『山口啓二著作集』（全五巻）が二〇〇八～九年に校倉書房から刊行された。本著作集の最もユニークな点は、第五巻に二段組み二七〇頁にも及ぶ「聞き書き—山口啓二の人と学問—」を収録していることである。山口氏の生い立ちから始まって晩年に至るまでの軌跡が詳細に語られている。

山口氏の生い立ちに即して、武州の豪農家の暮らしの様子が紹介され、興味深い。また、治安維持法に反対した少壮の代議士・父山口政二の話、その父が国会内で倒れた後、母方の祖父斎藤阿具（西洋史研究者、一高教授で夏目漱石の同級生）方での暮らし、戦時期に向かう中でも自由を求める一高の高校生活、平泉澄の皇国史観が支配する東大国史での体験とそれに対する抵抗感を共有する永原慶二氏や稲垣泰彦氏との友情、昭和二〇年の日記に基づく東京の空襲の詳細な記録、戦後の東大国史研究室の民主化の取り組み、戦後の研究展開・科学運動・社会運動などなど、本当に興味深い話題で満ちている。なお、聞き書きではカットされたが、斎藤阿具をめぐっては、近世の文人社会の最後の雰囲気を感じとれる興味深いエピソードが話されていたことも紹介しておきたい。

第一節で紹介したように、山口氏は紀州栖原村の菊池家のような存在を豪農問屋商人と呼ばれたが、そのような階層は、兵農分離の近世では（政治に向かわず）文人社会につどっていくが、明治以降になると、地主として地方に基盤を置きながら、近代的な教育制度の中で学び、官僚や実業界や学者・文化人といった近代のエリート層の基盤になっていくと指摘されている。この聞き書きでは、こうした階層の近代における展開を武州の豪農に即して示されている。そして戦後の変革と高度成長によって、その階層としての終焉までを展望しているのである。その意味で、この聞き書きはスケールの大きな日本近代史の叙述になっている。

補論4　都市社会と文化のために

はじめに

大阪市立大学大学院文学研究科が申請したＣＯＥプログラム「都市文化創造のための人文科学的研究」が採択され、今年度（二〇〇二年度）から研究プロジェクトがスタートしました。そこでは、Ａチーム（比較都市文化史研究）、Ｂチーム（現代都市文化研究）、Ｃチーム（都市の人間研究）の三つの方向から都市文化を考えていくことになり、私たちＡチームでの研究をどう具体化するか議論を重ねてきました。

本日の報告タイトルを「都市における社会＝文化構造史のために」としたのは、吉田伸之氏の「社会＝文化構造」論の提起にも学んで（同著『身分的周縁と社会＝文化構造』部落問題研究所、二〇〇三年）、都市社会史の成果をふまえて都市文化を考えるというスタンスをそこに表現してみたつもりです。

これまでのＡチームの会議で都市における文化の担い手に着目して考えてはどうかということが何度か話題になりました。この文化の担い手を考えることは、また同時に都市における諸階層の問題を考えることでもあると思います。その諸階層の問題を考えるということは、言い換えれば都市の社会構造との関係において文化の問題を考えることと同じことではないかと思います。

一　文化の視点

都市の社会構造論と文化の問題を関連させて考える場合に、文化の視点をどう活かしたらいいのか。これまでのAチームの会議で、都市における文化の担い手ということが何回か話題になりました。これは一面では、たとえば都市内の部分社会を秩序づける社会的権力、大店という存在を文化の視点から把握し直すということを意味するのではないか。吉田伸之氏の「施行と其日稼の者」（『近世巨大都市の社会構造』東京大学出版会、一九九一年所収）の分析対象となった三井越後屋ですが、この三井家については、東京の三井文庫に近世からの膨大な史料や文化財が所蔵されています。最近、『三井家文化人名録』（二〇〇二年）という冊子が三井文庫から刊行されましたが、近世から近代にかけての三井家同族の関係者で文化的な活動をした人たち百数十人の履歴が上げられており、まさに商人高利貸資本であると同時に、ある種の文化の担い手という側面も持っていることがわかります。社会的権力を捉える際に、文化の視点を加味して考えることも必要ではないかと思ったわけです。

1　紀州栖原の豪農問屋商人・菊池家

こういう論点を考える際に注目したいのが、紀州の栖原村に拠点を置いた菊池家を事例とした山口啓二氏の議論です。以下、本節では山口氏の「歴史と現在、そして未来―南紀栖原の豪商菊池家の文書整理を通じて見えてきたもの―」（名古屋大学日本史通信『ばさら』二、一九九九年）という論文を紹介しながら、考えてみます。この論文によって、私が復元してみた菊池家の系図を見てください（図1）。これを作ってみて、おもしろいことがいろいろわかってきて、山口論文への理解が深まったように思います。

この菊池家は紀州藩栖原村の百姓ですが、江戸に干鰯問屋の出店を営んでおり、これが本家です。さらに新家が砂糖や薬種の出店を持っていました。この出店の奉公人たちは紀州から雇用され、財産は基本的に紀州の本家が持っています。こういった存在は考えてみれば、近江商人や伊勢商人など近世社会にはたくさんいたわけです。

系図を見ると、一番最初の兼胤はよくわかりませんが、その息子の武行が紀州の栖原村にやって来た。三代目くらいから房総などへ武装して出漁する。四代目の時にかなり蓄財し財産を築きます。五代目の兄弟がかなりたくさん分家し、同族団として栖原や湯浅の辺りに残っていきます。

ここで注目したいのは、五代目は経営に失敗して財を失うようなのですが、六代目が享保四（一七一九）年に茅場町で栖原屋三九郎という名義の干鰯問屋を開きます。ここで江戸の出店を持ちますが、この系列が本家ということになります。六代目の弟の敦義が医者になるのですが、そこを六代目の子供の繁安が継ぎます。しかし、その後、繁安は本家の八代目を継ぐことになりますが、いまだ繁安が敦義の家を継いでいる間に、敦義の兄の太次右衛門嘉広がやっていた店を引き継ぎ、薬種や砂糖の問屋（河内屋孫左衛門名義）を開き、この系列が新家となります。本家と新家という菊池家の中核部分がここでできあがります。本家を継いだ繁安の後、新家は繁安の子供である孝友が継いでいくことになります。四代目と五代目の間にたくさんの分家が出ています。ここは分家としては位置づいていますが、江戸に出店を出したところで菊池家の中核部分の本家と新家が確立します。経済的な発展と家の形成の関係がここでリンクしているというのが注目点の一つです。

さらに、経済的な発展と文化的な活動が関連しています。この繁安の子息忠質（本家九代目）とその弟で新家を継いだ孝友は、江戸で文人社会の中に加わり、亀田鵬斎を中心とするグループと深く交流し

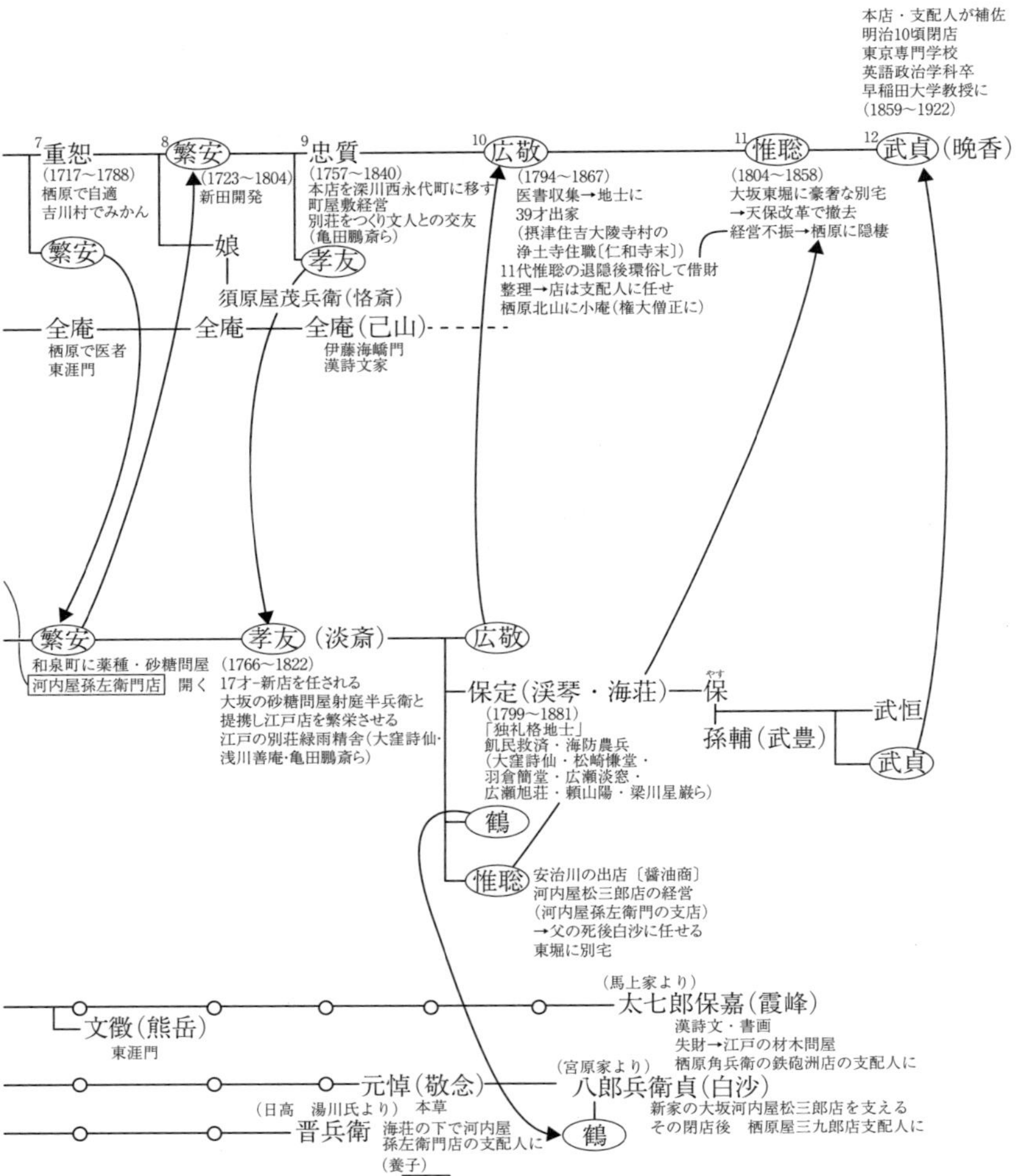
本店・支配人が補佐
明治10頃閉店
東京専門学校
英語政治学科卒
早稲田大学教授に
（1859～1922）
7 重恕
（1717～1788）
栖原で自適
吉川村でみかん
8 繁安
（1723～1804）
新田開発
9 忠質
（1757～1840）
本店を深川西永代町に移す
町屋敷経営
別荘をつくり文人との交友
（亀田鵬斎ら）
10 広敬
（1794～1867）
医書収集→地士に
39才出家
（摂津住吉大陵寺村の
浄土寺住職〔仁和寺末〕）
11代惟聡の退隠後環俗して借財
整理→店は支配人に任せ
栖原北山に小庵（権大僧正に）
11 惟聡
（1804～1858）
大坂東堀に豪奢な別宅
→天保改革で撤去
経営不振→栖原に隠棲
12 武貞（晩香）
繁安
娘
孝友
須原屋茂兵衛（恪斎）
全庵
栖原で医者
東涯門
全庵
全庵（已山）
伊藤海嶠門
漢詩文家
繁安
和泉町に薬種・砂糖問屋
河内屋孫左衛門店　開く
孝友（淡斎）
（1766～1822）
17才-新店を任される
大坂の砂糖問屋射庭半兵衛と
提携し江戸店を繁栄させる
江戸の別荘緑雨精舎（大窪詩仏・
浅川善庵・亀田鵬斎ら）
広敬
保定（渓琴・海荘）
（1799～1881）
「独礼格地士」
飢民救済・海防農兵
（大窪詩仏・松崎慊堂・
羽倉簡堂・広瀬淡窓・
広瀬旭荘・頼山陽・梁川星巌ら）
保《やす》
孫輔（武豊）
武恒
武貞
鶴
惟聡
安治川の出店〔醤油商〕
河内屋松三郎店の経営
（河内屋孫左衛門の支店）
→父の死後白沙に任せる
東堀に別宅
（馬上家より）
太七郎保嘉（霞峰）
漢詩文・書画
失財→江戸の材木問屋
栖原角兵衛の鉄砲洲店の支配人に
文徴（熊岳）
東涯門
元悼（敬念）
本草
（宮原家より）
八郎兵衛貞（白沙）
新家の大坂河内屋松三郎店を支える
その閉店後　栖原屋三九郎店支配人に
（日高　湯川氏より）
晋兵衛
海荘の下で河内屋
孫左衛門店の支配人に
鶴
（養子）

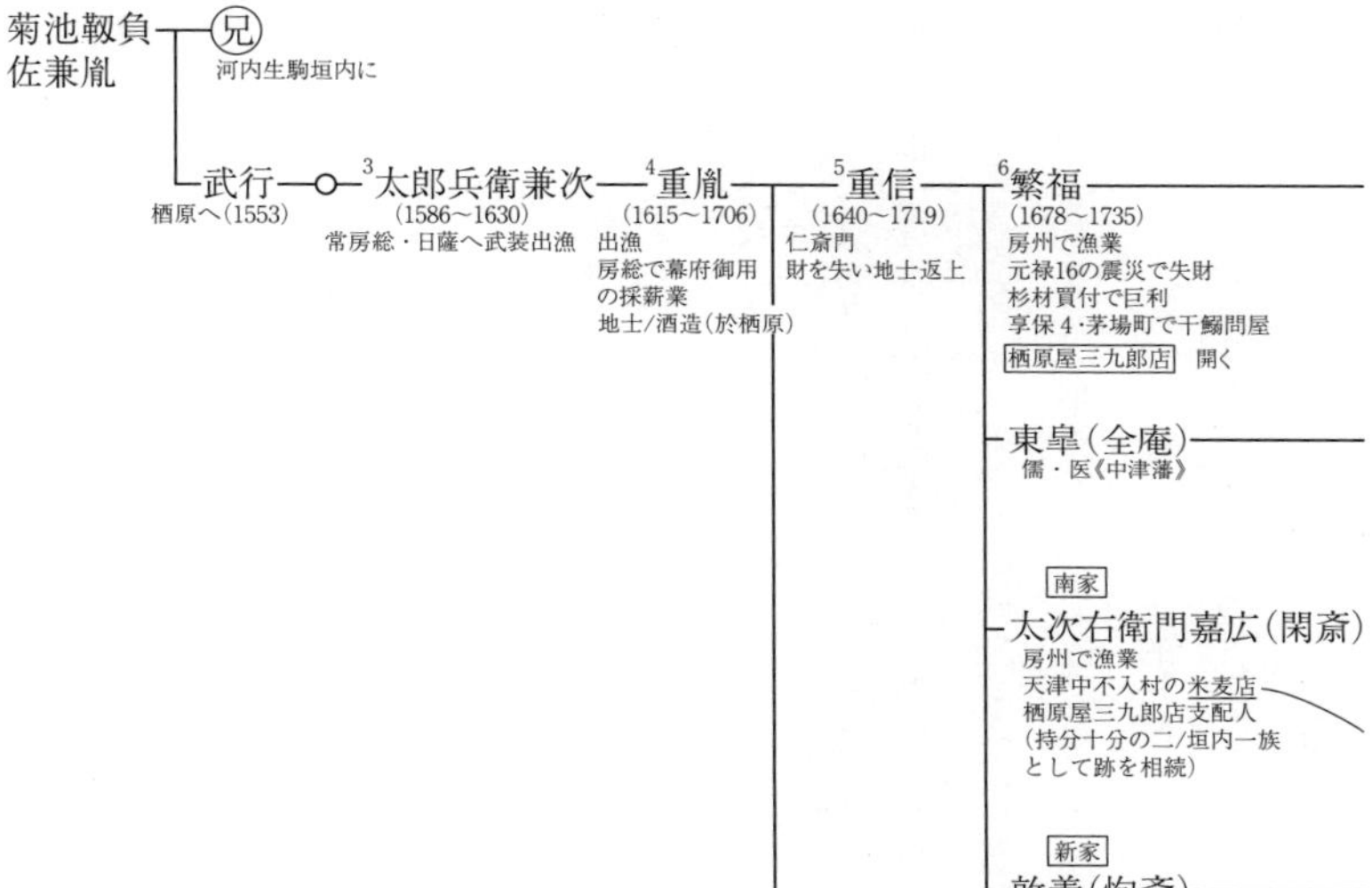
菊池靫負
佐兼胤
兄
河内生駒垣内に
武行
栖原へ(1553)
3太郎兵衛兼次
(1586～1630)
常房総・日薩へ武装出漁
4重胤
(1615～1706)
出漁
房総で幕府御用
の採薪業
地士/酒造(於栖原)
5重信
(1640～1719)
仁斎門
財を失い地士返上
6繁福
(1678～1735)
房州で漁業
元禄16の震災で失財
杉材買付で巨利
享保4・茅場町で干鰯問屋
栖原屋三九郎店　開く
東皐(全庵)
儒・医《中津藩》
南家
太次右衛門嘉広(閑斎)
房州で漁業
天津中不入村の米麦店
栖原屋三九郎店支配人
(持分十分の二/垣内一族
として跡を相続)
新家
敦義(恂斎)
医師
分
太郎左衛門親泰
湯浅で醤油醸造
分
太七郎富景
湯浅で酒造業
太郎左衛門
七兵衛
大坂で綿糸問屋荘太郎店
半左衛門

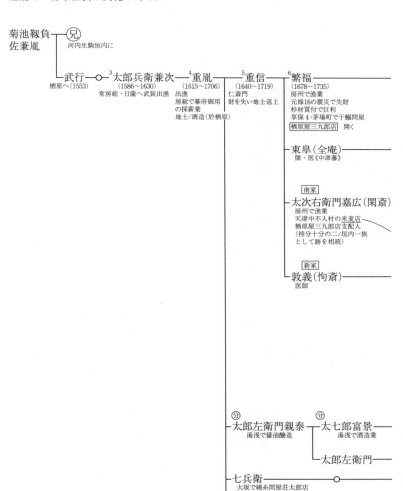

図1　菊池家系図

ています。江戸の文人社会の一翼を占めるのと経済的発展の時期が重なっています。

この後、本家の方は経済的に失敗するような者も出てきますが、新家は孝友の子の保定が繁栄に導きます。彼が菊池海荘ということになりますが、この菊池海荘の孫がまた本家を継ぐという形になっていきます。こうして新家の系列で本家も新家も家系が継がれていきます。この菊池海荘という人は全国的に有名な漢詩人で、著名な頼山陽や梁川星厳などと交わるような人物でした。菊池海荘はこのような全国的な文人社会に加わるとともに、古碧吟社という紀州の湯浅を中心とした豪農クラスの詩のグループを組織し、その中には菊池家の同族の者が多数加わることになります。都市での文人社会はその内部だけで閉じていたのではなく、全国的に広がり、また二重構造で地域的な詩のサロンのようなものが形成されていたことが窺えます。この菊池海荘の頃、また菊池家の経営的発展もみられるわけです。

山口啓二氏は、豪農商層の知的能力は詩や絵などに向かって、政治的な学問には向かわないことを、中国や朝鮮の科挙の下での学問が政治と官僚への道につながっているのと異なり、基本的に武士に政治が独占されている兵農分離の社会のあり方の特質から理解されました。菊池家の家系の中にも儒学や医学を学ぶ者もたくさんいましたが、基本的に町医者になっています。東皐が一回だけ中津藩に抱えられますが、その子供は湯浅に戻って地方の知識人として生きていく方向を選択します。こうした兵農分離の社会のあり方を文人社会が盛んになる条件として関連づけて指摘されています。

近世後期には持丸長者という金持の番付が作られ流布しますが、この持丸長者の一つに「紀刕　垣内孫右衛門」の名前があるものがあります。この「垣内孫右衛門」は新家を指していると思われますが、そういう視点で逆にさまざまな持丸長者を見直してみると、おそらくここに名前の見られる者たちは、菊池家と共通する豪農問屋商人と言っていい存在が多数見出され、豪農問屋商人の全国的な広がりを示していると考えられます。

このような階層は、兵農分離の近世では文人社会につどっていくわけですが、明治以降になると、地方に地主として基盤を置きながら、近代的な教育制度の中で学び、官僚や実業界や学者・文化人といった近代のエリート層の基盤になっていくと、山口氏は指摘されています。

以上のような山口氏の議論は、先ほどの社会的権力、商人高利貸資本というものを、文化的側面も含めて再度捉え直す際に、非常に示唆深いのではないかと思います。

2　木村蒹葭堂と都市社会の三つの位相

大坂について文人社会を考えながら、その総体を再把握する視点について触れたいと思います。それに関しては、二〇〇二年九月のシンポジウム「アジア都市文化学の可能性」において、木村蒹葭堂という存在を媒介として、都市社会の三つの位相の弁別とその連接のあり方をみるという視点を提起しました（本書第二部第四章）。三つの位相というのは、文人社会、伝統社会、下層社会の三つですが、それが木村蒹葭堂に即して見ることで、どのように弁別でき、どのように連接しているかがよくわかるというわけです。

文人社会は必ずしも階層には還元できませんが、菊池家や三井のような存在を想定すれば、この文人社会の構成員とその社会的な基盤としては、都市社会構造に即して言えば商人高利貸資本と重なります。伝統社会は小経営の家を基盤とする共同組織に支えられたものと考えていますが、その中心には、在地社会においては村、都市においては町と株仲間が存在していたと考えることができます。下層社会は、店衆（裏店層）や日用層と重なるものとして考えることができます。文人社会、伝統社会、下層社会という把握の仕方は、社会＝空間構造論から見た都市社会の構造と関連づけると、このような対比になるだろうと思います。

少し補足しましょう。木村蒹葭堂の例を見れば、平戸藩主松浦静山との交流があり、また彼が家業の酒造業で取締りにあい、北堀江五丁目の町年寄をやめさせられ、大坂を退去するに至った際には、伊勢長島藩主の増山雪斎に呼ばれてそちらに出向いて行きます。あるいは蒹葭堂が一番最初に絵を習ったのは大和郡山藩の上級家臣柳（柳沢）里恭であり、彼の交流には、藩主や上級家臣なども含まれています。下級武士が社会のあり方に嫌気がさして文人社会に加わるという状況もありましたが、上級武士も文人社会と接点を持っていました。また、生業として文化活動に関わるような者も重要な要素で、蒹葭堂は池大雅を師と仰いで自分も絵を描いたりするわけですが、そのような生業として文化活動をしている人とも接点があります。このように文人社会のネットワークは、必ずしも階層に還元されるものではありませんが、やはり有力町人たちはその社会的基盤として見ることができるだろうと思います。

下層社会についていては、乞胸や香具師や願人坊主といった周縁的な部分で、暮らしのために勧進しているような者たちからも文化的に突出してスターとなるような者もいて、こうした集団のあり方も文化の担い手の問題として考える必要があるでしょう（吉田伸之『成熟する江戸』講談社、二〇〇二年、同「『江戸』の普及」・「芸能と身分的周縁」・「江戸の願人と都市社会」前掲同著『身分的周縁と社会＝文化構造』所収）。

伝統社会について言うと、小経営の家を基礎とした共同体や共同組織、村と町が基本になると思いますが、そこでは例えば、職人に見られた熟練も文化的な要素になるでしょう（山口啓二『鎖国と開国』岩波書店、一九九三年）。また、伝統的な習俗も共同体や共同組織の中で蓄積されていきます。その中で、座や講などのあり方は農村社会において非常に重要な意味を持っていたと思います（町田哲『近世和泉の地域社会構造』山川出版社、二〇〇四年）。株仲間なども営業的な仲間であるとともに、宗教的な紐帯としての講を営んでいることもしばしば見られます。また、大工も地鎮祭ができるように神道免許状を受けたりしています。あるいはいろいろな社会集団で、集団としての由緒を創出して、お互いの紐帯を作り上げていくという共同の営みなども文化的な営みと言っていいのではないかと思います。なお、由緒の創出ということで言うと、拙稿「非人—近世大坂の非人とその由緒」（塚田編『シリーズ近世の身分的周縁』三、吉川弘文館、二〇〇〇年、のち同著『近世大坂の非人と身分的周縁』部落問題研究所、二〇〇七年所収）などが参考になるでしょう。

こういう伝統的習俗と表裏の関係にある伝統社会は、都市においては農村より早くに崩壊すると思いますが、農村社会においては高度成長期くらいまでは社会の基底に持続していたと考えています（塚田孝「身分的周縁と歴史社会の構造」『シリーズ近世の身分的周縁』六、吉川弘文館、二〇〇〇年）。伝統社会を掘り崩していく動向について「商品化」をキーワードに考えると、冠婚葬祭の商品化が注目されます。先に結婚式が結婚式場で行われるようになり、最近では葬式も斎場で行われるようになりました。地域の共同関係に支えられていた伝統的な習俗という局面で最終的に商品化されたのがお葬式でしょう。これが伝統社会の最終的解体を象徴していると言えるのではないでしょうか。

そういうことを考えても、伝統社会における伝統的習俗や蓄積されてきた人々の能力というものも文化との関係で考えていいのではないかと思います。有力町人が文化の担い手だということと少し意味が違いますが、文化的な活動そのものの担い手として伝統社会を考える、あるいはその下層社会も含めて、全体としてどういう形で文化的な活動が行われているのかも忘れてはならないと思います。いや、むしろそこに芽生える、支配的な文化へゲモニーに拮抗する民衆的な対抗的文化へゲモニーを見出していくことは、吉田伸之氏が言われるように、今後の「市民の生活世界＝〈地域〉再生」のためには不可欠というべきでしょう（吉田伸之「地域把握の方法」歴史学研究会編『国家像・社会像の変貌』青木書店、二〇〇三年）。

二　文化の領域

最後に〝社会＝文化構造史〟としてどういうことが考えられるか、について若干の補足を述べてまとめに代えたいと思います。

文化の担い手ということで言えば、国家や領主――家中の武士のような存在も含むと思いますが――から、宗教者・宗教施設、有力商人や伝統社会、周縁的存在というように社会構造と関連させながら、全階層的に考えることができます。知識人は、国家や宗教者や有力商人の中にもいますが、そういう存在をパトロンとして文化的な活動を営むような知識人ももちろんいます。

文化をめぐる諸局面ということで言えば、芸能・文化などまでが商品化されてくると、逆に知識人が生業として生きていけるようになります。そのような社会がどういう形で出現してくるのか。それは芸能文化だけではなく、出版や読書の問題も関係してくるでしょう。先ほどの伝統社会に関して述べたことを考えると、日常性と非日常性、あるいは政治社会レベルと生活社会レベルというような問題も文化を考える時、不可欠の局面ということができます。都市は、それらが絡まり、展開する「場」として位置づけることも可能ではないかと思います。

国家や領主と言いましたが、古い時代では貴族や官人などももちろん含まれるでしょう。国家や領主については、そこに関わる個人としてとの活動と機構としての側面の二局面を考える必要があると思います。個人としての局面では、知識人のパトロンという場合や、先ほどの松浦静山や増山雪斎や柳里恭のように自らも文化的な活動をしている場合もあります。また、幕府の役所や機構・学校、あるいは藩の学校なども、例えば、今の内閣文庫の蔵書の基となる紅葉山文庫、現在の史料編纂所につながる和学講談所というようなものも視野に入れるべきかと思います。また、それらが行った編纂事業も文化の問題として考えないといけないと思います。

それから、芸能・文化に関わる集団と都市的な「場」ということも考える必要があるだろうと思います（神田由築『近世の芸能興行と地域社会』東京大学出版会、一九九九年）。現在考えていることなので、一言だけ触れますが、大坂という都市社会の中には、多様な勧進宗教者が併存していて、これらは芸能などにも関わる形で存在しています（前掲塚田『近世大坂の非人と身分的周縁』）。本山派・当山派の山伏・修験や、吉田家・白川家などを本所と仰ぐ神道者もいます。白川家の門人帳を見ていると、神社の神主はもちろん国学者なども入門していて、都市の下層を含む重層的な形で本所の下に組織化されていた様子がわかります。鞍馬の願人坊主は、江戸では明治以降かっぽれにつながっていきますが、大坂にも微弱な勢力ですが、存在します（吉田伸之「江戸の願人と都市社会」・「鞍馬寺大蔵院と大坂の願人仲間」前掲同著『身分的周縁と社会＝文化構造』所収）。あるいは六斎念仏や土御門家を本所とする陰陽師も何十人という規模で大坂にいます。また非人なども大黒舞・せきぞろなどの芸能的な勧進を行っており、これらが都市の下層社会の中で相互に競合しながら併存している。このような局面も文化のあり方と密接だろうと思います。

また、町人が歌三味線などを座頭から習っています（中川すがね「歌三味線の周辺」塚田孝・吉田伸之・脇田修編『身分的周縁』部落問題研究所、一九九四年）。この座頭も勧進宗教者とは少し違いますが、都市の中の文化的な要素としてあるでしょう。近世後期には、大坂の浄瑠璃渡世の者たちは、「因講」と称する組織を公認されていました（神田由築「近世大坂の浄瑠璃渡世集団―天保期から幕末にかけて―」『東京大学日本史学研究室紀要』三、一九九九年）。神田氏は、これらの浄瑠璃のプロ集団の周辺に膨大な素人集団が存在していることにも注目されています（神田由築「大坂の芸能と都市民衆」塚田孝編『身分的周縁の比較史―法と社会の視点から―』清文堂出版、二〇一〇年）。こうした問題も都市の周縁において文化に関わる局面だと思います。

これらの文化的な活動が消費の問題とどのように関わるかも課題でしょう。大名の藩邸や大寺院などに多様な文化的存在が出入りしていることを指摘した吉田伸之氏は、眩示的消費という問題に注意を喚起されていますが（前掲「『江戸』の普及」）、上級武士の非生産的な消費がある種の文化的な需要を呼び起こすという問題が示唆されているでしょう。また、支配的文化に対する対抗的な文化へゲモニーの問題や、全体的な都市構想（都市のイデア）という問題も都市文化を考える際に不可欠なものではないかと思います（吉田伸之「城下町の構造と展開」吉田伸之・佐藤信編『都市社会史』山川出版社、二〇〇一年、のち同著『伝統都市・江戸』東京大学出版会、二〇一二年所収）。

以上、雑駁な話になりましたが、一言で言うと、人々が都市の中でどのように生きたかを、社会構造と結び付けて文化の視点から具体的に考えること、これが〝社会＝文化構造史〟ではないかということを述べて、この報告を終わらせていただきます。

〔付記〕　二〇〇二年一二月二五日に行われたCOE―Aチームの第一回研究会で、私は「都市における社会＝文化構造史のために」と題して報告した。その内容は、『都市文化研究』一（二〇〇三年）にテープ起こしに手を入れる形で掲載された。本補論は、近世都市史研究の動向を紹介した部分などを大幅に削除し、都市文化を分析する視点について触れた部分を再整理したものである。

なお、COE事業は、当初、Aチーム（比較都市文化史研究）、Bチーム（現代都市文化研究）、Cチーム（都市の人間研究）という三チーム編成の研究体制であったが、中間評価の指摘を受けて、二〇〇五年度から大阪プロジェクト、中国プロジェクト、東南アジアプロジェクトの三つに改編された。

第五章　木村蒹葭堂と北堀江五丁目
――近世大坂の都市社会構造との関連で――

はじめに

筆者は、最近、近世大坂の都市社会構造を全体的に捉える視点として、文人社会、伝統社会、下層社会の三つの位相を弁別しながら、同時にその連接のあり方を把握するという視角を提示し、その方法的意義について問題提起した（本書第二部第四章）。それは、木村蒹葭堂という存在に着目して考えたものであった。本章では、木村蒹葭堂に即して、この三つの位相について確認するとともに、彼が居住し、町年寄を勤めた北堀江五丁目の近世後期の状況を提示することを課題としたい。なお、後者は、三つの位相のうち、木村蒹葭堂に関わって伝統社会を見ることを意味する。

一　木村蒹葭堂と都市社会の三つの位相

木村蒹葭堂は、絵画や詩、その他もろもろの多様な文化活動に従事し、いろんな珍品奇品を蒐集する蒐集家としても著名で、全国的全階層的な人々がそこに出入し、集まっていたということは著名な事実であった。それを中村真一郎氏は「木村蒹葭堂のサロン」と表現したが〔中村二〇〇〇〕、加藤周一氏は、これを受けて「そこには一つの共同体があった。その『時代の知識人たちの、共通の教養の基盤にもとづく、文化的理想を共有する、幸福な〈共和国〉』(中村著、三三頁)があった」として中村真一郎氏に賛同するとともに、アヴァンギャルドな性格を持つフランスなどのサロンとの違い（すなわち蒹葭堂のサロンの保守的性格、あるいは近代との関係でもつ意味の違い）にも言及している〔加藤二〇〇〇〕。

木村蒹葭堂についての研究は、これまではほとんどが文化史から行われてきたと言っても過言ではないが、(1)近世の都市社会において、そこで注目されているような状況を文人社会の位相と言うとすれば、木村蒹葭堂という存在は文人社会の中だけで終始しているわけではない。一方で、町共同体や株仲間等の共同体社会にも足を置いている。これを伝統社会と呼んでおきたい。そしてその周辺には都市の下層社会も取り巻いている。木村蒹葭堂という存在を全面的に捉えるには、彼はそういう中に生きていることを併せて捉える必要があるだろう。逆に言うと、これら三つの位相は、蒹葭堂を介することで、密接に連接している状況が容易に理解できるのである。

そこで、まずこの視点を木村蒹葭堂に即して確認しておこう。次の史料は、平戸藩主松浦静山が書いた随筆集『甲子夜話』(正編巻四〇、東洋文庫、平凡社)の中で紹介されている木村蒹葭堂の書状である。(2)蒹葭堂は寛政二(一七九〇)年に大坂の北堀江五丁目から伊勢の川尻村へ引っ越すことになるが、その引越しに至る経緯を松浦静山に宛てて書き送ったものである。

【史料1】

勢州長嶋領川尻村へ引越申候趣意

今度拙家自身妻子共、勢州ニ引越申候其故は、拙家本家之方相続致居申候吉左衛門と申者、近年病身ニ相

成、家名相続難相成候体ニ付、天明二年、吉左衛門本家ヲ相退度由被相頼候故、不得止事拙者譲リ受候テ、酒造場は外ニ借付置候所、去酉九月、大阪ニテ借株ヲ以酒造致候事、一等《(統)》御制禁ニ付、無是非拙者名前ニテ表向酒造致、是迄酒場借リ主宮崎屋次右衛門ト申者支配之体ニテ、酒造無滞致居申候所、去十一月、北組総年寄江川勝次郎、酒之元石高改之節、株之石高ヨリ過造有之由被申立、拙者並支配人エ何之吟味モ無之、其日直ニ御奉行所へ過造有之由被申上候ニ付、不存寄拙者支配人両人共御不審ヲ蒙、右御吟味之間町預ケ被仰付、当戌三月十八日御裁許有之、支配人右ノ一件過造ニ似寄候致方御咎ニ付、大阪三郷払、造酒、酒株、酒道具不残闕所ニ被召上候、拙者ハ畢竟名前ニ付居申計ニテ、酒造方之儀ハ一向不存知之趣ハ、申訳之通御聞届被為成候得共、是以不念之咎ニ付、廿二年已来相勤候町内年寄役義被召放候、尤家屋敷、町名前等、在来之通ニテ御構無之候得共、此体ニ相成候テハ、本家相続難相成体ニ相成申候、加之、居宅之外懸屋敷四ケ所有之候得共、世上一等《(統)》近年之風ニテ、家賃銀年々不納相成、町役出銀相弁カタク、家督ニモ可相成掛屋敷、当時ハ却テ年々損失而已ニテ有之候間、一端《(旦)》他所エ引移候テ成トモ、家名再興之計相成候様ニ致度、拙者所存一決仕、其上妻子婢僕迄モ、大阪居住不悦存候テ、是非何方成共引越申度相願罷在候所、長嶋領主増山河内守様、近年拙者御憐愍被成下、殊更去年八月以来は、大阪御城御勤番ニテ御在城之間候故、今度拙者不存知厄難ニ逢申候事、始終御見聞被為成、不便ニ被為思召、段々之御懇意、君命有之、他所引越之所存決定致候得は、幸勢州御領地格別之遠国ニモ無之候間、御領内エ参リ可申候、（後略）

この引用の前には、静山と蒹葭堂の関係について記されている。そこでは、浪速の商人木村吉右衛門（蒹葭堂と号す）は「多識博覧、旧年ヨリ其名ヲ聞ク、一歳、旅次ニ遇テ同気相求ノ習ヒ、互ニ好古ノ癖ヲ以テ、是ヨリ厚ク接遇」するようになったが、酒造に関して処罰され、浪速を去るに当たって送られた書状であることを記し、この書状が失われることは「知音ノ好ニ違ヘリト」考えて、後来のために記録すると説明している。

書状の内容を見よう。まず、木村蒹葭堂が本家を相続する経緯について述べている。蒹葭堂の本家は、妹の夫[3]が家名吉左衛門を相続していたが、天明二（一七八二）年に、病気のため本家当主を退きたいと頼んできたので、やむを得ず自分が本家を譲り受け、酒造場（蒹葭堂の家は酒造業を営んでいた）は外へ貸し付けておいた。ところが、去る酉年、大坂において借株で酒造をすることが厳禁（「御禁制」）されたので、仕方なく表向き自分の名義で酒造を行うこととし、これまでの酒造場借主宮崎屋次右衛門を支配人として（「支配之体ニテ」）、滞りなくやってきたというのである。

去る酉年の「禁制」とは、寛政元（一七九〇）年八月に出された「株高之名目相止并借株不相成旨御書付[4]」に相当するが、これは、大坂に限定されない全国触であり、江戸時代の酒造業にとって非常に大きな意味を持つ触である。その第三条は、（酒造株は貸借を禁じられていたにもかかわらず）これまで酒造株を貸し借りして酒造してきた者もあると聞く（「只今迄借株ニ而造酒いたし候分も有之由相聞候」）が、この借株については借りている者に譲り渡す、すなわち売却してしまうか、元の株主に戻すようにせよ（「右ハ譲請候共、又ハ元株主え差返候共、相対次第可致候」、つまり貸借関係を清算せよ）、なおかつ今後は一切貸借してはいけない、という内容である。木村蒹葭堂は、この触を受けて、仕方なく（「無是非」）、自分の名義で酒造を行うこととし、これまで株を借りていた宮崎屋次右衛門をその支配人として酒造業をやらせる形式を取ったのである。ここでは、酒造株貸借の禁止によって酒造場を貸していた関係に変更が生じたという点に注目しておきたい。このことから、酒造場を貸すことと酒造株を貸すことはセットだったと理解できるのである[5]。

この後、酒過造の嫌疑による処罰の経緯と大坂を離れる理由を述べている。さて、一一月になり、北組惣年寄江川勝次郎による酒造元石高改めの際、株高より過造していると申し立てられ、その結果、蒹葭堂と支配人宮崎屋次右衛門は吟味中町預けとなったとある。寛政二（一七九〇）年三月一八日に裁許があり、宮崎屋次右衛門は「大阪三郷払、造酒、酒株、酒道具不残闕所」に処された。蒹葭堂自身は、名義だけで酒造の業務についてはまったく知らないという申開きは認められたが、支配人への監督不行届ということで二二年来勤めてきた「町内年寄役義」を罷免されることとなった。「家屋敷、町名前等」はこれまで通りで構いなしということであったが、この体たらくでは、本家相続もおぼつかない。また、居宅の他、四カ所の「掛屋敷」を所有していたが、世上一統の近年の状況で「家賃銀」は毎年滞納され、（その掛屋敷を持っている町内の）「町役出銀」も賄えず、「家督」（財産）ともなるはずの「掛屋敷」が現状では却って毎年損失を生んでいる。このような状況なので、一旦他所へ引っ越し、家名再興を図る決心をしたというのである。妻子や奉公人（「婢僕」）も大坂を離れることを望んでいたところ、近年厚遇を受けている伊勢長島藩主増山河内守（雪斎）の世話でその領地川尻村に引っ越すことにしたというのである。

宮崎屋次右衛門は酒造株や酒造道具を闕所になったとあるが、彼は木村蒹葭堂の株と酒造場を借りて酒造していたわけだから、それが闕所になったということは、蒹葭堂の酒造株と酒造道具が闕所になったということを意味するであろう。

また、木村蒹葭堂自身は、二二年間勤めてきた町内の年寄役を罷免されたものの、居宅の家屋敷や掛屋敷——自分の居住している家屋敷以外に所有している家屋敷——は没収されなかったとある。しかし、この掛屋敷から入るべき家賃銀も集まらず、町役の出銀にも足りない状態なので、このまま大坂にとどまっても本家を相続していくことがおぼつかないので、再起を期して伊勢の川尻村に引っ越したというのであるから、収益を生まない居宅・掛屋敷などは手放したと考えられるであろう。(6) すなわち、この時、北堀江五丁目の年寄を辞めただけでなく、町内の家持でもなくなったと考えられる。

以上のことからは、次のように言えるであろう。木村蒹葭堂は、先ほど言ったような文人たちとのネットワークを持っていると同時に、（寛政二［一七九〇］年以前には）北堀江五丁目の町年寄という職務を勤め、酒造家で酒造株の株主として三郷酒造仲間の一員でもあり、同時に掛屋敷には多くの借家人を置いて貸家経営（町屋敷経営）を行っていたのである。このような木村蒹葭堂という存在は、大坂の都市社会において、家持一般ないし表店商人一般には解消されない大店の商家の主人であると言えよう[7]。文人という存在は階層には一律に還元できないが、大店層は文人社会を支える社会的基盤であることは間違いない。他方で、彼は町や株仲間という共同体社会＝伝統社会の局面にも深く関わり、同時に掛屋敷における借家経営を通じて都市の下層民衆とも対峙し合う位置にいたことが想定される。

木村蒹葭堂という存在を通して見れば、文人社会、伝統社会、下層社会の位相が弁別されると同時に、連結していることが容易に見て取れるというのは、以上の意味においてである。

ところで、これまでの研究が木村蒹葭堂の文人的側面に偏っているのは、史料の特徴にも原因があるのではないかと思われる。その主な史料として、『蒹葭堂日記』（以下『日記』と略す）[8]があげられるが、それは、蒹葭堂が日々、一行分ぐらいの日記を二〇年以上にわたって書き記したもので、だれと会った、どこへ行ったということだけが克明に記されている。ここに出てくる人物については、文化史の中で詳細に研究されている。文人社会のネットワークの分析は、交流相手を把握できれば、それで大きな意味を持つ[9]。この『日記』には、町奉行所や惣会所などに頻々と出かけたり、町内印取を行っていることも記されている。しかし、伝統社会の中での機能を捉えようとすれば、町内や出向いた先での活動の把握が不可欠であり、町年寄としての活動内容を全体として明らかにすることは、そこからは無理である。それ故、『日記』以外の史料も文人としての活動を示すものがほとんどであることともあいまって[10]、文化史的なアプローチが行われるのは当然とも言える。

しかし、木村蒹葭堂についても文人社会、伝統社会、下層社会という位相との関わりで見る必要があるとすれば、そうした視角からの史料の読み直しが求められてこよう。『日記』から町年寄としての全体像はほとんど見えないが、町年寄としての断片的な記載に対しても、そうした視点からの分析が加えられてしかるべきであろう。(11)

試みに、処罰前後の頁を繰ってみると、寛政二（一七九〇）年三月十八日のところに「東役所行　宮治一件相済」とある。この宮治一件というのは、先の酒造をめぐる宮崎屋次右衛門の一件のことであり、ここで最終的なけりがついたことがわかる。寛政元年一二月一六日に「宮崎屋一件」で同心が来たことが見える。これが一件の始まりである。年が明けた一月〜三月のところを見ると、一月一八日には「隣家清酒改」に同心と惣年寄江川が来ている。後述するように、一九世紀には北堀江五丁目では酒造屋は灘屋清兵衛一軒であった。一八世紀末でも同様だったとすると、この隣家は宮崎屋次右衛門を指し、蒹葭堂所有の家屋敷だった考えられる。そして、二月一七日・二〇日、三月七日・一二日には東町奉行所に出かけているが、三月一二日の記事には「宮治御尋」とあり、すべてこの一件に関する出頭であったろう。

この一件が表面化する以前の寛政元年の九月・一〇月の部分を見ると、例えば九月二八日のところには、「西役所」（西町奉行所）とあり、その割注に「泉甚帳切帰リ」とある。「泉甚」は泉屋甚右衛門か甚三郎か名前はわからないが、後掲表2に見える和泉屋利兵衛につながる町内の家持和泉屋の「帳切」のために西町奉行所へ行ったということであろう。一〇月四日の部分に「町内巻納　南御堂昼過帰」とあるが、大坂の各町で作成されている宗旨巻を惣会所に納める巻納――その一年中でもかなり重要な年中行事の一つがこの巻納である――に町年寄として出向いて行っている様子がわかる。しかし、この「宮崎屋一件」が持ち上がって以後は、こうした動きは一切見られなくなる。その違いは、毎年頭に町奉行所や惣会所に御礼に出向いていたのが、寛政二年以後見られなくなることにはっきり表われている。

このような木村蒹葭堂の町年寄としての動きは痕跡しか見られないが、例えば天明七（一七八七）年八月一六日に「町内大正家天満屋彦兵衛」に帳切りし、二八日にその張紙のため「西役所」（西町奉行所）に行ったことが記されている。これは、後掲表2に見える天満屋彦兵衛が町内の家持になった時の事実を示しているのであろう。今はその用意はないが、これらの断片的な記載もていねいに追っていけば、北堀江五丁目のあり方に接近することが可能になるのではなかろうか。

この『日記』を史料として行われてきたこれまでの文化史からの研究において、文人のネットワークに視点が集中するのはやむを得ないことだったと思われるが、やはり木村蒹葭堂という存在を、彼が生きていた都市の社会の中でトータルに捉える必要があるであろう。その時には、断片的とはいえ、『日記』は伝統社会との関わりを窺わせてくれる貴重な史料でもある。

また一方で、『日記』以外も含めて、木村蒹葭堂について都市社会内での位置を示す史料はほとんどなく、周辺から攻めることも必要となろう。例えば、彼が家持として居住し、町年寄を勤めた北堀江五丁目の状況を明らかにするというような方向である。以上のような研究と史料の状況を踏まえ、以下では、後者の方向から、木村蒹葭堂が生きた北堀江五丁目という町のあり方を提示し、木村蒹葭堂を取り巻く伝統社会の状況を把握することを試みてみたい。

二　北堀江五丁目とその周辺

まず、最初に北堀江五丁目という場において、木村蒹葭堂の存在を確認しておこう。

前節で、木村蒹葭堂は寛政二（一七九〇）年に北堀江五丁目の町年寄を罷免されたことを述べたが、北堀江五丁目「町内式目帳」（「名田屋清兵衛文書」大阪市立大学学術情報総合センター所蔵、なお本史料は『大坂の町式目』〈大阪市史史料三二〉に収録されている）でも、同年に北堀江五丁目で町年寄が交替していることが確認できる。この町内式目帳は文化二（一八〇五）年に改定されたものだが、その元のものは寛政二年に作成されている。この作成の経緯は、書留の部分に「右式目之儀、寛政弐戌年新年寄金屋徳兵衛被仰付候砌、一統相談之上相改候処、ケ条書之内洩候儀も有之、此度一統相談之上ニ而右之通再改いたし、銘々印形仕」と記されている。ここから、寛政二年に北堀江五丁目において年寄が交替していることがわかる。

また、木村蒹葭堂の家屋敷も寛政二年に手放されたのではないかと推定したが、その可能性を考えておこう。北堀江五丁目の北東側に隣接していた御池通六丁目の年寄交替に関する史料に、灘屋清兵衛という人物が出てくる（「小林家文書」大阪市立中央図書館所蔵）。御池通六丁目では、文久元（一八六一）年一一月に町年寄八萩屋弥兵衛が退任するが、町内には後任の年寄として適任の者がいないとして、周辺町から適任者を探すことになり、御池通五丁目の町年寄瀬戸屋九蔵と北堀江五丁目の町年寄灘屋清兵衛の二人が候補として浮上してきた。御池通六丁目の町人の入札では、瀬戸屋が三票、灘屋が一票で、結局は瀬戸屋が兼任することとなるが、その過程で、惣会所に候補者両人の身元調書が提出されている。そのうち灘屋に関するものが、次の史料である。

【史料2】

北堀江五丁目
年寄　灘屋清兵衛
当酉四十四歳

先町ニ而凡七十二ヶ年四代目

一酒造屋商売

入札壱枚

右先祖四代前灘屋清兵衛、寛政弐戌年居宅家屋敷買求、前書清兵衛義幼名浅吉と申、父清兵衛義三十弐ヶ年前天保元寅年五月病死致、同八月浅吉名改、清兵衛名前ニ相成、同五午年六月朔日年寄役被為　仰付、

其後嘉永五子年九月十四日籾蔵肝煎方被為　仰付、其後安政四巳年十二月十三日役義勤方宜敷趣ニ而、御
褒美として銀壱枚被下置、当時まて相勤罷在候、尤丁目ニ而是迄諸掛り合等一切無御座候、

一家屋敷　　　壱ヶ所
　壱役　表口　　拾間
　　　裏行　　弐拾間
一続屋敷　　　壱ヶ所
　壱役　表口　　七間壱尺
　　裏行　　弐拾間
丁内新築地
一掛屋敷　　　壱ヶ所
四歩役　表口　　拾間
　　　裏行　　拾弐間三尺
一土蔵　　　都合三ヶ所
右屋敷質物ニ差入無之候、
一四代ニ而七十二ヶ年住居之町人
一家内上下八人　　　　一身上柄宜敷

（後略）

これによれば、灘屋清兵衛は、七二年前から四代にわたって北堀江五丁目に住んでいた。その出発点は、「右先祖四代前灘屋清兵衛、寛政弐戌年居宅家屋敷買求」めたことにある。この寛政二年という年は、先ほど

の木村蒹葭堂が北堀江五丁目を立ち退いた年と一致しているが、この灘屋清兵衛の購入した家屋敷は木村蒹葭堂が所持していた家屋敷である可能性が想定できるのではなかろうか。木村蒹葭堂が所有していた家屋敷は酒造場があったと考えられるが、灘屋は酒造業を営んでおり、灘屋が蒹葭堂の家屋敷を取得したとすると好都合だからである。

以上のことから、酒過造に関わる処罰を契機として、木村蒹葭堂は町年寄をここで金屋徳兵衛に交替し、家屋敷（少なくとも酒造場のあった家屋敷）は、灘屋清兵衛の手に渡り、灘屋清兵衛の酒造業に用いられるという経過をたどっていくことになったものと想定できよう。こうして、北堀江五丁目の方向からも、北堀江五丁目における木村蒹葭堂の存在を確認できたと考える。

次に木村蒹葭堂の居住した北堀江五丁目とその周辺の地域の地域的な特質について見ていくことにしたい。大坂三郷の南西の一角、長堀と道頓堀に挟まれて、木津川と西横堀川で囲まれたこの一角が堀江と呼ばれる地域であるが、ここは元禄一一（一六九八）年に、真中に堀江川が開削されることによって、新地として開発された。この堀江川の北側に走っている道路が北堀江の通りになる。この通りに沿って東から西に一丁目から五丁目が並んでいる（図1参照）。

図2は、北堀江五丁目の水帳絵図（大阪歴史博物館所蔵）から作成した町内の地割図である。この水帳絵図は、安政三（一八五六）年作成のものであるが、その後の変化が張り紙で示されている。複雑になるので、張り紙のデータは捨象して、安政三年の段階の地割と所有者のデータだけを書き込んである。北堀江五丁目の南には堀江川があり、そこには西から水分橋《みずわけばし》、鉄橋《くろがねばし》が掛かり、町の東端より一筋東に行くと瓶橋《かめばし》が掛かっている。堀江川の北側にある大道が北堀江の通りであるが、大道の北側は東側では、奥行四十間あり、西側はその半分以下となり、やや歪んだ形をしている。大道の南側は十間足らずであるが、この部分は明和元（一七六

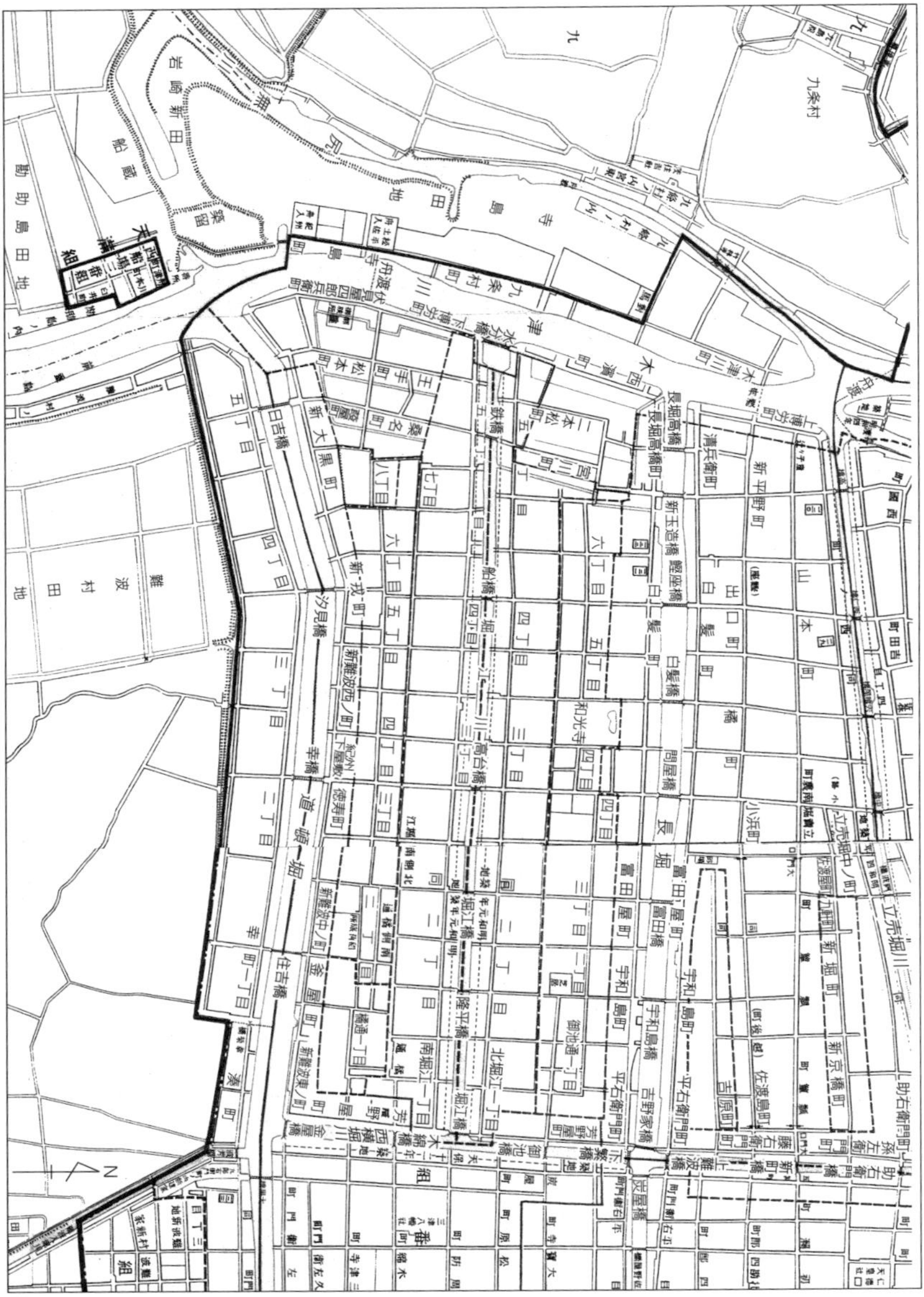

図1　堀江地域周辺図（『大阪市史』附図をもとに作成）

四）年に堀江川の堀の一部を埋め立てて、新たに造成された新築地と呼ばれるものである。新築地の部分は、北側の本来の町人地の家持が地代金を払うことで、その地先の部分の所有を認められたと思われ、北側の家持と新築地の地主は一致しているという形で出発したと考えられる。

その後土地は移動していくため、若干ずれるところもあるが、両側の間口間数は一致し、家持名もほぼ一致しており、その名残りは幕末段階でも明瞭に見て取れる。

奥行四〇間の東側部分は、御池通五丁目との境にも道路があり、そちらにも間口を開けること、また真中に水路があることもあって、家屋敷が奥行二〇間づつに南北で二分されていったようである。この部分の北側の東から二・三番目に灘屋清兵衛の屋敷地があり、東から二番目の南側には灘屋清三郎の屋敷地がある。さらに新築地の東から二番目に灘屋清兵衛の屋敷地がある。この灘屋清三郎は灘屋清兵衛家の分家ではないかと想定され、おそらく東から二番目の家屋敷は、南・北・新築地も含めて全体を灘屋清兵衛が買い取った宅地だったのではないかと考えられる。なお、この段階の灘屋清兵衛所持の家屋敷は、【史料2】の記載と一致している。

次に、北堀江五丁目の住民構成について見よう。次の史料は、北堀江五丁目の年寄灘屋清兵衛から惣年寄に宛てて家数・竈数を報告した「覚」である（前掲「名田屋清兵衛文書」）。

【史料3】

覚

一家数三拾四軒　内　拾五軒　築地
一役数廿七役三厘　内　六役（一）三厘　築地
　内　壱役は年寄屋敷　無役
　　　壱役は会所屋敷　無役

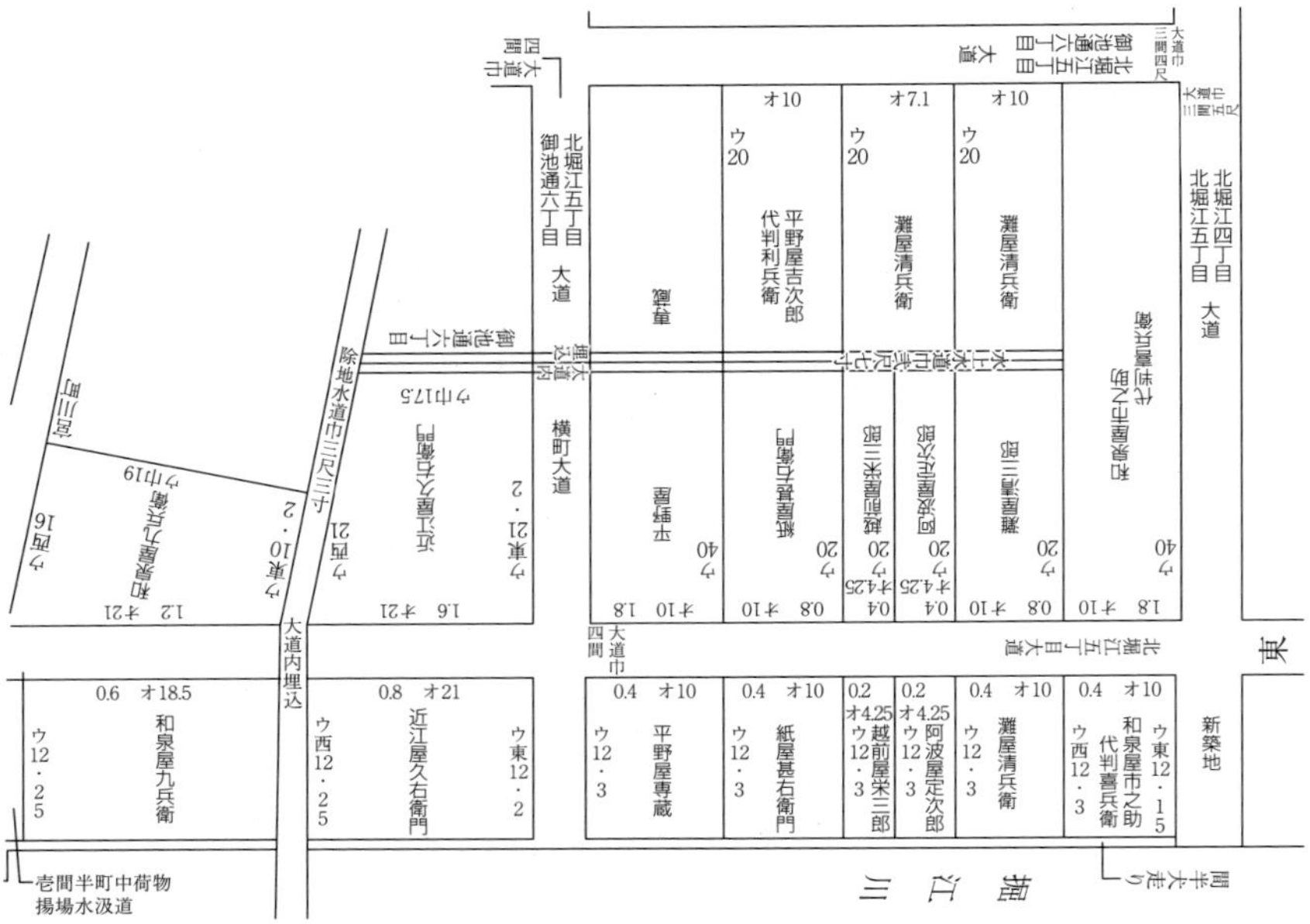

20間である。0.4のような数字だけのものは4分役であり、役数を示す。「北堀江五丁目水

残て　弐拾五役三厘
一惣竈数弐百三十五軒
内　九軒　家持
弐百廿六軒　借屋
外ニ五十軒　明借屋
右之通相違無御座候ニ付、此段書付差上
候、以上
子十月八日
北堀江五丁目年寄
名田屋清兵衛
惣御年寄中

この史料は、灘屋清兵衛が町年寄に就いているので、幕末期のものであることは確実であるが、正確な年代はわからない（子年なので、天保一一年、嘉永五年、元治元年の何れかである）。ここには「家数」三四軒、うち「新築地」一五軒とある。この「家数」とは、先の水帳絵図において区画されていた「家屋敷」数のことであり、建物としての数ではもちろんない。その家屋敷数はトータルで三四

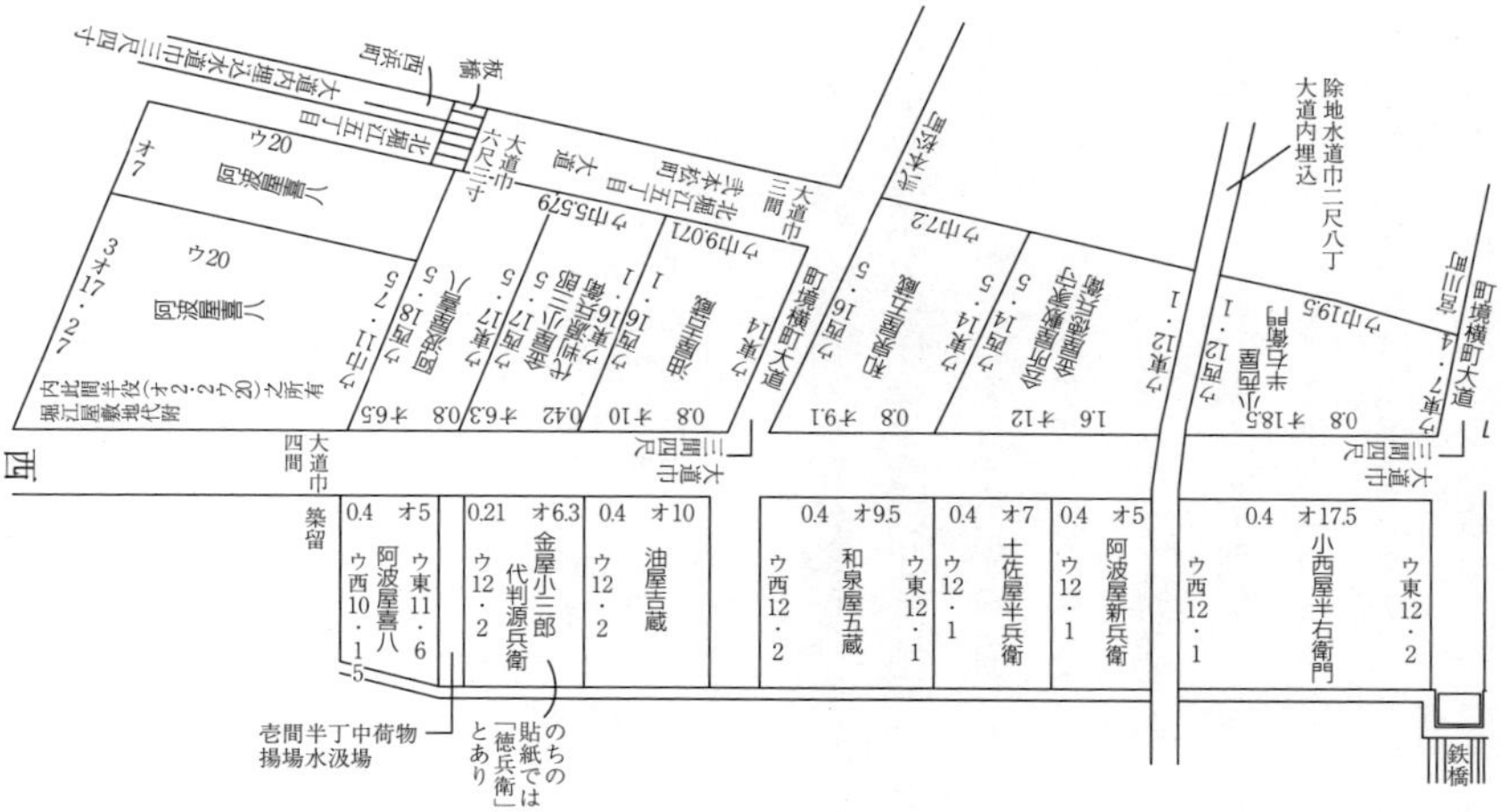

図2　安政3年の北堀江五丁目　貼紙の情報は省略した。オ10は表間口10間、ウ20は裏行
帳絵図」（大阪歴史博物館蔵）をもとに作成。

だが、内一五は新築地の屋敷地だということである。そうすると残りの一九は元々の町人地部分の屋敷地の数ということになる。新築地の地主は、もともと通りを挟んだ町人地の屋敷地の持ち主とほぼ一致するということから、地主＝家持の実数はほぼ一九人前後と理解できる（もちろん、灘屋清兵衛のように一人で複数の家屋敷を所持している者もいるので、実数はさらに少なくなる）。実際、安政三年段階では、町人地の家持一六人（内、会所屋敷一を含む）、新築地の地主一五人であり、そのうち一三人が重なり、家持の実数は一八人であった（表1参照）。

続いて、「役数」二七役三厘とあるが、新築地にも役数が設定されていること、つまり、一般の家屋敷となんら変わりないことに注意しておきたい。

住民戸数については、「惣竈数」二三五軒、内九軒が家持、二二六軒が借屋で、他に明借

表1　安政３年の北堀江五丁目の家持

家　　　持	町人地	新築地
和泉屋市之助　代判喜兵衛	1.8	0.4
灘屋清兵衛	2	0.4
灘屋清三郎	0.8	—
阿波屋定次郎	0.4	0.2
越前屋栄三郎	0.4	0.2
紙屋甚右衛門	0.8	0.4
平野屋吉次郎　代判利兵衛	1	—
平野屋専蔵	1.8	0.4
近江屋久右衛門	1.6	0.8
和泉屋九兵衛	1.2	0.6
小西屋半右衛門	0.8	0.4
会所屋敷	1.6	—
阿波屋新兵衛	—	0.4
土佐屋半兵衛	—	0.4
和泉屋五蔵	0.8	0.4
油屋吉蔵	0.8	0.4
金屋小三郎　代判源兵衛	0.42	0.21
阿波屋喜八	4.8	0.4
	21.02	6.01

安政３年水帳絵図から家持ごとに町人地と新築地に持つ家屋敷の役数を記した。

屋が五〇軒あったとある。家持九軒というのは、先ほど、この時家屋敷の地主の数は一九人程度と推定したが、町内に居住している家持は九軒だということであろう。だとすると、半分近くが不在の地主ということになる。借屋の数では、居住している借屋が二三〇軒余り、他に空いている借屋が五〇軒余りで、二八〇軒弱の借屋建物があるという状態がこの町の様子である。

ここでの一つの特徴として、家持には不在の者が多いことがあげられる。この不在の家持の場合、代理人の家守が置かれるが、この家守の存在状況については、町内式目帳の連印から作成した表2を見ていただきたい。文化二（一八〇五）年段階の連印者を列記し、後に貼り紙で訂正された人名を矢印の先に示してある。年寄を含めて一八人が連印しているが、うち一〇人には家守がついている。居付の家持である八人のうち、二人は新築地のみの家持であった。本来の町人地部分でいうと、家持一六人のうち一〇人が不在家持ということになる。注目しておきたいのは、当初の連印の段階では家守が置かれていたのに、貼り紙で変更された時には家守が置かれなくなっている事例（三例）が散見されることである。ここからは、文化二年の段階から後に向かって、不在地主でない者（居付地主）が、若干ではあるが増えつつあるという傾向が窺えよう。

次に、二百数十軒近い借屋人の様子を窺っておこう。「町内式目帳」には、様々な機会に町に対して出銀す

表2　文化2年11月「町内式目帳」への連印者

	和泉屋利兵衛	
	嶋屋重次郎	
○	土佐屋半兵衛	
	尼崎屋平三郎　代判伝三郎	→尼崎屋平三郎
○	網干屋十右衛門	→阿波屋新兵衛
	灘屋源次郎	
	灘屋清蔵	
	嶋屋権兵衛[家守]嶋屋清兵衛	→鋪屋ゆゑ　代判権兵衛[家守]赤穂屋与兵衛
	升屋長蔵[家守]吹田屋嘉助	
	近江屋休右衛門[家守]岡田屋四郎兵衛	
	奈良屋忠兵衛[家守]山国屋治郎兵衛	→奈良屋忠兵衛[家守]金屋徳十郎
	日野屋三十郎[家守]坪井屋長右衛門	→日野屋三郎助[家守]湊屋忠兵衛
	天満屋彦兵衛[家守]坪井屋長右衛門	→万屋清兵衛
	米屋徳三郎[家守]土佐屋伝八	→長瀧屋五蔵　代判吉兵衛
	金屋嘉兵衛[家守]金屋利助	
	能勢屋卯兵衛[家守]鹿嶋屋与兵衛	→鹿嶋屋与兵衛
	平野屋儀助[家守]綿屋卯右衛門	
年寄	金屋徳兵衛	

→の右側は張紙の記載。○は安政3年水帳絵図で新築地だけの家持につながる。

る、その額が規定されている。その中に借屋人が町内へ転宅してきたときに出す祝儀金の規定が含まれている。これには「借家人丁内え変宅参候節、表借屋之分祝儀」と、「同裏借屋祝儀」と分けた規定があり、表借屋は裏借屋の約一・五倍の額を出銀することを求められている。

さらに、表借屋人の項目の但し書として、「但名前替幷同借屋ニ而裏ゟ表へ出候節も同断諸祝儀也」とあり、町内の裏借屋に住んでいた者が表借屋に引っ越した場合にも、表借屋に町外から転宅してきたのと同じ額の祝儀を町に対して払わなければならなかったことがわかる。

以上のことから、表借屋と裏借屋とでは町内での取扱いがはっきりと区別されていたということがわかる。この場合の表借屋というのは、道路沿いに店舗を開けるような場所に位置している借屋であり、裏借屋は、表の通りから路地を入って、家屋敷の奥まったところにある借屋である。つまり、表借屋は営業と居住が一体となった職住一体の借屋であり、裏借屋は店舗を営めるような状況にないので、外に働きに出て――振売や日用稼ぎなど――、そこ自体は生活空間ということになる(12)。

次に、町内居住者の職業について見ておこう。天保改革に際して商品の値下げを命じられたときに、北堀江五丁目の町内の商人たちがそれぞれに自己の扱う商品の値下げのやり方を書き上げた帳面が残されている（前掲「名田屋清兵衛文書」）。その史料から、各人の職種についての情報だけを書き出したのが、表3である。それによると、多様な職種の商職人百十人余りが並んでいる。一番目に「灘屋清兵衛　酒造屋商売」とあり、そのほか前の方には「諸国参着諸荷物引受売捌」というような問屋に類する職種、その後に酒小売や搗米屋を始め食べ物関係を中心に周辺住民の衣食住に関わる多様な職種の商売が並び、それから船釘鍛冶職人など船道具関係の職人なども見えている。

こういう商売が営めるのは、表借屋だと想定されるので、この中に居付の家持数軒が含まれるものの、百軒程が表店借の諸商人と考えられ、彼らが道路沿いに狭い間口でびっしりと店舗を開いている様子が想定される。そうすると、二三〇軒ほどの借屋のうち、半分弱が表借屋、半分強が裏借屋となる。借屋の中に表借家が多数あり、それらは間口の狭い小商人の存在が想定されるが、中に一部、酒造業者や問屋などの大店も何軒かが含まれているという状況が想定される。酒造業の灘屋清兵衛がそれであり、以前の木村蒹葭堂もそうだったに違いない。

こういう状況は、新地としての堀江の特質と深く関連していると思われるので、隣接する御池通五丁目の状況も参照しておきたい。その御池通五丁目の江戸時代の水帳絵図と明治元（一八六八）年の人別帳をあわせて、明治元年の段階での家屋敷別の借屋人の職種を一覧にした図3を参照いただきたい。ここには、表店借と裏店借の区別なく、多様な職業が列挙されている。このうち、先ほどの北堀江五丁目の表店借の職種に重ならない

表 3　北堀江五丁目住民の職種

名　前	職　種	名　前	職　種
○灘屋清兵衛	酒造屋商売	土佐屋八郎兵衛	麺類商売
○土佐屋半兵衛	諸国参着諸荷物引受売捌商売	加賀屋利兵衛	〃
嶋屋忠三郎	〃	播磨屋吉兵衛	〃
代判庄次郎		淀屋市次郎	〃
塩飽屋源兵衛	薩州　同商売	近江屋利助	船道具商売
有田屋重蔵	北国　〃	阿波屋伊兵衛	〃
小山屋喜知兵衛	土州・熊野・対州同商売	○和泉屋九兵衛	木綿商売
玉屋嘉右衛門	土州　同商売	針口屋与兵衛	饅頭商売
加賀屋庄蔵	予州　〃	阿波屋卯之助	瀬戸物商売
紙屋九兵衛	対州　〃	代判仁兵衛	
塩屋利兵衛	土州　〃	淡路屋兵吉	青物商売
加賀屋彦太郎	北国　〃	大和屋清蔵	〃
北野屋仁右衛門	〃　〃	阿波屋喜兵衛	豆腐商売
若狭屋惣助	紀州・土州〃	俵屋卯兵衛	生肴商売
金屋得十郎	下方ゟ積登り候和製砂糖売	和泉屋次三郎	〃
	捌商売	北方屋太助	醤油商売
○阿波屋定次郎	〃	阿波屋与八	〃
阿波屋源兵衛	〃	堺屋万助	草履下駄類商売
和泉屋吉兵衛	〃	綿屋惣助	〃
木屋仁兵衛	〃	播磨屋重蔵	薬種小商売幷合薬
万屋重蔵	石灰商売	代判佐市郎	
代判重次郎		阿波屋武兵衛	〃
嶋屋六兵衛	酒小売商売	亀屋貴三郎	〃
森川屋直六	〃	赤穂屋次兵衛	紙小売商売・たばころうそく
代判量助			小売商売
龍野屋源兵衛	〃	明石屋卯兵衛	飴商売
高智屋次兵衛	土州表へ諸品物買下シ商売	和泉屋善兵衛	合利商売
○阿波屋喜八	搗米屋商売	綿屋卯兵衛	綿類商売
代判伝兵衛		越後屋惣助	砂糖類小売商売
和泉屋弥兵衛	〃	阿波屋多七	〃
嶋屋新蔵	〃	土佐屋金兵衛	土州へ諸品買下し商売
阿波屋嘉兵衛	〃	大和屋弥太郎	薩州荷物売捌商売
平野屋新助	〃	嶋屋次兵衛	畳商売
亀屋太兵衛	〃	大和屋安兵衛	〃
久宝寺屋清兵衛	〃	瀬戸屋藤兵衛	旅籠宿屋商売
堺屋安兵衛	油小売商売・ろうそく商売	阿波屋角蔵	〃
中田屋孫三郎	油商売	田辺屋伝七	〃
顕屋久吉	酒小売商売	代判藤蔵	
○阿波屋新兵衛	煎茶小商売・塩小売商売	大和屋市郎兵衛	筆墨商売
但馬屋弥助	染物張物商売	讃岐屋嘉兵衛	いおん木商売
油屋弥助	〃　・木綿類張物商売	阿波屋忠兵衛	傘挑灯商売
綛屋利兵衛	〃	近江屋喜兵衛	線香商売
阿波屋又右衛門	〃	相根屋安兵衛	花小売商売
吉田屋小三郎	小間物商売	阿波屋卯兵衛	焚炭小売商売
宇治屋儀兵衛	〃　・たばこ小売商売		

阿波屋又兵衛	焚炭小売商売	阿波屋定兵衛	干物商売
阿波屋岩吉	わら草履商売	福嶋屋佐兵衛	〃
和泉屋弥兵衛	青物小売商売	播磨屋松之助	古手木綿類小売商売
神崎屋嘉助	〃	宍喰屋平兵衛	熊野諸荷物売捌商売
播磨屋甚助	煮売商売	錺屋清兵衛	船手飾細工人
大和屋惣兵衛	湯屋商売	かじ屋条蔵	わらそうり商売
淡路屋源右衛門	薪炭商売	桝屋新兵衛	船道具商売
金屋源兵衛	鍋釜商売	河内屋徳兵衛	袋物商売
金屋幸助	下方行新キ小道具類商売	赤穂屋藤次郎	□商売
和泉屋伊兵衛	笠莚筵商売	京屋小兵衛	たばこ商売
和泉屋勝蔵	大工職商売	久保屋庄兵衛	〃
河内屋留吉	せんべい商売	鍛冶屋勘兵衛	船釘鍛冶職人
阿波屋新平	干物商売	京屋伝兵衛	〃

○は安政3年の家持名と一致する者。なお、上記以外に上荷船茶船乗働商売の海部屋喜兵衛、仲仕働商売の淡路屋久兵衛が見える。但し、海部屋は「船会所」より書き出すこと、淡路屋は「此分除ル」としてともに除外されている。物価値下げに関わる本史料に両人が記されたのは、本人が「働渡世」なのではなく、それを差配する「働商売」だからであろう。

部分（仲仕や働渡世など）が裏借屋の職業と考えていいであろう。

少しさかのぼって、享保二〇（一七三五）年、堀江の地域が新地として開発されてまだ三十数年しか経ってない時期の触留が残されている（「小林家文書」大阪市立中央図書館蔵）。その中に、御触に対して家持は家持で、借屋は借屋で、全員が連印している部分がある（表4）。これで見ると、一七人の家持のうち、一〇人が家守を置いており、不在地主であることがわかる。さらに、各家屋敷ごとに表借屋と裏借屋が別々に連名しているが、その数を拾うと、表借屋は二〇〇軒を越え、裏借屋は一八五軒余りで、計四〇〇軒弱の借屋がこの享保段階で確認できるのである。ここでも不在の家持が多くて、借屋人が膨大に存在していること、なおかつ表と裏が明確に区分されて、表借屋にも膨大な数の借家人がいることがわかる。

以上の状況から、堀江地域の特質を考えておきたい。先に触れた北堀江五丁目の職種の中に酒造業は一軒だけしか見えないが、幕末期、堀江は大坂の中では天満と並んで酒造業の集中しているところであった〔屋久二〇〇二〕。その他、問屋・商人の中に砂糖の売捌きの商人が数人いるが、堀江は砂糖の商人たちが集中している地域であった〔蒲田一九二九〕。おそらくこういった職種の存在は、堀がめぐらされて舟運の便が発達している西船場の地域の特質から理解し

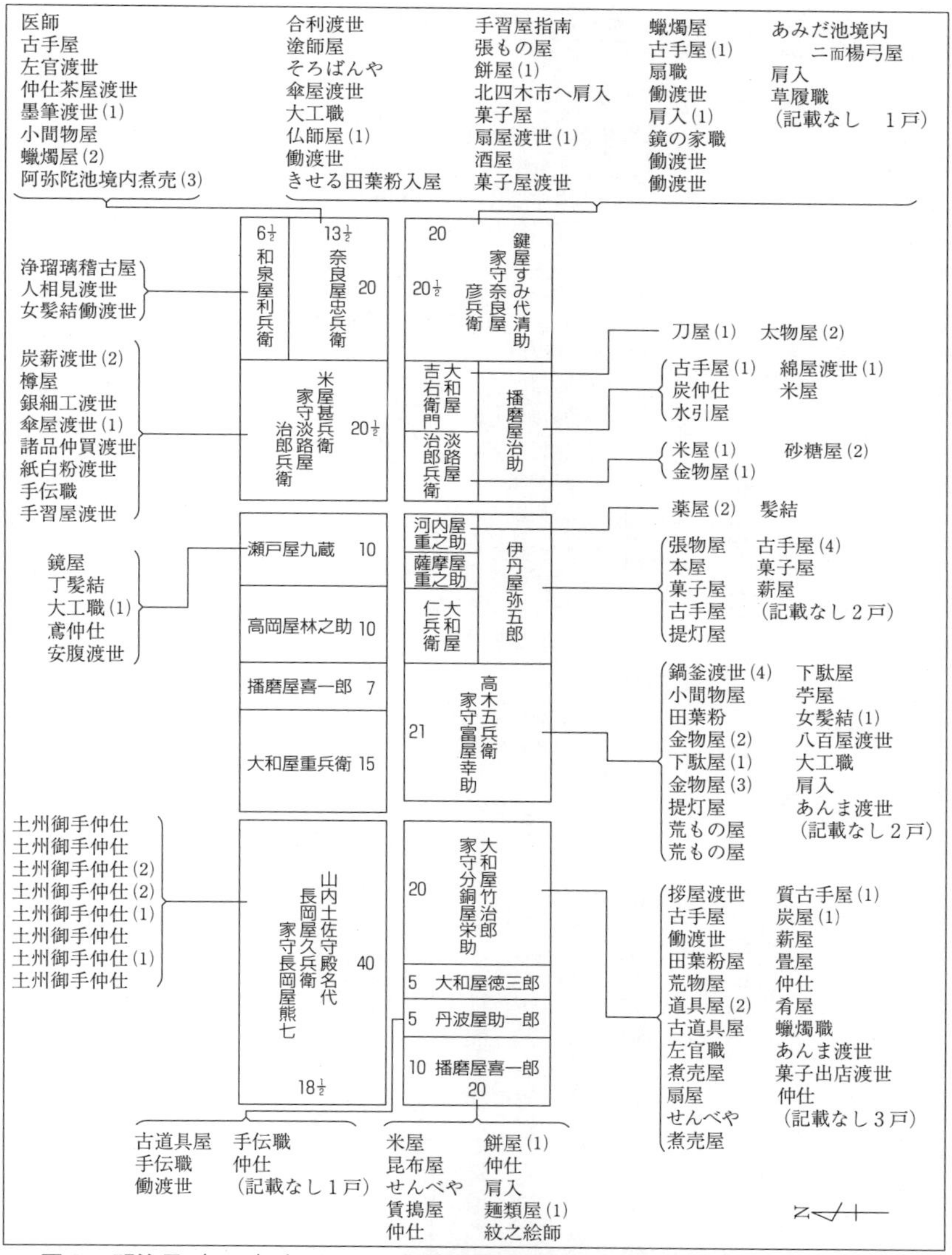

図3　明治元（1868）年における御池通五丁目の借家人の職業（〔西坂1990〕より）

注(1)「御触書印形帳」（小林家文書25）により作成。借家人の配列は史料の記載順による。
(2)（　）内の数字は雇用奉公人数をあらわす。
(3) 各町屋敷に付された名称は家持および家守、数字は間口間数をあらわす。

表4　享保20年、御池通五丁目の住民構成

家　　　持	表借家	裏借家
	軒	軒
年寄　河内屋藤助	10	12
平野屋つや 家守 綿屋喜右衛門	21	14
布屋忠兵衛 家守 嶋屋伝兵衛	21	15
鍵屋茂四郎 家守 河内屋清兵衛	19	12
近江屋吉右衛門 家守 讃岐屋徳左衛門	12	9
志布子屋四郎兵衛 家守 伊予屋次郎兵衛	7	—
豊後屋治右衛門 家守 豊後屋安兵衛	13	13
平野屋五兵衛 家守 池田屋六右衛門	20	18
布屋卯之松 家守 柏屋新右衛門	24	30
丹後屋七郎兵衛 家守 丹後屋庄兵衛	10	6
桔梗屋吉右衛門 家守 伏見屋市兵衛	2	13
桔梗屋喜兵衛	11	6
長岡屋久兵衛	11	—
高岡屋勘右衛門	2	17
本庄屋栄照　代判本庄屋彦兵衛	14	8
摂津国屋伊兵衛	4	10
奈良屋勘兵衛	4	3
	205	187

借屋人の連印は４月と10月の２度見られるが、この数字は４月段階のもの。半年の間に担当数の借屋人の入替りがあった。

うることだと思われる。

また、新地としての特質ということも考える必要がある。堀江地域は元禄一一（一六九八）年に新地として開発された（「藤井善八覚書」『大阪市史』第五巻、〔塚田一九九六b〕）。この時に、零細な町人たちがここに自分の居住する家屋敷を求めて地代金を払って購入したとは考えにくく、すでに資本を持っている大坂の町人たちが自分の本拠は別に持っていながら、そこの地面を投資の対象として購入するという形で地主になっていった存在がほとんどであったと想定される。当初、家屋敷購入者は、一四万両余の高額の地代銀を一〇年賦で払う予定であったが、その負担を負えるのは一定の資本を有する者だったと考えられる。もっとも彼らは、その高負担に耐えられず、地代銀を滞納したため、宝永三（一七〇六）年に家屋敷を召し上げられた。その後、新たに入札で家屋敷を買い請けた者たちは、一年当りの地代銀を十分の一（一三〇〇両余）とする代わりに、年期をなくしてずっと払い続けるという形に切り替えられるが（但し、享保三〔一七一八〕年より半減）、その時に家持になった者たちにおいても事情は同様だったと言えよう。

その一例は、御池通五丁目の東端にある鍵屋利兵衛の二〇間四方の家屋敷である（表4では鍵屋茂四郎、図3

では鍵屋すみ）。鍵屋利兵衛は、享保期から幕末までこの地面を持ち続けているが、この鍵屋利兵衛は、道修町一丁目の薬種仲買の有力商人である〔渡辺一九九七〕。また、享保二〇（一七三五）年の連印の中には、平野屋五兵衛の家守池田屋六右衛門が見える。この平野屋五兵衛は大坂の有力両替商である。他の所にすでに経営の基盤を持っている人が、地代銀を払って家屋敷を購入した場合、もちろんそこを遊ばせておくわけにはいかないので、借屋を建てて町屋敷経営を行うことになる。それ故、必然的に不在地主が多くて、膨大な借家人（表と裏を合わせた）がいるという都市構造になったと想定されよう。

私は以前に、新地開発に際して赦免された相撲の興行権や茶屋株といったものについて、投資の対象として存在していたことを指摘したことがあるが〔塚田一九九六b〕、実は家屋敷そのものが投資の対象だったのである。

ところが先に、北堀江五丁目では、一九世紀に入って少しずつ不在地主ではなくなり、家守がとれていく傾向が見られるという点に触れたが、その傾向は御池通五丁目でも共通であり、一八世紀を通じて、一〇軒以上の家守がついているという状態が続くのが、一九世紀に入って幕末期に向けては、家守が置かれている家屋敷は半分の五軒ほどに減っていく〔塚田二〇〇二〕。それは、一九世紀に入ってこの地域の都市の構造が変容し、そこに定着してきた人たちの生活の構築が徐々に見られていったことを意味しているのかもしれない。

おわりに

ここまで、木村蒹葭堂という存在に即して、都市社会の三つの位相を確認し、三つのうち伝統社会の局面を示す町共同体について、蒹葭堂が住んだ北堀江五丁目の状況と堀江地域の特質について見てきた。文人社会については、これまでの文化史で注目されてきたところである。一方、下層社会については、今回は膨大な借屋層の存在という指摘だけに留まった。伝統社会とは位相を異にするものとして下層社会を具体的に捉えることは今後の課題としたい。

なお、都市社会の三つの位相の弁別と連接という視角について、全体としての位置づけについては本書第二部第四章を参照いただきたいが、最後に、筆者が以前から《歴史社会の構造》と言ってきた点との関係について簡単に触れておきたい〔塚田二〇〇〇〕。筆者は、日本の列島社会の上に展開してきた歴史的社会を、列島社会全体に広がる政治社会レベルの広がりと、固有の地域社会あるいは社会集団が全体のシステムの中に解消されずに、固有の存在意義と形態を持って併存〔内包的併存〕している地域生活レベルを併せて捉えないといけないと指摘し、それを《歴史社会の構造》と表現してきた。(13) 都市社会の三つの位相という視角は、《歴史社会の構造》と同じではないが、密接に関連している。文人社会ネットワークは列島社会に広がる規模を持つという点で政治社会レベルと共通性を持ち、一方で、伝統社会、下層社会という形で問題を立てたことと、固有の存在意義と形態を持つ社会集団や地域社会が内包的に併存しているという見方とは重なっていることは明らかであろう。

〔注〕

（1）　最近の研究書として、水田紀久『水の中央に在り　木村蒹葭堂研究』〔水田二〇〇〇〕がある。歴史学では、有坂道子氏による「木村蒹葭堂の交遊―大坂・京都の友人たち―」、「木村蒹葭堂没後の献本始末」〔有坂一九九五・一九九九〕など一連の研究がある。なお、二〇〇三年一月一五日から二月二四日まで、大阪歴史博物館において特別展「没後二〇〇年記念　木村蒹葭堂―なにわの知の巨人―」が開催され、多様な史料を掲載した図録『木村蒹葭堂―なにわの知の巨人―』が思文閣出版より刊行されている。

（2）松浦静山『甲子夜話』正編、巻四〇。なお、本章には前注1『木村蒹葭堂―なにわの知の巨人―』所載の写真図版より引用。

（3）この点は、享和元（一八〇一）年九月二四日付け柴野栗山宛書状（瀧川義一・佐藤卓彌『木村蒹葭堂資料集・校訂と解説（二）』蒼土社、一九八八年所収）によって補った。

（4）『徳川禁令考』前集第六、三八九三（創文社）。寛政元（一七八九）年八月に出されたこの触れは、三カ条から成っている。第一条では、これまで元禄一〇（一六九七）年の造米高を基準にして、天明六（一七八六）年に二分の一、翌年三分の一の減石を命じたが、その時、実状を調査したところ、三分の一でも元禄一〇年段階より格段に多いことがわかったので、天明六年より以前の造り高の三分の一とすることを命じている。第二条では、（実状に合わない）これまでの株高を廃止し、今回勘定所へ届け出た酒造屋の造り高を永々の株とすること、その株は一軒前をそのまま譲り渡すことは構わないが、分割して譲り渡すことは禁止するという内容である。第三条が、本文で紹介した借株厳禁の箇条である。すなわち、ここで、元禄一〇年を基準とした酒造株高を廃止し、新たに現状に合わせて酒造株を再設定するとともに、売買（譲渡し）は可能だが、貸借は禁止という原則があいまいになっていた現状を認めた上で、以後、原則を貫徹させようとしたものと言えよう。

（5）酒造株と酒造場がセットで貸借されていることについては、〔屋久二〇〇二〕参照。

（6）前掲注3柴野栗山宛書状には、「次右衛門へ貸置候酒株諸道具等被召上候故、小生資本失ひ鬱々不相楽罷居候所」、増山に招かれ川尻村に引き移ったが、一時上坂していた寛政三（一七九一）年一〇月に「堀江筋大火に付、持屋敷始親族別家皆々類焼仕候而、書籍手道具随身之分は相残候へとも、其地は皆烏有に相成候」とある。これによれば、蒹葭堂は、翌年まで家屋敷を保持していた可能性もあるかもしれない。しかし、この書状は一〇年余も後の享和三年に書かれたものであり、蒹葭堂自身が川尻村へ引っ越すに至る経過も【史料1】と比べて差異があり、不正確な点が散見する。さらに、寛政三年一一月二二日付け長久保赤水宛書状（〔水田二〇〇〇、二六六～二七〇頁〕には、堀江の火災が「旧宅辺存外之火災」と記されている。『日記』によれば、この時の一時上坂に際しては、初め尼崎屋五兵衛の座敷に宿泊し、そこが類焼したため、百軒町の油吉宅に移り、さらに堂嶋の山家屋に投宿している。もし、北堀江五丁目の家を保持していたなら、そこに泊まってもよさそうであるが、そうしていない。そこはまさに、すでに「旧宅」だったのである。それ故、蒹葭堂は、家屋敷を手放していたと考えられるのではないだろうか。もし、川尻村へ持参できなかった文物と一部の家屋敷が残されていたとしても、少なくとも酒造場と一体だった家屋敷は欠所で喪失していたことは確実である。

(7) 吉田伸之氏は、大店の指標として、①町屋敷の間口いっぱいの店舗、②それは空間的に売場と生活空間に二重化、③奉公人の店表と台所方への分化、④出入の商職人らを持つ、⑤数カ所程度の抱屋敷の所持、というような指標を上げている〔吉田一九九五〕。木村蒹葭堂の場合、具体的にはわからないが、町屋敷の所持と利用、掛屋敷所持の様子から考えて、大店と見ていいのではないかと考えた。

(8) 野間光辰監修・水田紀久編集『蒹葭堂日記』蒹葭堂日記刊行会、一九七二年。

(9) 『蒹葭堂日記』寛政六（一七九四）年二月一五日の記事には、「紀州垣内太郎兵衛　始来」とある。本書第二部第四章「近世大坂の都市社会と文化」において、文人社会の位置づけを考える際、大きな示唆を受けたのが、山口啓二氏による南紀栖原の豪商菊池家の分析であった〔山口一九九九〕。菊池（垣内）家は、栖原村に本拠を置いたまま、江戸に干鰯問屋（栖原屋三九郎店）を出した本家垣内太郎兵衛家と、薬種・砂糖問屋（河内屋孫左衛門店）を出した新家垣内孫左衛門家を中心にした一族であり、そこからは江戸や大坂の文人社会に加わる者を輩出し、また地元湯浅を中心にした文化サークルを主導する者を多く出した。先の『日記』に見えたのは、本家九代目の垣内太郎兵衛忠質と思われるが、彼は江戸で亀田鵬斎ら文人たちと交流した人物である。彼が、木村蒹葭堂とも交流があったことは、文人社会の意味を考える上で興味深い。なお、本書第二部第四章補論に、山口論文から作成した菊池家の系図を入れてあるので、あわせて参照されたい。

(10) 試みに、前注1『木村蒹葭堂―なにわの知の巨人―』を参照されたい。

(11) 中村真一郎氏は『木村蒹葭堂のサロン』において、蒹葭堂の町年寄としての側面にも言及しているが、「町年寄という公職であるが、これは元来、無給である代りに税は免除されているばかりでなく、一種の海陸の交通税の徴集も、その仕事に属し、特に全国一の船や車の出入の多い浪華の町では、この交通税に関する業務からの裏の収入もばかにならなかったろう」〔中村二〇〇〇、三〇六頁〕などと言うのは適切でなかろう。町年寄の家屋敷は一軒役免除となるのが普通だが、それが経済的にそれほど大きなメリットとは言えないし、交通税徴収などは見られない。

(12)　表店借と裏店借を区別するべきことは、〔吉田一九九二b〕を参照。

(13)　《歴史社会の構造》については、ここで述べた内包的併存とともに、日本列島外に広がる歴史的蓄積をもつ諸（文明）社会の外延的併存をあわせて考えている。

〔付記〕　最近発表された屋久健二「近世大坂の堀江地域の特質と名田屋清兵衛」〔屋久二〇一四〕は、堀江地域の特質と酒造家名田屋清兵衛について、これまでの研究を飛躍させるものである。あわせて参照いただきたい。

第六章　近代大阪への展開をみる一視点

一

筆者は、近年、《法と社会》という視点から近世大坂の都市社会史を深化させることを試みてきた。その際、都市大坂に存在する法を包括的に「都市法」と捉え、それを、①都市の政治空間をおおう公儀法度、②自律的な集団を内的に規律する法、③そうした集団相互間の関係を規定する法、の三つのレベルから把握することを提起した（本書序章）[1]。

こうした視角から深められた近世大坂の社会構造の把握の上に立って、近代都市大阪への展開をどのように見通すのか、あるいは近代大阪の社会史研究にも《法と社会》の視角は有効ではないのか、という点について若干の私見を述べてみたい。

二

ここでは、一つの史料、一八八一（明治一四）年に大阪の大宝寺町東之丁で作成された「町中申合規則書」

の紹介から始めよう。(2)

明治拾四年十一月

町中申合規則書

大宝寺町東之丁

申合規則

一当町家持中一同懇和シ、相互ニ実意ヲ以交際可致事、

一銘々在来之地所及建家等、永々所持可致ハ勿論ニ候得共、自然都合ニ寄売却致度節ハ、当町ニ望人有無回章を以問合、望人無之上、他へ売却之相談可致候、万一望人有之候ハヽ、相当之代価ヲ以売却可致候事、

一右地所建家共、他へ売却之相談相整候共、自然町中差妨ケニ相成候商業出来候而ハ、大意ニ人民之妨害、町中懇惑不尠候ニ付、売買約定聢と不取極、手附金等も不請取先ニ、買主之住所姓名商業筋等ヲ、前以一同へ披露いたし、差支無之上帳切可致事、

一右之場合ニ至、自然町中差構ニ相成候と見認メ候節ハ、一同協議ヲ遂、持主へ掛ケ合、売買破談可為致ハ勿論ニ候得共、売主ニおゐて最早破談難相成抔と申立候儀ハ、前条之申合ニ而無之筈ニ候得共、自然無拠事情有之節ハ、兼而之申合規則ニ相悖り候ニ付、売買金高之三割之違約金可為差出事、

一町中ニ係り候事件ニ付協議可致筋ハ、一切町会議員中へ委任仕有之上は、右議員中ニおゐて決定相成候儀、違背仕間敷事、

一議員中集会相談之節、自然不参之者有之候共、出席議員中ニおゐて可否多数ニ付し決定相成候義、不参之者ゟ故障申間敷事、

一町中家持一同、毎年両度懇議会相催、弁理為方筋之儀協議可致候、尤一己之了簡ヲ以不申募、衆評ニ随ひ可申事、

〔印紙〕〔印紙〕〔印紙〕〔印紙〕〔印紙〕

右之通、今般協議之上申合、規則相定候条、堅相守可申候、依而連署如件、

明治十四年十一月

山本仙助㊞

（以下、54名省略、表1参照）

表1　「町中申合規則書」連印者名

山本仙助	吉田孫兵衛	長屋与助	坂田友七	高橋惣助	神田伝兵衛	石井捨松
高義卯之介	中村安兵衛	松井捨松	木村文七	浮田専之助	佐々木庄兵衛	
広嶋林右衛門	和田源三郎	久米利助	堀伊助	国分弥三郎		
飯田清次郎代河長長兵衛（印なし）	松ノ木政右衛門	平岡伊兵衛	松本伊之助			
岡本徳兵衛	木芳善助	房林平兵衛	北井宗七	西嶋清助	乾市蔵	矢谷清兵衛
鳥羽藤次郎	鎌田為三郎	魚住とく	柳生虎之輔	大郁彦兵衛	鶴原七兵衛	
長屋与之助	北野春吉	山本サト	田谷弥三郎	山中忠三郎	萱野みつ	
恩地善七	中林武兵衛	田中甚兵衛	永山ふで	大国藤兵衛	平井ひで	
房林徳兵衛	熊井虎吉	金沢源兵衛	白田清治郎	陸田たみ	貴谷菊次郎	
保間直蔵	豊田助九郎					

これは、大宝寺町東之丁の山本仙助他五四人が協議の上、七カ条の規則を守ることを互いに誓約して連印したものである。一条目に「当町家持中一同」、七条目に「町中家持一同」とあることから、連印している五五人は、同町内に土地・建物（家屋敷）を所有する「家持」であることがわかる。屋号ではなく、姓と名を記しているのは近世とは異なるが、近世以来の「家持」という表現が用いられていることに注意しておきたい。

まず、内容を確認しておこう。第一条は、町内の家持一同が仲良く、実意をもって交際するようにという総論的な箇条である。

第二条から第四条は、地所・建家の売買に関するもので、本申合書の中核

部分である。第二条では、各人の地所・建家などを永く所持していくことが望ましいのは勿論だが、もし経済的な理由から売却したいという場合は、町内に購入希望者がいないか問い合わせた上で、希望者が無ければ、町外への売却を図ること、町内に希望者がいれば適切な代価で売却するべきことと規定している。ここで注目されるのは、地所・建家の売却先として町内の「家持」が優先的に想定されていることである。

第三条では、地所・建家の町外への売却の相談が成立しても、もし町中に差支える商業職種が入り込むことになると町内住民の迷惑となるので、売買契約を確定する以前、手付金を受け取る前に、買主の住所・姓名・商業職種を町内に披露し、差支えがないと確認した上で名義変更（「帳切」）するように規定している。

第四条では、買主の住所・姓名・商業職種を披露した際、もし町中に差支えがあると判断された時は、一同で協議して、持主に掛け合い、売買を破棄させるが、売主がどうしても破棄できないと主張することは前条に照らして無い筈であるが、余儀ない事情があるときは、本規則への違反金として売買代金の三割を町中に差し出すようにと規定している。

第三条・第四条は、地所・建家の売買に町中の同意が必要なこと、その際にどのような職種が町内に支障があるかという職商規制が大きな要因であったことが示されている。町中の同意を得ない場合の違約金三割という高額の負担は、町中の規制力の大きさを示している。

第五条から第七条は、町中の運営と意思決定に関する規定である。第五条では、町内で協議すべき問題は、町会議員に委任しているので、その決定に背かないことを規定している。第六条では、会議に欠席した町会議員が、出席議員の多数決で決定したことに異議を唱えることを禁じている。さらに、第七条では、毎年二回町中の家持一同が会合し、町内の問題を協議すべきこと、その際、個人の意見に固執せず、全体の意向に従うべきことを規定している。

町会議員の設置によって町中の構成員（家持）全員の相談は比重を低下しているが、年二回の「懇議会」を催すことは継続している。但し、町会議員による会議の決定は出席者の多数決による一方、町中の懇議会は「衆評」に従うとのみ規定していることが注目される。なお、七カ条目の後に証紙が五枚貼られていることも近世ではありえないことである。

三

近世の町共同体が町人＝家持を正規の構成員とする共同組織であり、独自の法をもつ存在であるという認識は広く共有されている。大坂においても、「丁内規矩書」（尼崎町二丁目）、「町内格式申合帳」（御池通五丁目）、「町中申合式目帳」（樋之上町）など名前は多様であるが、多数の町法が残されている（『大坂の町式目』大阪市史史料三二）。そこでは、町の運営に関すること、家屋敷売買に対する町の同意・職商規制、町儀に関する出銀規定などが町毎の独自性を持ちながら詳細に規定されている。

近代になって、大阪市域は三郷が廃止され、東西南北四大組に再編された（一八六九〔明治二〕年六月）。その後、一八七二（明治五）年三月に一～四大区、一八七八年に東西南北の四区に改編され、一八八九年四月の市制町村制の実施に際して、この四区が大阪市となる。このような変遷の下で、近世以来の町は位置づけを変えていった。

先の大宝寺町東之丁の町中申合規則書は、こうした近世大坂から近代大阪への展開過程を示すものとして重要である。一八八一（明治一四）年段階で「町中」の「家持」の連印で、独自の町法を決定していること自体が注目されるが、その第二～四条において、町内の土地所有・売買について町内の者を優先し、その承認を必要としていること、そこには町内の者の営業に支障を生じさせないことが考慮されていることは、多数の箇条を含む近世の町法の中核部分が集約されていると理解できよう。すなわち、家持を構成員とする自律的な団体としての町の最も基本的な性格がこの段階でも持続しているのである。

さらに注意したいのは、大宝寺町東之丁は、一八七二（明治五）年に九之助町一丁目、同二丁目と小西町・関町の一部を合わせて一つの町に改編された町であるという点である。町域も町中（構成員）も近世から連続しているわけではなく、近代に入って形成された枠組みなのであるが、そうであっても形成された町においては、近世以来の共同組織の性格が家持たち自身の精神に持続したのである。連名している者たち＝申合せの主体が「家持」と表現されていることにも、それが窺がえよう。

もちろん近世の町との違いも明白である。まず、多数の箇条で多様な内容を包括していた近世の町法から、土地所有という中核部分だけに集約されていることも相違点である。連名者＝家持が申合せの主体であるが、家守という表現は見えず（近世で言うところの）他町持という存在がどう扱われたのか不明である。また、年寄、月行司や丁代による町の運営という近世的あり方とは変わって、町会議員が置かれている。市民社会形成に向けた「議会的要素」の生成過程の意味合いを帯びている。用紙に貼られた五枚の証紙はこうした変化を明示するものと言えるであろう。

しかし、より重要なのは、政治社会レベルとの関係である。近世大坂においては家屋敷の売買に年寄・五人組の連印が必要であり（これを欠くと訴訟で証文としての効力を認められない）、水帳が町単位で作られるなど、家屋敷所持に対して町の同意が必要なことは都市の政治空間全体を覆う公儀法度レベルで法認されていた。一方、近代においては、地租改正が行われ、近代的所有権が確定しており、その売買に町の同意が必要であるというようなことが政治社会レベル（国家法）で法認されることはありえない。つまり、それは政治社会レベルでは認められないにもかかわらず、町内で決めた規則をそれに優先させるということを意味する。(3) ここに近世からの連続性と異質性の両面が絡まった「町中申合規則書」の特質（過渡期性）が集約されていると言えよう。

四

近代大阪において、大宝寺町東之丁以外にこのような規則書は管見に入っていない。しかし、たとえこのような規則書を作っていないとしても、この時期の町中には近世以来の町の性格が引き継がれていたと考えられる。一方で、大きな変容を遂げていたことも、大宝寺町東之丁において見た通りである。こうした大宝寺町東之丁の過渡期のあり様を念頭に置きながら、大阪の近代都市化を検証していく必要があろう。その際、《法と社会》という視角が有効であることは、ここまでに見てきたところでも了解できよう。

加えて、最後に比較都市史の視点を導入することが有効であろうことに一言触れておこう。周知のように、近世京都においては、惣町―町組―町の三重構成の枠組みの下に、自律的な町法をもつ町が存立していた〔杉森二〇〇八〕。近代に入って惣町―町組は学区として再編されたが、町はその構成単位として持続した。これが一八九七（明治三〇）年に公同組合となるが、その基底に町は存在し続けた〔藤井二〇〇九〕。(4) こうして持続した京都の町においては、明治期はもとより大正期に至っても町で独自に規則を制定している事例が広く見られる。もちろん近世の町法と同じではないが、大阪と比べるとその包括性は著しい。このような町と町法における大坂と京都の違いは、おそらく町の構造とその都市社会全体での位置づけの差異と連動していると考えられる。(5)

それ故、町法のあり方から都市社会の構造を精密に探っていくと、そこから都市構造の比較類型論への視野が拓けてくるものと言えよう。今後、こうした視角からも近世都市から近代都市への展開過程を把握していくことが必要であり、有効ではないかと考える。

〔注〕

（1）こうした提起の前提には、一九八〇年代からの公儀論や近世身分制研究の進展の中で、近世社会は幕藩領主も領域権力として存在し、被支配民衆も町や村などの地域団体を形成し、それらが公権を重層的に分有する社会であったということ、そうした公権を分有する諸集団がそれぞれ自律的な法をもっていたという理解が共有されてきたことがある。

（2）ハーバード大学ロースクール所蔵。この史料については、ダニエル・ボツマン氏の教示を得た。

（3）朝尾直弘氏は、一八九八年一月に近江琵琶湖畔の一村落で作成された村掟（「契約証」）を紹介され、これは明治民法の実施に先立ち、そこでの失火の責任の問い方に異議をもった村民たちが決めたもので、「近代的な所有権（物権）を制定しようとした民法の施行にさいし、村民においてその一部適用除外を約したものである。理由は、失火は何人にも免れざるものであり、それによって他人の財産に損害をあたえたとしても、失火者本人の責任は問えないとするのである」と評価されている（〔朝尾一九九五〕著作集三六四〜六頁）。これは、都市においてではないが、近世から近代への展開過程における同様の問題の所在を示すものと言えよう。

（4）近代京都の町内の規約についても〔藤井二〇〇九〕参照。

（5）江戸の中心部の町においては、一八世紀以降居付の家持がごくわずかとなり、一九世紀では「家守の町中」ともいうべき実態になっていたこと、さらに中心部でも表店借だけでなく裏店借も広範に展開していたことが明らかにされている〔吉田一九九一〕。また、大坂においては、居付家持が過半を占め、家守の展開も株にまでは結晶していない〔塚田二〇〇二〕。一方、京都においては、居付家持の比重が江戸に比べて大坂と同様に高いのみならず、店借であっても町屋敷全体を一、二の借屋人で借りている者がきわめて多く、裏店借は江戸や大坂に比べて未展開であった。こうした町の構成と都市社会のあり様が町法の形式・内容にも密接に関わっていたと思われる。

〔参考文献〕

朝尾直弘　一九八一「近世の身分制と賤民」『部落問題研究』六八、のち『朝尾直弘著作集』第七巻、岩波書店、二〇〇四年所収

――――　一九八五ａ「『公儀』と幕藩領主制」『講座日本歴史』五、東京大学出版会、のち『朝尾直弘著作集』第三巻、二〇〇四年所収

――――　一九八五ｂ「元禄期京都の町代触と町代」岸俊男教授退官記念会編『日本政治社会史研究』下巻、塙書房、のち『朝尾直弘著作集』第六巻、二〇〇四年所収

――――　一九八八「惣村から町へ」朝尾直弘他編『日本の社会史』六、岩波書店、のち『朝尾直弘著作集』第六巻、岩波書店、二〇〇四年所収

――――　一九九五「時代区分論」『岩波講座日本通史』別巻1、一九九五年、のち『朝尾直弘著作集』第八巻、岩波書店、二〇〇四年所収

――――　二〇〇四「近世京都の『町』と町触」『朝尾直弘著作集』第六巻、岩波書店、二〇〇四年所収

安部圭助　二〇〇七「近世初期三津寺町における借屋の展開」〔塚田編二〇〇七〕所収

有坂道子　一九九五「木村蒹葭堂の交遊―大坂・京都の友人たち―」『大阪の歴史』四六

――――　一九九九「木村蒹葭堂没後の献本始末」『大阪の歴史』五四

伊藤　毅　一九八七『近世大坂成立史論』生活史研究所

井戸田史子二〇〇二「商家同族団と出入商人―古手の取引をめぐって―」『年報都市史研究』一〇、山川出版社

――――　二〇〇四「宝暦期における三井呉服店の大坂進出と大坂呉服商の対応」〔塚田編二〇〇四〕所収

乾　宏己　一九九二「大坂における町共同体の成立―三津寺町町方騒動の分析を通じて―」大阪教育大学『歴史研究』二九、のち同著『近世大坂の家・町・住人』清文堂出版、二〇〇二年所収

――――　一九九三「初期町共同体の歴史的性格」『日本史研究』三七一、のち同著『近世都市住民の研究』清文堂出版、二〇〇三年所収

井上浩一　二〇〇七「ビザンツ帝国における法と社会」〔塚田編二〇〇七〕所収
井上　徹　二〇〇七「明清時代における法の伝達」〔塚田編二〇〇七〕所収
上畑治司　一九九九「近世初期の三津寺町」『大阪の歴史』五三
内田九州男一九八二「大坂三郷の成立―市街地の成立を中心として―」『大阪の歴史』七
――――　一九八五「近世初期の町と町人―大坂を事例に―」『ヒストリア』一〇九
――――　一九八九「豊臣政権の大坂建設」佐久間貴士編『よみがえる中世二　本願寺から天下一へ　大坂』平凡社
――――　一九九〇「都市建設と町の開発」高橋康夫・吉田伸之編『日本都市史入門Ⅱ　町』東京大学出版会
――――　一九九三「大坂四か所非人について―町抱え再論―」『部落問題研究』一二三
岡本　浩　一九九五「近世後期における町と住人」『歴史評論』五四七
――――　一九九六「近世大坂における職と町」『部落問題研究』一三七
加藤周一　二〇〇〇「蒹葭堂遺聞」『朝日新聞』二〇〇〇年四月二五日付、のち同著『夕陽妄語』Ⅵ、朝日新聞社、二〇〇一年所収
蒲田利郎編一九二九『南北堀江誌』南北堀江誌刊行会
神田由築　一九九九『近世の芸能興行と地域社会』東京大学出版会
――――　二〇〇一「近世大坂における浄瑠璃興行―天保改革をめぐって―」〔塚田・吉田編二〇〇一〕所収
――――　二〇一〇「大坂の芸能と都市民衆―素人浄瑠璃を中心に―」〔塚田編二〇一〇〕所収
――――　二〇一三「近世『芝居町』の社会＝空間構造」『東京大学日本史学研究室紀要別冊　近世社会史論叢』
木上由梨佳二〇一四「近世大坂芝居地の社会構造―道頓堀開発と芸能興行の展開―」『都市文化研究』一六
佐賀　朝　二〇〇二「明治前期大阪の都市下層社会―長町の木賃宿と地主層について―」『年報都市史研究』一〇
佐古慶三　一九六七「近世初頭の大阪自治制史料解説―元和二年農人橋一丁目本帳の紹介―」『大阪史談』復刊七
杉森哲也　二〇〇八『近世京都の都市と社会』東京大学出版会

須藤和美　一九九四「江戸における髪結仲間について」『部落問題研究』一三一
高木昭作　一九八四「いわゆる『身分法令』と『一季居』禁令」尾藤正英先生還暦記念会編『日本近世史論叢』上、吉川弘文館、のち同著『日本近世国家史の研究』岩波書店、一九九〇年所収
塚田　孝　一九八四「三都の非人と非人集団」『歴史学研究』五三四、のち〔塚田一九八七〕所収
――――　一九八七『近世日本身分制の研究』兵庫部落問題研究所
――――　一九九二ａ『身分制社会と市民社会』柏書房
――――　一九九二ｂ「下層民の世界―『身分的周縁』の視点から―」朝尾直弘編『日本の近世』七、中央公論社、のち〔塚田一九九七〕所収
――――　一九九六ａ『近世の都市社会史―大坂を中心に―』青木書店
――――　一九九六ｂ「新地開発と茶屋」〔塚田一九九六ａ〕所収
――――　一九九七『近世身分制と周縁社会』東京大学出版会
――――　一九九八「近世大坂の町と町触についての断章」広川禎秀編『近代大阪の行政・社会・経済』青木書店、のち〔塚田二〇〇六ａ〕所収
――――　二〇〇〇『身分論から歴史学を考える』校倉書房
――――　二〇〇一『都市大坂と非人』山川出版社
――――　二〇〇二『歴史のなかの大坂―都市に生きた人たち―』岩波書店
――――　二〇〇四「歴史学の方法をめぐって―永原慶二『20世紀日本の歴史学』に触発されて―」『歴史科学』一七八
――――編二〇〇四『大阪における都市の発展と構造』山川出版社
――――　二〇〇五ａ「近世後期大坂における都市下層民衆の生活世界」井上徹・塚田孝編『東アジア近世都市における社会的結合―諸身分・諸階層の存在形態―』清文堂出版
――――　二〇〇五ｂ「身分的周縁論―勧進の併存を手がかりとして―」歴史学研究会・日本史研究会編『日本史

講座』六、東京大学出版会
――――二〇〇六a『近世大坂の都市社会』吉川弘文館
――――二〇〇六b「近世身分制社会という捉え方―朝尾直弘氏の近世社会論―」『部落問題研究』一七六
――――二〇〇七『近世大坂の非人と身分的周縁』部落問題研究所
――――編二〇〇七『近世大坂の法と社会』清文堂出版
中西威晴　二〇〇八「近世大坂における火消制度の展開と都市社会」『都市文化創造のための比較史的研究（重点研究報告書）』大阪市立大学大学院文学研究科都市文化研究センター
中村真一郎二〇〇〇『木村蒹葭堂のサロン』新潮社
西坂　靖　一九八五「大坂の火消組合による通達と訴願運動」『史学雑誌』九四編八号
――――一九九〇「大坂・御池通五丁目」高橋康夫・吉田伸之編『日本都市史入門Ⅱ　町』東京大学出版会
西村和江　二〇〇一「近世大坂三郷家請人仲間について」（塚田・吉田編二〇〇一）所収
野高宏之　二〇〇五「享保期の町触・組触」『大阪の歴史』六五
――――二〇〇七「町触とは何か―大坂町触を素材として―」（塚田編二〇〇七）所収
原　直史　一九九六a『日本近世の地域と流通』山川出版社
――――一九九六b「市場と問屋・仲買」斎藤善之編『新しい近世史3　市場と民間社会』新人物往来社
――――一九九六c「市場と仲間」『歴史学研究』六九〇
――――二〇〇〇「松前問屋」吉田伸之編『商いの場と社会』（『シリーズ近世の身分的周縁』四）
――――二〇〇七「商いがむすぶ人びと―重層する仲間と市場―」原直史編『商いがむすぶ人びと』（『身分的周縁と近世社会』三）
藤井正太　二〇〇九「近代京都の町共同体に関する基礎的考察―西陣・妙蓮寺前町を素材に―」『部落問題研究』一九一
水田紀久　二〇〇〇『水の中央に在り　木村蒹葭堂研究』岩波書店

宮地正人　一九九九『幕末維新期の社会的政治史研究』岩波書店
守屋　毅　一九八五『近世芸能興行史の研究』弘文堂
八木　滋　二〇〇一「安井家文書からみえる難波村時代の渡辺村」『大阪市立博物館研究紀要』三三
――――　二〇〇五「慶長・元和期の町と町人」『歴史科学』一七六
――――　二〇一四ａ「近世前期道頓堀の開発過程」『大阪歴史博物館研究紀要』一二
――――　二〇一四ｂ「一七世紀大坂道頓堀の開発と芝居地」〔塚田・佐賀・八木編二〇一四〕所収
屋久健二　一九九九「近世後期枚方宿の旅籠屋と飯盛女」都市史研究会編『年報都市史研究』七、山川出版社
――――　二〇〇一「近世大坂三郷酒造仲間の構造」〔塚田・吉田編二〇〇一〕所収
――――　二〇〇三「近世大坂の酒中次仲間と酒造仲間」『ヒストリア』一八三
――――　二〇〇四「近世大坂の酒造働人口入屋仲間と都市社会」〔塚田編二〇〇四〕所収
――――　二〇一四「近世大坂の堀江地域の特質と名田屋清兵衛」〔塚田・佐賀・八木編二〇一四〕所収
山口啓二　一九七一「幕藩体制社会はどういう社会か」『現代歴史学の課題』（上）青木書店、のち『山口啓二著作集』第二巻、校倉書房、二〇〇八年所収
――――　一九九九「歴史と現在、そして未来―南紀栖原の豪商菊池家の文書整理を通じて見えてきたもの―」名古屋大学日本史通信『ばさら』二、のち『山口啓二著作集』第三巻、二〇〇九年所収
――――　二〇〇九『聞き書き―山口啓二の人と学問―』『山口啓二著作集』第五巻、校倉書房
吉田伸之　一九七七「江戸における宿の諸相」『歴史の道・再発見』二、フォーラム・Ａ、のち〔吉田二〇〇三〕所収
――――　一九八〇「施行と其日稼の者」百姓一揆研究会編『天保期の人民闘争と社会変革』（上）校倉書房、のち〔吉田一九九一〕所収
――――　一九八一「近世都市と諸闘争」〔吉田一九九一〕所収
――――　一九八四「日本近世都市下層社会の存立構造」『歴史学研究』増刊五四八、のち〔吉田一九九八〕所収

――――一九八五「町人と町」歴史学研究会・日本史研究会編『講座日本歴史』五、東京大学出版会、のち〔吉田一九九八〕所収
――――一九八七「近世の身分意識と職分観念」『日本の社会史』第七巻、岩波書店、のち「巨大都市における身分と職分」と改題して〔吉田一九九八〕所収
――――一九九〇「振売」高橋康夫・吉田伸之編『日本都市史入門Ⅲ　人』東京大学出版会、のち〔吉田二〇〇〇a〕所収
――――一九九一『近世巨大都市の社会構造』東京大学出版会
――――一九九二a「都市の近世」吉田伸之編『日本の近世』九、中央公論社、のち〔吉田二〇一二〕所収
――――一九九二b「表店と裏店―商人の社会、民衆の世界―」〔同編『日本の近世　九　都市の時代』中央公論社、のち〔吉田二〇〇〇a〕所収
――――一九九四a『「髪結新三」の歴史世界』（『歴史を読みなおす』一九）朝日新聞社
――――一九九四b「江戸の願人と都市社会」〔塚田・吉田・脇田編一九九四〕所収、のち〔吉田二〇〇三〕所収
――――一九九五「巨大城下町―江戸―」『岩波講座日本通史』一五（近世二）、のち〔吉田二〇〇〇a〕所収
――――一九九六「『江戸』の普及」『日本史研究』四〇四、のち〔吉田二〇〇三〕所収
――――一九九八『近世都市社会の身分構造』東京大学出版会
――――二〇〇〇a『巨大城下町江戸の分節構造』山川出版社
――――二〇〇〇b「鞍馬寺大蔵院と大坂の願人仲間」脇田修・J．L．マクレイン編『近世の大坂』大阪大学出版会、のち〔吉田二〇〇三〕所収
――――二〇〇一「城下町の構造と展開」吉田伸之・佐藤信編『都市社会史』山川出版社、のち「城下町の類型と構造」と改題して〔吉田二〇一二〕所収
――――二〇〇三『身分的周縁と社会＝文化構造』部落問題研究所

――――　二〇〇六「遊郭社会」塚田孝編『都市の周縁に生きる』（『身分的周縁と近世社会』四）
――――　二〇〇七「江戸町触と『承知』システム」（塚田編二〇〇七）所収、のち（吉田二〇一二）所収
――――　二〇〇九「伝統都市の比較類型把握」高沢紀恵・アラン．ティレ・吉田伸之編『パリと江戸―伝統都市の比較史へ―』山川出版社
――――　二〇一二『伝統都市・江戸』東京大学出版会。
吉元加奈美二〇一三「近世大坂における遊所統制―町触を素材に―」『都市文化研究』一五
――――　二〇一四「天保改革における大坂の売女統制策の検討」（塚田・佐賀・八木編二〇一四）所収
渡辺祥子　一九九七「近世大坂道修町の商人と『イエ』」『史学雑誌』一〇六巻一一号、のち（渡辺二〇〇六）所収
――――　二〇〇六『近世大坂薬種の取引構造と社会集団』清文堂出版
久留島浩・高埜利彦・塚田孝・横田冬彦・吉田伸之編　二〇〇〇『シリーズ近世の身分的周縁』全六巻、吉川弘文館
後藤雅知・斎藤善之・高埜利彦・塚田孝・原直史・森下徹・横田冬彦・吉田伸之編　二〇〇六～八『身分的周縁と近世社会』全九巻、吉川弘文館
塚田孝・佐賀朝・八木滋編　二〇一四『近世身分社会の比較史―法と社会の視点から―』清文堂出版
塚田孝・吉田伸之編　二〇〇一『近世大坂の都市空間と社会構造』山川出版社
塚田孝・吉田伸之・脇田修編　一九九四『身分的周縁』部落問題研究所

初出一覧

序　章　都市法
吉田伸之・伊藤毅編『伝統都市2　権力とヘゲモニー』東京大学出版会、二〇一〇年五月

第一部　近世大坂の法と社会

第一章　近世大坂の法と社会
塚田孝編『近世大坂の法と社会』清文堂出版、二〇〇七年九月

補論1　「町触頭書」と「口達触頭書」について
「はしがき」（『「町触頭書」「口達触頭書」—近世大坂町触関係史料3—』都市文化研究センター、二〇一二年三月）の一部を改編して収録。

第二章　近世大坂における芝居地の《法と社会》—身分的周縁の比較類型論にむけて—
塚田孝編『身分的周縁の比較史—法と社会の視点から—』清文堂出版、二〇一〇年六月

補論2　近世大坂の芝居町
大阪市立大学文学研究科「上方文化講座」企画委員会編『上方文化講座　菅原伝授手習鑑』和泉書院、二〇〇九年八月

補論3　近世大坂の浄瑠璃興行の周縁
大阪市立大学文学研究科「上方文化講座」企画委員会編『上方文化講座　義経千本桜』和泉書院、二〇一三年八月

第三章　宿と口入
原直史編『身分的周縁と近世社会3　商いがむすぶ人びと』吉川弘文館、二〇〇七年六月

第二部　近世大坂の町と仲間

第一章　一七世紀における都市大坂の開発と町人
塚田孝編『大阪における都市の発展と構造』山川出版社、二〇〇四年四月

第二章　一七世紀の大坂・三津寺町
「都市の周縁に生きる―一七世紀の大坂・三津寺町―」（塚田孝編『身分的周縁と近世社会4　都市の周縁に生きる』吉川弘文館、二〇〇六年一二月）を改題して収録。

第三章　近世後期・大坂の髪結に関する一考察
『大阪商業大学商業史博物館紀要』九、二〇〇八年一一月

第四章　近世大坂の都市社会と文化
『アジア都市文化学の可能性』（大阪市立大学文学研究科叢書1）清文堂出版、二〇〇三年三月

補論4　都市社会と文化のために
「都市における社会＝文化構造史のために」（大阪市立大学文学研究科『都市文化研究』1、二〇〇三年三月）の一部を改編して、収録。

第五章　木村蒹葭堂と北堀江五丁目―近世大坂の都市社会構造との関連で―
前掲塚田孝編『大阪における都市の発展と構造』

第六章　近代大阪への展開をみる一視点
広川禎秀編『近代大阪の地域と社会変動』部落問題研究所、二〇〇九年六月

あとがき

一

本書は、二一世紀に入ってから、発表してきた大坂の都市社会史に関する論考をまとめた論集である。後述するように、本書所収の論考は、新たな史料分析を踏まえながらも、都市大坂を舞台として都市社会史を全体史として把握するための構想を提示すること、そのための分析方法や視角を提起することが主たる目的となっている。

この間、私はそうした問題提起を行う一方で、大坂の非人や勧進宗教者など身分的周縁に関する研究、和泉を中心とする地域史研究も並行して取り組んできたが、本書収録の諸論考にも、それらの研究で得られた見通しは自ずから含まれている。しかし、それらの研究は別の形で取りまとめたいと考えている。

二

二一世紀に入って、大学と社会をめぐる状況が大きく揺れ動いていく。否応なく、それらにも対応しなければならなかったが、それだからこそ、それまではあまり自覚することなく実践していた〝共同の営為としての歴史学〟を自覚的に進めることの意義を強く意識するようになっていった。

私が勤務する大阪市立大学大学院文学研究科では、二〇〇二年度から五年間にわたって二一世紀ＣＯＥプログラム「都市文化創造のための人文科学的研究」（拠点リーダー阪口弘之氏、のち栄原永遠男氏に交代）に取り組むことになった。当初、COEプログラムの研究組織はAチーム（比較都市文化史研究）、Bチーム（現代都市文化研究）、Cチーム（都市の人間研究）のチーム編成とし、この三つの方向から都市文化を考えていくことがめざされた。私はAチームに属し、日・東・西を通じた比較都市文化史を意識することとなった。

COE事業の中間評価による焦点を絞るべきとの指摘を受けて、二〇〇五年度から対象地域をアジアに集約することとなり、先の三つの方向性を保持しながら、地域別の大阪プロジェクト、中国プロジェクト、東南アジアプロジェクトの三つに改編された。私はもちろん大阪プロジェクトに属した。

COE事業と並行して、そのサポートのためにAチームに主軸をおいた学内の重点研究「都市文化創造のための比較史的研究」（二〇〇三～七年度）が認められたが、私はその研究代表を担うことになった。

COE全体の研究課題が、「都市文化創造」を掲げたこともあり、都市史研究を進めるにあたって「都市文化」を意識することになった。COE事業の開始のころ、歴史学として「都市文化」をどういう方向から考えるべきか、かなり熱っぽく議論したことが思い出される。その際、都市文化の担い手に注目することが良いのではないかということが話題に上っていた。

それに対して、私はAチームの最初の研究例会で、吉田伸之さんの「社会＝文化構造」論の提起に示唆を受けながら、都市文化を都市の社会構造と結びつけて考えるべきだという問題提起（「都市における社会＝文化構造史のために」）を行った。その具体化として、木村蒹葭堂について考えたり、芝居地の社会構造を考えたりした。これらの論考は、多くが歴史学以外の人たちをも含む場で話したものが基になっており、自ずから一般的な説明も含むことになった。

芝居地や芸能興行については、二〇〇三年度から始まった上方文化講座との関わりもあった。上方文化講座は、文学部五〇周年の記念事業の一環として始まり、市民にも開放された文学部共通科目（集中講義）として実施されたものである。毎年一つの作品を取り上げ、文楽の技芸員の実演と文学部教員による様々な関連テーマの講義で構成されている。私は、歴史の立場から毎年一コマ分話すことになった。最初の二〜三年は作品の内容に関わらせて話していたが、そのうち大坂の芸能興行の周辺を話すようになったのである。

本書に収録した論考を見てもらえばわかるように、芸能や学文などの内容に及ぶことは私自身で研究を深める方向には向かわず、山口啓二先生や吉田さん、神田由築さんの研究を参照して、それを都市社会の全体把握の中に位置づける方向に向かった。

その一方で、文化を狭くとらえず、人々が暮らしていく暮らし方・生き方の総体を広く文化と捉えるべきではないかと考えるようになっていく。そうであれば、やはり文化は社会のあり方と不可分なのであって、吉田さんの社会＝文化構造論の核心はここにあるのであろう。そうした文化を広く捉える理解に立って、人々が生きやすい都市社会をどう作るのかということこそが「都市文化創造」の内実ではないかと考える。そうしたことを強く思ったのは、近年よくみられる「町づくり」に文化や歴史を活かすと称して、その商品化・資源化を推奨する動きに違和感を感じたからでもある。歴史の商品化・観光資源化は、人間と歴史の全体性を切り刻み、矮小化することになるであろう。

COE事業のもたらしたもう一つの大きな変化は、国際交流の大規模な展開であった。私もその末端に位置したが、幸いなことに一九九〇年代末から、科研「ぐるーぷ・とらっど」（研究代表・吉田伸之氏）による、アジア、そしてヨーロッパでの国際シンポジウム（現在の用語法では国際円座）に参加させてもらい、内実ある国際交流のあり方を学ばせてもらっていたことが、COEによる国際交流にも大いに役立った。

二〇〇〇年代半ば以降、私が研究代表の科研プロジェクトとして「近世巨大都市大坂の形成と変容に関する基盤的研究―法と現実、中心と周縁の視点から―」（二〇〇五〜〇八年度）、「近世大坂の「法と社会」―身分的周縁の比較類型論にむけて―」（二〇一〇〜一三年度）に取り組むことになった。この科研プロジェクトは、身分的周縁論の立場から大坂の都市社会史を推進することをめざしていたのだが、そこで一貫して重視したのが《法と社会》という視点であった。その基盤には、二〇〇三年に始めた「大坂町触を読む会」があった。この会は、当初の杉山家文書の「大坂御仕置御書出之留」の輪読から出発し、その後、三津寺町の町触関係史料の輪読へと引き継がれ、現在も継続している。「大坂町触を読む会」に並んで、二〇〇八年から「大阪府布令を読む会」も開始したが、これらの基礎的な取り組みが本当に大切だと痛感している。

ＣＯＥプロジェクトから、引く続く科研プロジェクトで、多様な円座（国際円座を含む）を開催することになったが、その際、問題提起や趣旨説明を兼ねた報告の機会が多くなった。改めて振り返って見ると、最近一〇年余に発表した論考には、そうした報告をまとめた形のものが多くなった。それらの円座では「《法と社会》の視点から」と副題をつける場合が多く、そのため町触などの法史料を精緻に分析し、そこから社会構造を見通すことをめざす論考が多くなったのである。

都市大坂における身分的周縁の研究として、二〇〇〇年代半ばには六斎念仏や白川家町神職、あるいは山伏などの勧進宗教者の併存と競合を追究した。それに続く数年間には、四ケ所垣外仲間、とりわけ天王寺垣外に即した大坂の非人身分の再検討を行ってきた。それが可能になったのは『悲田院長吏文書』（神戸市立博物館蔵）が利用できたことによるところが大きい。非人個人の履歴を追うことができ、それによって非人の〈家〉に着目することにもなった。こうして《身分制イデオロギーレベル》《集団構造レベル》《個人のライフヒストリーレベル》を踏まえた身分社会の全体的把握をめざす戦略が明確になった（拙著『大坂の非人―乞食・四天王寺・転びキリシタン―』ちくま新書、二〇一三年）。

以上の取組みと並行して、一九九〇年代後半から和泉の地域に根差した地域史研究を進めてきた。その内容と意義については、二〇一四年度の大阪歴史科学協議会五〇回大会で報告した「地域史認識の深化―大阪歴科協と和泉市史での経験から―」（『歴史科学』二二〇・二二一合併号、二〇一五年）を参照いただきたい。特に「和泉市の歴史」の取り組みの中で、地域史の思想と方法を鍛えることができたと考えているが、それを広くみんなで考える場を持とうと地域史惣寄合を呼びかけた（第一回の呼ぶかけ人は香寺町史の大槻守さん、飯田市歴史研究所の吉田伸之さん、私の三人）。二〇〇八年の飯田（第一回）に続いて、二〇一〇年に姫路（第二回）、二〇一二年に佐賀（第三回）で開催した。第四回は和泉で開催する準備を進めている。第三回の地域史惣寄合では、それまで地域史の固有性・絶対性を強調してきたが、マーレン・エーラスさんの議論に触発されて、その固有性を追求し、それを潜らせたうえで地域史の普遍性を統一的に考える必要性（「地域史の固有性と普遍性」）について問題提起を行った。

これまで私の研究は、身分社会・身分的周縁の研究、都市社会史、地域史を三つの柱として進めてきたが、身分的周縁の視点は、都市社会史や地域史を進めるうえでの視点・方法でもあり、また都市社会史は都市に即した地域史でもあり、それぞれが不可分の関係にある。「身分的周縁」研究会での共同研究の経験は、ここまで述べてきた私のすべての研究の基底に生きている。

三

本書は、最初に記したように、二一世紀に入ってから発表してきた論考のうち、都市社会史の構想や視点・方法に関わるものを、第一部「近世大坂の法と社会」、第二部「近世大坂の町と仲間」に編成したものである。その際、〈法〉〈社会〉〈文化〉がキーワードとなることは、先の研究展開の説明で理解していただけるであろう。

序章「都市法」は、吉田伸之さんと伊藤毅さんが共同編集の『伝統都市』（全四巻）の企画に参加させてもらったものである。吉田さんが、私が《法と社会》の視角を提起しているのに注目して「都市法」というテーマを与えていただいたものと思われる。私は、以前から諸社会集団の重層と複合の関係を基礎に、歴史分析の三つの位相を統一的に捉える全体史把握の方法を提唱していた。この機会に、歴史分析の三つの位相を意識しつつ、都市法という問題領域を三つの側面から包括的に整理してみた。それまでの自分の研究や多くの人の研究を、そうした視点から位置づけたものであり、議論が総括的なので序章に置いた。

第一部「近世大坂の法と社会」には、三つの章と補論三つを収めた。

第一章「近世大坂の法と社会」は、二〇〇六年四月二九日・三〇日に行われたシンポジウム「近世大坂の法と社会」における問題提起の内容をまとめたものである。これは、「大坂町触を読む会」をベースにしながら、近世大坂研究会の活動を積み上げてきたが、その成果を取りまとめようと企画したものである。この時が、私が《法と社会》という分析視角を自覚的に提起した最初の機会であった。しかし、思い返してみると、一九八〇年代に取り組んだ弾左衛門支配下の研究の時期から、幕藩法との関係や身分内法に着目した分析を行っており、法と社会の分析視角は当初から胚胎していたと言えよう。なお、『大阪市史』の町触の編集に関連する「『町触頭書』と『口達触頭書』について」を補論1に入れた。

第二章「近世大坂における芝居地の《法と社会》―身分的周縁の比較類型論にむけて―」は、二〇〇八年九月六日・七日に開催されたシンポジウム「身分的周縁の比較類型論―近世都市の法と社会―」における問題提起の趣旨を取りまとめたものである。ここでは、《法と社会》の分析視角を具体化するべく、また三都の比較にもつながる対象として、芝居地のヘゲモニーの所在と役者仲間を取り上げて論じたものである。関連する論考として、上方文化講座で話した「近世大坂の芝居町」(補論2)と「近世大坂の浄瑠璃興行の周縁」(補論3)を収録した。

第三章「宿と口入」は、第三次の身分的周縁研究会の共同研究の成果である『身分的周縁と近世社会』（全九巻）に発表したものである。このシリーズでは、編者八人は自分が担当する巻に総論と各論を執筆するほかに、他の編者の巻に各論を執筆する方針を採った。私はその各論を原直史さんが編集担当の『身分的周縁と近世社会3　商いがむすぶ人びと』に収録することになり、これを書いた。この巻はモノの生産・流通の担い手に即した全体史を課題としたが、この論考ではモノではなく、人の結びつきを媒介する口入を取り上げた。例触2についての《法と社会》の視角からの分析がその糸口であり、全体がその視角で貫ぬかれている。それ故、第一部に収録した。

第二部「近世大坂の町と仲間」には六つの章と補論一つを収めた。

ここに収録したのは、《法と社会》の視角を堅持しながら、近世都市の基礎的な共同組織である町と様々な仲間集団に軸にして、都市大坂の全体史に迫る試みである。

第一章「一七世紀における都市大坂の開発と町人」は、私の編で二〇〇四年に刊行した『大阪における都市の発展と構造』に収録したものである。この本は、「Ⅰ難波宮」と「Ⅱ大坂から大阪へ」に分け、後者はさらに「1都市内地域」と「2職分と仲間」に分けて、大阪の都市史を古代から近代までのパースペクティブで見通そうとした。本章は、「Ⅱ大坂から大阪へ」の総論に当たる。他の論考が、一八世紀以降のものなので、道頓堀の開発に当たり、南組の惣年寄を勤めた安井家文書を基に一七世紀の大坂の展開過程を見通そうとしたものである。

第二章「一七世紀の大坂・三津寺町」は、私が編集担当の『身分的周縁と近世社会4　都市の周縁に生きる』のために書いたものである。一七世紀の大坂における「町」の実態、とりわけ都市下層住民の実態は全く未解明と言っていい状況であったが、三津寺町内の道心者に着目し、また借屋の展開を追うことで、新たな見通しを得たのである。第一章と第二章はセットで一七世紀の大坂の都市社会のあり様を浮かび上がらせている。

第三章「近世後期・大坂の髪結に関する一考察」は、大阪商業大学商業史博物館の史料（佐古文庫）を閲覧に行った際に、同館の紀要に寄稿を求められて書いたものである。その際、岡本浩さんが利用した髪結関係の史料を閲覧していたこともあり、三津寺町の史料に含まれている町抱え髪結の請状を紹介することにした。これにより、町に抱えられた髪結が町を越えて広がる髪結仲間を見出すことができたが、これは序章「都市法」の重要な一部をなしている。

第四章「近世大坂の都市社会と文化」、補論4「都市社会と文化のために」、第五章「木村蒹葭堂と北堀江五丁目―近世大坂の都市社会構造との関連で―」は、ほぼ同時に考えたものである。前述のCOE事業の推進のために都市文化をキーワードに考える必要に迫られ、木村蒹葭堂に即して、文人社会・伝統社会・下層社会の位相の弁別しながら、それを連接させることで、都市社会の全体的な把握を展望したものである。第四章は、二〇〇二年九月に行われた国際シンポジウム「アジア都市文化学の可能性―国際都市ＯＳＡＫＡの創造に向けて―」での報告が基になり、補論4はＡチーム（比較都市文化史研究）の第一回研究会での報告が基になっているが、歴史学以外のメンバーも意識した一般的な説明となっている。それに対して、『大阪における都市の発展と構造』の「Ⅰ都市内地域」に収録した第五章は、木村蒹葭堂と北堀江五丁目に即してやや具体的に論じている。

なお、文人社会について具体的にイメージする際に、山口啓二先生の「歴史と現在、そして未来―南紀栖原の豪商菊池家の文書整理を通じて見えてきたもの―」に大きな示唆を受けたが、そのことは第四章と補論4に詳しく記している。

第六章「近代大阪への展開をみる一視点」は、広川禎秀さんが中心となった共同研究の成果である『近代大阪の地域と社会変動』に、近世史の立場から近代史への展望を求められて書いたノートである。ダニエル・ボツマンさんに教えてもらったハーバード大学所蔵の大宝寺町東之丁の「町中申合規則書」の紹介にすぎないが、近代史においても《法と社会》の視点の有効性を示し得たのではないかと考えている。

四

以上に記したように、本書は様々な共同研究に参加して書いてきたものを編集したものである。改めて、これまでの共同研究に参加できたことに感謝するとともに、今後も共同の営為としての歴史学を進めていきたい。特に近世大坂研究会は、大阪市立大学において近世史を学ぶ・学んだ人たちをはじめ、国内外の研究者のネットワークに支えられた私たちの共同研究の場である。その近世大坂研究会の主催で、二〇一四年七月に私のこれまでの研究を検討する円座を開催していただいた。私が六〇歳になる機会にこうした場を準備していただいたみなさんに心から感謝している。

この準備を横目で見ながら、自分でも何か記念になることができないかと考え、本書の刊行を思い立った。そのため、二〇一四年度内の刊行をめざしたが、昨秋に思わぬできごとがあり、年度内刊行は無理と思っていた。しかし、共同研究の成果を刊行する際にいつもお世話になっている清文堂出版の前田正道さんの励ましとご努力によって、二〇一五年三月の刊行が叶うことになった。心から感謝したい。

本書を、次なる研究展開に向けた跳躍台とすることを期しつつ、共同の営為としての歴史学を進めていきたい。

二〇一五年二月

塚田　孝

塚 田　孝（つかだ　たかし）

〔略　歴〕
1954年　福井県生まれ
1978年　東京大学文学部卒業
現　在　大阪市立大学大学院文学研究科教授

〔主要著書〕
『身分制社会と市民社会』（柏書房，1992年）
『近世身分制と周縁社会』（東京大学出版会，1997年）
『近世大坂の都市社会』（吉川弘文館，2006年）
ほか多数

都市社会史の視点と構想〈法・社会・文化〉

2015年 3 月31日　初版発行

著 者　塚 田　孝
発行者　前 田 博 雄
発行所　清文堂出版株式会社
〒542-0082　大阪市中央区島之内 2－8－5
電話06-6211-6265　　FAX06-6211-6492
http://www.seibundo-pb.co.jp
印刷：亜細亜印刷株式会社　製本：株式会社渋谷文泉閣
ISBN978-4-7924-1036-0　C3021